全国高等教育自学考试指定教材
计算机信息管理专业（独立本科段）

数据库系统原理

（2018年版）

（含：数据库系统原理自学考试大纲）

全国高等教育自学考试指导委员会　组编

主编　黄　靖
参编　黄　亮　文元桥　万　萌

机械工业出版社

本教材从数据库系统管理与应用的角度，系统阐述了数据库系统的基本概念、基本工作原理、基本使用方法等。教材共分为八章，包括数据库系统概述、关系数据库、数据库设计、SQL 语言与关系数据库基本操作、数据库编程、数据库安全与保护、数据库应用设计与开发实例、数据管理技术的发展。

本教材是供全国高等教育自学考试计算机信息管理专业（独立本科段）学生使用的，每章一开始有内容概述和重点及难点介绍，每一章最后都有思考与练习题，便于自学。该教材也可供高等学校计算机类专业的教学使用或作为教学参考书。对于有兴趣了解和学习数据库系统原理的读者们，本教材也是一本可选的入门学习教材。

图书在版编目（CIP）数据

数据库系统原理 / 全国高等教育自学考试指导委员会组编；黄靖主编. —北京：机械工业出版社，2018.4（2025.3 重印）
全国高等教育自学考试指定教材
ISBN 978-7-111-59481-9

Ⅰ. ①数… Ⅱ. ①全… ②黄… Ⅲ. ①数据库系统－高等教育－自学考试－教材 Ⅳ. ①TP311.13

中国版本图书馆 CIP 数据核字（2018）第 056654 号

机械工业出版社（北京市百万庄大街 22 号　邮政编码 100037）
责任编辑：王　斌
北京捷迅佳彩印刷有限公司印刷
2025 年 3 月第 1 版·第 7 次印刷
184mm×260mm·13.25 印张·317 千字
标准书号：ISBN 978-7-111-59481-9
定价：39.00 元

电话服务　　　　　　　　　　网络服务
客服电话：010-88361066　　　机　工　官　网：www.cmpbook.com
　　　　　010-88379833　　　机　工　官　博：weibo.com/cmp1952
　　　　　010-68326294　　　金　书　网：www.golden-book.com
封底无防伪标均为盗版　　　　机工教育服务网：www.cmpedu.com

组 编 前 言

21 世纪是一个变幻莫测的世纪，是一个催人奋进的时代。科学技术飞速发展，知识更替日新月异。希望、困惑、机遇、挑战，随时随地都有可能出现在每一个社会成员的生活之中。抓住机遇，寻求发展，迎接挑战，适应变化的制胜法宝就是学习——依靠自己学习、终生学习。

作为我国高等教育组成部分的自学考试，其职责就是在高等教育这个水平上倡导自学、鼓励自学、帮助自学、推动自学，为每一个自学者铺就成才之路。组织编写供读者学习的教材就是履行这个职责的重要环节。毫无疑问，这种教材应当适合自学，应当有利于学习者掌握和了解新知识、新信息，有利于学习者增强创新意识，培养实践能力，形成自学能力，也有利于学习者学以致用，解决实际工作中所遇到的问题。具有如此特点的书，我们虽然沿用了"教材"这个概念，但它与那种仅供教师讲、学生听，教师不讲、学生不懂，以"教"为中心的教科书相比，已经在内容安排、编写体例、行文风格等方面都大不相同了。希望读者对此有所了解，以便从一开始就树立起依靠自己学习的坚定信念，不断探索适合自己的学习方法，充分利用自己已有的知识基础和实际工作经验，最大限度地发挥自己的潜能，达到学习的目标。

欢迎读者提出意见和建议。

祝每一位读者自学成功。

全国高等教育自学考试指导委员会
2016 年 12 月

目 录

组编前言

数据库系统原理自学考试大纲

出版前言
Ⅰ．课程性质与课程目标 ……………… 3
Ⅱ．考核目标 …………………………… 4
Ⅲ．课程内容与考核要求 ……………… 4
Ⅳ．关于大纲的说明与考核实施要求 …… 18
Ⅴ．题型举例 …………………………… 20
后记 ……………………………………… 22

数据库系统原理

编者的话
第一章　数据库系统概述 …………… 27
　第一节　数据库基本概念 …………… 27
　第二节　数据管理技术的发展 ……… 29
　第三节　数据库系统的结构 ………… 33
　　一、数据库系统的三级模式结构 …… 33
　　二、数据库系统的运行与应用结构 …… 36
　第四节　数据模型 …………………… 37
　　一、数据特征与数据模型组成要素 …… 37
　　二、数据模型的分类 ………………… 38
　本章小结 ……………………………… 42
　思考与练习 …………………………… 42
第二章　关系数据库 ………………… 43
　第一节　关系数据库概述 …………… 43
　第二节　关系数据模型 ……………… 44
　　一、关系数据结构 …………………… 44
　　二、关系操作集合 …………………… 48
　　三、关系的完整性约束 ……………… 54
　第三节　关系数据库的规范化理论 …… 56
　　一、关系模式中可能存在的冗余和
　　　　异常问题 ………………………… 56
　　二、函数依赖与关键字 ……………… 57
　　三、范式与关系规范化过程 ………… 58
　　四、关系规范化理论的应用 ………… 62
　本章小结 ……………………………… 62
　思考与练习 …………………………… 62
第三章　数据库设计 ………………… 64
　第一节　数据库设计概述 …………… 64
　　一、数据库的生命周期 ……………… 64
　　二、数据库设计的目标 ……………… 64
　　三、数据库设计的内容 ……………… 64
　　四、数据库设计的方法 ……………… 65
　　五、数据库设计的过程 ……………… 66
　第二节　数据库设计的基本步骤 …… 66
　　一、需求分析 ………………………… 67
　　二、概念结构设计 …………………… 71
　　三、逻辑结构设计 …………………… 71
　　四、物理设计 ………………………… 72
　　五、数据库实施 ……………………… 72
　　六、数据库运行和维护 ……………… 73
　第三节　关系数据库设计方法 ……… 73
　　一、关系数据库设计过程与各级模式 …… 73

二、概念结构设计方法……74
　　三、逻辑结构设计方法……80
　　四、物理设计方法……81
　本章小结……82
　思考与练习……82
第四章　SQL 与关系数据库基本操作……84
　第一节　SQL 概述……84
　　一、SQL 的发展……84
　　二、SQL 的特点……85
　　三、SQL 的组成……85
　第二节　MySQL 预备知识……86
　　一、MySQL 使用基础……86
　　二、MySQL 中的 SQL……87
　第三节　数据定义……89
　　一、数据库模式定义……89
　　二、表定义……91
　　三、索引定义……97
　第四节　数据更新……102
　　一、插入数据……102
　　二、删除数据……104
　　三、修改数据……105
　第五节　数据查询……105
　　一、SELECT 语句……106
　　二、列的选择与指定……107
　　三、FROM 子句与多表连接查询……109
　　四、WHERE 子句与条件查询……112
　　五、GROUP BY 子句与分组数据……115
　　六、HAVING 子句……116
　　七、ORDER BY 子句……117
　　八、LIMIT 子句……118
　第六节　视图……119
　　一、创建视图……120
　　二、删除视图……121
　　三、修改视图定义……121
　　四、查看视图定义……121
　　五、更新视图数据……121
　　六、查询视图数据……122
　本章小结……123
　思考与练习……123

第五章　数据库编程……125
　第一节　存储过程……125
　　一、存储过程的基本概念……125
　　二、创建存储过程……126
　　三、存储过程体……127
　　四、调用存储过程……131
　　五、删除存储过程……131
　第二节　存储函数……132
　　一、创建存储函数……132
　　二、调用存储函数……133
　　三、删除存储函数……133
　本章小结……134
　思考与练习……134
第六章　数据库安全与保护……135
　第一节　数据库完整性……135
　　一、完整性约束条件的作用对象……135
　　二、定义与实现完整性约束……136
　　三、命名完整性约束……139
　　四、更新完整性约束……140
　第二节　触发器……140
　　一、创建触发器……140
　　二、删除触发器……141
　　三、使用触发器……142
　第三节　安全性与访问控制……144
　　一、用户账号管理……144
　　二、账户权限管理……147
　第四节　事务与并发控制……152
　　一、事务的概念……152
　　二、事务的特征……152
　　三、并发操作问题……154
　　四、封锁……155
　第五节　备份与恢复……157
　本章小结……161
　思考与练习……161
第七章　数据库应用设计与开发实例……162
　第一节　需求描述与分析……162
　　一、功能性需求……162
　　二、非功能性需求……163
　第二节　系统设计……163

一、功能模块设计 …………… 164
　　二、数据库设计 ……………… 165
　第三节　系统实现 ……………… 171
　第四节　系统测试与维护 ……… 175
　本章小结 ………………………… 177
　思考与练习 ……………………… 177
第八章　数据管理技术的发展 …… 178
　第一节　数据库技术发展概述 … 178
　　一、第一代数据库系统 ……… 178
　　二、第二代数据库系统 ……… 179
　　三、新一代数据库系统 ……… 179
　第二节　数据仓库与数据挖掘 … 181
　　一、从数据库到数据仓库 …… 181
　　二、数据挖掘技术 …………… 183
　第三节　大数据管理技术 ……… 185
　　一、大数据的定义 …………… 185
　　二、大数据管理技术典型代表 … 186
　本章小结 ………………………… 187
　思考与练习 ……………………… 188
附录A　MySQL 的安装与配置 … 189
附录B　基于 PHP 语言的 MySQL
　　　　数据库应用 …………… 197
参考文献 …………………………… 202
后记 ………………………………… 203

全国高等教育自学考试

计算机信息管理专业（独立本科段）

数据库系统原理
自学考试大纲

（含考核目标）

全国高等教育自学考试指导委员会　制定

出版前言

为了适应社会主义现代化建设事业的需要，鼓励自学成才，我国在 20 世纪 80 代初建立了高等教育自学考试制度。高等教育自学考试是个人自学、社会助学和国家考试相结合的一种高等教育形式。应考者通过规定的专业课程考试并经思想品德鉴定达到毕业要求的，可获得毕业证书；国家承认学历并按照规定享有与普通高等学校毕业生同等的有关待遇。经过 30 多年的发展，高等教育自学考试为国家培养造就了大批专门人才。

课程自学考试大纲是国家规范自学者学习范围、要求和考试标准的文件。它是按照专业考试计划的要求，具体指导个人自学、社会助学、国家考试、编写教材及自学辅导书的依据。

为更新教育观念，深化教学内容、考试制度、质量评价制度改革，更好地提高自学考试人才培养的质量，全国考委各专业委员会按照专业考试计划的要求，组织编写了课程自学考试大纲。

新编写的大纲，在层次上，专科参照一般普通高校专科或高职院校的水平，本科参照一般普通高校本科水平；在内容上，力图反映学科的发展变化以及自然科学和社会科学近年来研究的成果。

全国考委电子电工与信息类专业委员会参照普通高等学校数据库系统原理课程的教学基本要求，结合自学考试计算机信息管理专业（独立本科段）的实际情况，组织制定的《数据库系统原理自学考试大纲》，经教育部批准，现颁发施行。各地教育部门、考试机构应认真贯彻执行。

全国高等教育自学考试指导委员会
2018 年 1 月

Ⅰ. 课程性质与课程目标

一、课程性质和特点

数据库系统原理是高等教育自学考试计算机信息管理专业（独立本科段）、计算机网络专业（独立本科段）、计算机及应用专业（独立本科段）、计算机通信工程专业（独立本科段）考试计划的一门专业基础课。本课程的设置目的是为了使应考者掌握数据库系统的基本原理、方法和应用技术，能有效地使用数据库管理系统和软件开发工具，掌握数据库结构的设计准则，和熟悉数据库应用系统的开发方法。

数据库系统是计算机软件学科的一个重要分支，它研究如何存储、使用和管理数据，有一定的理论性和实用性。随着计算机应用的发展，数据库系统应用领域已从数据处理、信息管理、事务处理扩大到计算机辅助设计、人工智能、网络访问等新的应用领域。数据库系统的建设规模和使用水平已成为衡量国家信息化程度的重要标志。因此，数据库课程是计算机领域的一门重要课程。

二、课程目标

通过本课程的学习，应达到的目标是：

1）通过第一章的学习，了解和掌握数据库基本概念、数据管理技术的发展历程、数据库系统的结构和数据模型等内容。

2）通过第二章的学习，了解关系数据库的基本特征、产生和发展历程，深入理解和熟练掌握关系数据模型和关系数据库的规范化理论。

3）通过第三章的学习，了解数据库设计的目标、内容、方法和过程，深入理解和熟练掌握关系数据库设计的具体方法与步骤。

4）通过第四章的学习，了解 SQL 的发展历程和特点，理解 SQL 的语言组成，熟练掌握在数据库（例如 MySQL）中使用 SQL 语言实现数据定义、数据更新和数据查询等三类数据库基本操作的具体方法。

5）通过第五章的学习，理解两种常用的数据库编程技术，即存储过程与存储函数，以及掌握在数据库（例如 MySQL）中使用 SQL 语句实现存储过程和存储函数的编程方法。

6）通过第六章的学习，理解四种常用的数据库安全与保护机制，即完整性约束（包括触发器）、访问控制、事务与并发控制，以及备份与恢复，并且掌握使用 SQL 语句在数据库（例如 MySQL）中实现这些技术的方法。

7）通过第七章的学习，了解数据库应用软件的设计与开发过程，理解和掌握关系数据库设计与实现的过程，初步掌握使用一种应用软件开发语言（例如 PHP）开发数据库应用程序的基本方法。

8）通过第八章的学习，了解数据库技术的发展历程，了解数据仓库和数据挖掘技术的概念、特征和功能等，了解大数据的特征和当前大数据管理技术的典型代表。

本课程具有较强的理论性、实用性和拓展性，理论性体现在第一、二、三章，实用性体现在第四、五、六、七章，拓展性体现在第八章。学习者应该注意理论联系实际，理论对实践的指导作用。

三、与相关课程的联系与区别

1）本课程的先修课程是高级语言程序设计和数据结构。

2）本课程的直接后续课程是软件工程。信息系统的核心是数据库，而信息系统的开发要用到软件工程方法和软件开发工具。所以这两门课程有着相当密切的联系，并且是以后开发各种应用系统的基础。

四、课程的重点和难点

本课程的重点包括：数据库系统的特点、数据库系统的三级模式结构、数据模型中概念层模型（E-R 模型）与逻辑层模型（关系模型）、关系模型中数据结构相关的基本概念、关系的完整性约束、关系数据库的规范化理论、关系数据库设计的具体方法与步骤、使用 SQL 语言实现三类数据库基本操作（数据定义、数据更新和数据查询）的方法、使用 SQL 语句实现存储过程和存储函数的编程方法、完整性约束等四种数据库安全与保护机制的概念与使用方法。

本课程的难点包括：数据库系统三级模式结构中的两层映像与数据独立性、关系数据库的规范化理论、使用 E-R 图进行数据库概念设计的过程、E-R 图向关系模型转换的方法、数据查询中各种表连接的方式以及各种子句的使用方法、视图的定义与使用、存储过程与触发器的编写与使用、事务的相关技术。

Ⅱ．考核目标

本大纲在考核目标中，按照识记、领会、简单应用和综合应用四个层次规定其应达到的能力层次要求。四个能力层次是递升的关系，后者必须建立在前者的基础上。各能力层次的含义是：

识记（Ⅰ）：要求考生能够识别和记忆本课程中有关的概念性内容（如各种数据库原理相关的术语、定义、特点、分类、组成、过程、功能、作用等），并能够根据考核的不同要求，做出正确的表述、选择和判断。

领会（Ⅱ）：要求考生能够领悟和理解本课程中数据库有关的基本概念和基本原理的内涵及外延，理解概念、原理的确切含义和适用条件，能够鉴别关于概念和原理的似是而非的说法，并能够对相应的问题进行分析，做出正确的判断、解释和说明。

简单应用（Ⅲ）：要求考生根据已知的数据库基本概念、基本原理等基础知识，分析和解决问题。

综合应用（Ⅳ）：要求考生能够综合运用数据库原理、方法、技术，分析或解决较为复杂的应用问题，如设计简单的数据库应用程序。

Ⅲ．课程内容与考核要求

第一章 数据库系统概述

一、课程内容

1.1 数据库基本概念

1.2 数据管理技术的发展
1.3 数据库系统的结构
1.4 数据模型

二、学习目的与要求
本章总的要求是了解和掌握：数据库基本概念、数据管理技术的发展历程、数据库系统的结构和数据模型等内容。

三、考核知识点与考核要求
1.1 数据库基本概念
数据库基本概念涉及如下 4 个数据库中最常用的基本概念，要求达到"识记"层次。
1）数据（Data）。
2）数据库（DataBase，DB）。
3）数据库管理系统（DataBase Management System，DBMS）。
4）数据库系统（DataBase System，DBS）。

1.2 数据管理技术的发展
数据管理技术的发展历程经历了如下 3 个阶段，要求达到"识记"层次。
1）人工管理阶段。
2）文件系统阶段。
3）数据库系统阶段。

其中，与人工管理、文件系统两种数据管理方法相比较，数据库系统所具有的特点，要求达到"领会"层次。

1.3 数据库系统的结构
从两个不同的视角，数据库系统的结构可分为三级模式结构和运行与应用结构。

1.3.1 数据库系统的三级模式结构
数据库系统的三级模式结构包括如下 4 个方面的内容，其是学习数据库系统原理的重点，也是难点，要求达到"领会"层次。
1）模式（Schema）。
2）外模式（External Schema）。
3）内模式（Internal Schema）。
4）三级模式结构的两层映像与数据独立性。

1.3.2 数据库系统的运行与应用结构
数据库系统的运行与应用结构包括如下 2 种常用结构，要求达到"识记"层次。
1）客户/服务器（Client/Server，C/S）结构。
2）浏览器/服务器（Browser/Server，B/S）结构。

1.4 数据模型
数据模型是数据库系统的核心和基础，也是本章的重点，要求达到"领会"层次。

1.4.1 数据特征与数据模型组成要素
数据具有静态和动态两种特征。
数据模型的组成要素包括如下 3 个方面的内容：
1）数据结构。

2）数据操作。
3）数据约束。

1.4.2 数据模型的分类
根据抽象的层面不同，数据模型可分为如下两类模型：
1）概念层数据模型。
2）逻辑层数据模型和物理层数据模型。

四、本章重点、难点
本章的重点是数据库系统的特点、数据库系统的三级模式结构、数据模型中概念层模型（E-R 模型）与逻辑层模型（关系模型）。

本章的难点是数据库系统三级模式结构中的两层映像与数据独立性。

第二章 关系数据库

一、课程内容
2.1 关系数据库概述
2.2 关系数据模型
2.3 关系数据库的规范化理论

二、学习目的与要求
本章总的要求是了解关系数据库的基本特征、产生和发展历程，深入理解和熟练掌握关系数据模型和关系数据库的规范化理论。

三、考核知识点与考核要求
2.1 关系数据库概述
关系数据库的基本特征、产生和发展历程，要求达到"识记"层次。

2.2 关系数据模型
依据数据模型的三个要素，关系数据模型由关系数据结构、关系操作集合和关系完整性约束三部分组成。

2.2.1 关系数据结构
关系模型数据结构包含如下相关的基本概念，要求达到"简单应用"层次。
1）表（Table）。
2）关系（Relation）。
3）列（Column）。
4）属性（Attribute）。
5）行（Row）。
6）元组（Tuple）。
7）分量（Component）。
8）码或键（Key）。
9）超码或超键（Super Key）。
10）候选码或候选键（Candidate Key）。
11）主码或主键（Primary Key）。
12）全码或全键（All-Key）。

13）主属性（Primary Attribute）和非主属性（Nonprimary Attribute）。
14）外码或外键（Foreign Key）。
15）参照关系（Referencing Relation）和被参照关系（Referenced Relation）。
16）域（Domain）。
17）数据类型（Data Type）。
18）关系模式（Relation Schema）。
19）关系数据库（Relation Database）。

2.2.2 关系操作集合

关系操作的特点是集合操作方式，即操作的对象和结果都是集合。

2.2.2.1 基本的关系操作

了解关系模型中常用的关系操作包括查询（Query）操作和插入（Insert）、删除（Delete）、修改（Update）操作两大部分，要求达到"识记"层次。

2.2.2.2 关系数据语言的分类

了解关系数据语言可以分为如下 3 类，要求达到"识记"层次。

1）关系代数语言。
2）关系演算语言。
3）兼具双重特点的语言（例如 SQL）。

2.2.2.3 关系代数

按照运算符的不同，关系代数的操作可分为如下两类，要求达到"领会"层次。

1）传统的集合运算。
2）专门的关系运算。

2.2.3 关系的完整性约束

理解关系模型中如下 3 类完整性约束及检验，要求达到"简单应用"层次。

1）实体完整性约束（Entity Integrity Constraint）。
2）参照完整性约束（Referential Integrity Constraint）。
3）用户定义完整性约束（User-defined Integrity Constraint）。
4）关系模型完整性约束的检验。

2.3 关系数据库的规范化理论

关系数据库的规范化理论是关系数据库设计的理论依据，研究的是关系模式中各属性之间的依赖关系及其对关系模式性能的影响，同时也是本章学习的重点。

2.3.1 关系模式中可能存在的冗余和异常问题

关系模式中可能存在的冗余和异常问题通常表现为如下 4 种，要求达到"简单应用"层次。

1）数据冗余。
2）更新异常。
3）插入异常。
4）删除异常。

2.3.2 函数依赖与关键字

函数依赖根据其不同性质可分为如下 3 类，要求理解函数依赖的概念、作用和使用方法，达到"综合应用"层次。
1）完全函数依赖。
2）部分函数依赖。
3）传递函数依赖。

2.3.3 范式与关系规范化过程
理解如下4类范式的定义，掌握关系规范化过程的方法，要求达到"综合应用"层次。
1）第一范式（1NF）
2）第二范式（2NF）
3）第三范式（3NF）
4）BCNF

2.3.4 关系规范化理论的应用
关系规范化理论主要应用于数据库设计中的概念设计阶段，要求达到"简单应用"层次。

四、本章重点、难点
本章的重点是关系模型中数据结构相关的基本概念、关系的完整性约束、关系数据库的规范化理论。

本章的难点是关系数据库的规范化理论。

第三章 数据库设计

一、课程内容
3.1 数据库设计概述
3.2 数据库设计的基本步骤
3.3 关系数据库设计方法

二、学习目的与要求
本章总的要求是了解数据库设计的目标、内容、方法和过程，深入理解和熟练掌握关系数据库设计的具体方法与步骤。

三、考核知识点与考核要求

3.1 数据库设计概述
了解数据库的生命周期，以及数据库设计的目标、内容、方法和过程，要求达到"识记"层次。

3.2 数据库设计的基本步骤
分阶段规范设计方法已在数据库设计中得到广泛的应用，该方法遵循自顶向下、逐步求精的原则，将数据库设计过程分解为如下6个相互依存的阶段，要求达到"领会"层次。
1）需求分析。
2）概念结构设计。
3）逻辑结构设计。
4）物理结构设计。
5）数据库实施。
6）数据库运行和维护。

3.3 关系数据库设计方法

关系数据库的设计遵从数据库设计的基本步骤，其中关系数据库的概念结构设计与逻辑结构设计是关系数据库整个设计过程的关键，也是本课程学习的重点。

3.3.1 关系数据库设计过程与各级模式

了解关系数据库设计过程中的各级模式，要求达到"识记"层次。

3.3.2 概念结构设计方法

理解和掌握如下关系数据库概念结构设计的具体方法，要求达到"综合应用"层次。

1）E-R 图的表示方法。
2）局部信息结构设计。
3）全部信息结构设计。

3.3.3 逻辑结构设计方法

理解和掌握关系数据库逻辑结构设计中 E-R 图向关系模型转换的方法，要求达到"综合应用"层次。了解关系数据库逻辑结构设计中数据模型的优化与设计用户子模式，要求达到"领会"层次。

1）E-R 图向关系模型的转换。
2）数据模型的优化。
3）设计用户子模式。

3.3.4 物理设计方法

物理设计的任务主要是通过对关系建立索引和聚集来实现与应用相关数据的逻辑连接和物理聚集，以改善对数据库的存取效率。了解建立索引和建立聚集的作用与方法，要求达到"识记"层次。

四、本章重点、难点

本章的重点是关系数据库设计的具体方法与步骤。

本章的难点是使用 E-R 图进行数据库概念设计的过程，以及其向关系模型转换的方法。

第四章 SQL 与关系数据库基本操作

一、课程内容

4.1 SQL 概述
4.2 MySQL 预备知识
4.3 数据定义
4.4 数据更新
4.5 数据查询
4.6 视图

二、学习目的与要求

本章总的要求是了解 SQL 的发展历程和特点，理解 SQL 的语言组成，熟练掌握在数据库（例如 MySQL）中使用 SQL 实现数据定义、数据更新和数据查询等三类数据库基本操作的具体方法。

三、考核知识点与考核要求

4.1 SQL 概述

结构化查询语言（Structured Query Language，SQL）是关系数据库的标准语言，也是本课程需要掌握的一类语言。

4.1.1 SQL 的发展
了解 SQL 的产生和发展历程，要求达到"识记"层次。

4.1.2 SQL 的特点
了解 SQL 的特点，要求达到"识记"层次。

4.1.3 SQL 的组成
理解 SQL 的如下语言组成，要求达到"领会"层次。
1) 数据定义语言（DDL）。
2) 数据操纵语言（DML）。
3) 数据控制语言（DCL）。
4) 嵌入式和动态 SQL 规则。
5) SQL 调用和会话规则。

4.2 MySQL 预备知识
MySQL 是一个关系数据库管理系统（Relational Database Management System，RDBMS）。

4.2.1 MySQL 使用基础
了解使用 MySQL 数据库管理系统构建信息管理系统的两种构架方式：LAMP 和 WAMP，要求达到"识记"层次。

4.2.2 MySQL 中的 SQL
理解和掌握 MySQL 中 SQL 语言的特点及其组成要素，要求达到"领会"层次。

4.3 数据定义
SQL 的数据定义功能包括数据库模式定义、表定义、视图定义和索引定义，其是本章学习的重点。

4.3.1 数据库模式定义
理解和掌握使用 SQL 语句实现如下定义数据库模式的相关内容，要求达到"综合应用"层次。
1) 创建数据库。
2) 选择数据库。
3) 修改数据库。
4) 删除数据库。
5) 查看数据库。

4.3.2 表定义
理解和掌握使用 SQL 语句实现如下定义表的相关内容，要求达到"综合应用"层次。
1) 创建表。
2) 更新表。
3) 重命名表。
4) 删除表。
5) 查看表。

4.3.3 索引定义

理解和掌握使用 SQL 语句实现如下定义索引的相关内容，要求达到"综合应用"层次。

1）索引的创建。
2）索引的查看。
3）索引的删除。

4.4 数据更新

SQL 有三种数据更新操作语句，分别用于向表中添加若干行数据、修改表中的数据和删除表中的若干行数据。这些 SQL 语句的使用方法是本章学习的重点。

4.4.1 插入数据

理解和掌握使用 SQL 语句实现插入数据的相关内容，要求达到"综合应用"层次。

4.4.2 删除数据

理解和掌握使用 SQL 语句实现删除数据的相关内容，要求达到"综合应用"层次。

4.4.3 修改数据

理解和掌握使用 SQL 语句实现修改数据的相关内容，要求达到"综合应用"层次。

4.5 数据查询

SQL 提供了 SELECT 语句及相关各类子句可实现数据查询，其使用方法是本章学习的重点。

4.5.1 SELECT 语句

理解和掌握 SELECT 语句使用方法，要求达到"综合应用"层次。

4.5.2 列的选择与指定

理解和掌握 SELECT 语句中如下有关列的选择与指定方法，要求达到"综合应用"层次。

1）选择指定的列。
2）定义并使用列的别名。
3）替换查询结果集中的数据。
4）计算列值。
5）聚合函数。

4.5.3 FROM 子句与多表连接查询

理解和掌握 SELECT 语句中 FROM 子句的使用方法和如下各种表连接的方式，要求达到"综合应用"层次。

1）交叉连接。
2）内连接。
3）外连接。

4.5.4 WHERE 子句与条件查询

理解和掌握 SELECT 语句中 WHERE 子句的使用方法和如下相关内容，要求达到"综合应用"层次。

1）比较运算。
2）判定范围。
3）判定空值。

4）子查询。

4.5.5 GROUP BY 子句与分组数据
理解和掌握 SELECT 语句中 GROUP BY 子句的使用方法，要求达到"综合应用"层次。

4.5.6 HAVING 子句
理解和掌握 SELECT 语句中 HAVING 子句的使用方法，要求达到"综合应用"层次。

4.5.7 ORDER BY 子句
理解和掌握 SELECT 语句中 ORDER BY 子句的使用方法，要求达到"综合应用"层次。

4.5.8 LIMIT 子句
理解和掌握 SELECT 语句中 LIMIT 子句的使用方法，要求达到"综合应用"层次。

4.6 视图
理解和掌握视图与基本表的区别，以及使用视图的优点，要求达到"领会"层次。

4.6.1 创建视图
理解和掌握使用 SQL 语句实现创建视图的相关内容，要求达到"综合应用"层次。

4.6.2 删除视图
理解和掌握使用 SQL 语句实现删除视图的相关内容，要求达到"综合应用"层次。

4.6.3 修改视图定义
理解和掌握使用 SQL 语句实现修改视图定义的相关内容，要求达到"综合应用"层次。

4.6.4 查看视图定义
理解和掌握使用 SQL 语句实现查看视图定义的相关内容，要求达到"综合应用"层次。

4.6.5 更新视图数据
理解和掌握使用 SQL 语句实现如下更新视图数据的相关内容，要求达到"综合应用"层次。

1）使用 INSERT 语句通过视图向基础表插入数据。
2）使用 UPDATE 语句通过视图修改基础表的数据。
3）使用 DELETE 语句通过视图删除基础表的数据。

4.6.6 查询视图数据
理解和掌握使用 SQL 语句实现查询视图数据的相关内容，要求达到"综合应用"层次。

四、本章重点、难点
本章的重点是使用 SQL 语言实现数据定义、数据更新和数据查询三类数据库基本操作，具体包括数据库模式定义、表定义、视图定义、索引定义、插入数据、删除数据、修改数据、SELECT 语句及相关各类子句等。

本章的难点是数据查询中各种表连接的方式、GROUP BY 子句的使用方法、HAVING 子句的使用方法、ORDER BY 子句的使用方法和 LIMIT 子句的使用方法，以及视图定义与各种使用方法。

第五章 数据库编程

一、课程内容
5.1 存储过程
5.2 存储函数

二、学习目的与要求

本章总的要求是理解两种常用的数据库编程技术，即存储过程与存储函数，以及掌握在数据库（例如 MySQL）中使用 SQL 语句实现存储过程和存储函数的编程方法。

三、考核知识点与考核要求

5.1 存储过程

结合 MySQL 数据库的使用，学习存储过程。

5.1.1 存储过程的基本概念

了解存储过程的概念和作用，要求达到"领会"层次。

5.1.2 创建存储过程

理解和掌握在数据库（例如 MySQL）中使用 SQL 语句创建存储过程的相关内容，要求达到"综合应用"层次。

5.1.3 存储过程体

理解和掌握如下几个用于构造存储过程体的常用语法元素，要求达到"简单应用"层次。

1）局部变量。
2）SET 语句。
3）SELECT…INTO 语句。
4）流程控制语句。
5）游标。

5.1.4 调用存储过程

理解和掌握在数据库（例如 MySQL）中使用 SQL 语句调用存储过程的相关内容，要求达到"综合应用"层次。

5.1.5 删除存储过程

理解和掌握在数据库（例如 MySQL）中使用 SQL 语句删除存储过程的相关内容，要求达到"简单应用"层次。

5.2 存储函数

了解存储函数的概念和作用，以及它与存储过程的区别，要求达到"领会"层次。

5.2.1 创建存储函数

理解和掌握在数据库（例如 MySQL）中使用 SQL 语句创建存储函数的相关内容，要求达到"综合应用"层次。

5.2.2 调用存储函数

理解和掌握在数据库（例如 MySQL）中使用 SQL 语句调用存储函数的相关内容，要求达到"综合应用"层次。

5.2.3 删除存储函数

理解和掌握在数据库（例如 MySQL）中使用 SQL 语句删除存储函数的相关内容，要求达到"简单应用"层次。

四、本章重点、难点

本章的重点是在数据库（例如 MySQL）中使用 SQL 语句实现存储过程和存储函数的编程方法。

本章的难点是数据库（例如 MySQL）中存储过程的编写。

第六章 数据库安全与保护

一、课程内容

6.1 数据库完整性
6.2 触发器
6.3 安全性与访问控制
6.4 事务与并发控制
6.5 备份与恢复

二、学习目的与要求

本章总的要求是理解四种常用的数据库安全与保护机制，即完整性约束（包括触发器）、访问控制、事务与并发控制，以及备份与恢复，并且掌握使用 SQL 语句在数据库（例如 MySQL）中实现这些技术的方法。

三、考核知识点与考核要求

6.1 数据库完整性

理解对数据库施加数据完整性约束的作用，要求达到"领会"层次。

6.1.1 完整性约束条件的作用对象

理解完整性约束条件的作用对象可以是列、元组和表，要求达到"领会"层次。

6.1.2 定义与实现完整性约束

理解和掌握在数据库（例如 MySQL）中使用 SQL 语句实现如下三类不同的完整性约束的具体方法，要求达到"综合应用"层次。其中，对于用户自定义完整性中的 CHECK 约束，要求达到"识记"层次。

1）实体完整性。
2）参照完整性。
3）用户定义的完整性。

6.1.3 命名完整性约束

理解和掌握在数据库（例如 MySQL）中使用 SQL 语句实现命名完整性约束的方法，要求达到"简单应用"层次。

6.1.4 更新完整性约束

理解和掌握在数据库（例如 MySQL）中使用 SQL 语句实现更新完整性约束的方法，要求达到"简单应用"层次。

6.2 触发器

理解触发器的概念与特点，要求达到"领会"层次。

6.2.1 创建触发器

理解和掌握在数据库（例如 MySQL）中使用 SQL 语句创建触发器的方法，要求达到"综合应用"层次。

6.2.2 删除触发器

理解和掌握在数据库（例如 MySQL）中使用 SQL 语句删除触发器的方法，要求达到"简单应用"层次。

6.2.3 使用触发器

理解和掌握数据库（例如 MySQL）所支持如下 3 种触发器的概念及使用方法，要求达到"综合应用"层次。

1）INSERT 触发器。
2）DELETE 触发器。
3）UPDATE 触发器。

6.3　安全性与访问控制

了解 SQL 语言安全控制中的访问控制的作用，清楚支持数据库（例如 MySQL）访问控制的两种方式：用户账号与权限管理，要求达到"识记"层次。

6.3.1　用户账号管理

理解和掌握在数据库（例如 MySQL）中使用 SQL 语句实现如下用户账号管理功能的具体方法，要求达到"简单应用"层次。

1）创建用户账号。
2）删除用户。
3）修改用户账号。
4）修改用户口令。

6.3.2　账户权限管理

理解和掌握在数据库（例如 MySQL）中使用 SQL 语句实现如下账户权限管理功能的具体方法，要求达到"简单应用"层次。

1）权限的授予。
2）权限的转移。
3）权限的撤销。

6.4　事务与并发控制

了解并发控制的概念，要求达到"识记"层次。

6.4.1　事务的概念

理解事务的概念，要求达到"领会"层次。

6.4.2　事务的特征

理解事务的 ACID 特征，要求达到"领会"层次。

6.4.3　并发操作问题

理解三种典型的并发操作问题及其产生原因，要求达到"领会"层次。

6.4.4　封锁

理解封锁作为一类最常用的并发控制技术，用于解决并发操作所带来的数据不一致性问题，掌握如下几个封锁技术相关的概念与方法，要求达到"领会"层次。

1）锁。
2）用封锁进行并发控制。
3）封锁的粒度。
4）封锁的级别。
5）活锁与死锁。
6）可串行性。
7）两段封锁法。

6.5 备份与恢复

了解数据库备份与恢复的概念与作用，要求达到"识记"层次。同时，理解和掌握在数据库（例如 MySQL）中分别使用如下两种不同的 SQL 语句实现备份数据和恢复数据的方法，要求达到"简单应用"层次。

1）使用 SELECT INTO…OUTFILE 语句备份数据。

2）使用 LOAD DATA …INFILE 语句恢复数据。

四、本章重点、难点

本章学习的重点是理解完整性约束（包括触发器）、访问控制、事务与并发控制，以及备份与恢复四种数据库安全与保护机制的概念与作用，且能够在数据库（例如 MySQL）中使用 SQL 语句实现相应的数据库保护，以保证数据库中数据的完整性、安全性、一致性和可靠性。

本章的难点是数据库（例如 MySQL）中触发器的编写与使用，以及对事务及其相关技术的理解。

第七章 数据库应用设计与开发实例

一、课程内容

7.1 需求描述与分析

7.2 系统设计

7.3 系统实现

7.4 系统测试与维护

二、学习目的与要求

本章总的要求是通过一个简单示例，了解数据库应用软件的设计与开发过程，理解和掌握关系数据库设计与实现的过程，初步掌握使用一种应用软件开发语言（例如 PHP）开发数据库应用程序的基本方法。

三、考核知识点与考核要求

7.1 需求描述与分析

熟悉需求描述与分析的方法，达到"领会"层次。

7.2 系统设计

熟悉根据需求的描述划分系统的功能模块，能够进行初步的功能模块设计，达到"识记"层次。针对系统的功能模块设计，理解和掌握关系数据库设计的方法与过程，达到"综合应用"层次。

7.3 系统实现

熟悉使用一种应用软件开发语言（例如 PHP）实现系统功能和操作数据库的方法，达到"识记"层次。根据关系数据库设计的结果，理解和掌握使用 SQL 实现该数据库及其相关对象的方法，达到"综合应用"层次。

7.4 系统测试与维护

了解系统测试与维护的作用与内容，达到"识记"层次。

四、本章重点、难点

本章的重点是理解和掌握关系数据库设计与实现的过程，以及了解数据库应用程序的开发方法。

本章的难点是使用应用软件开发语言实现系统功能和操作数据库的方法。

第八章　数据管理技术的发展

一、课程内容

8.1　数据库技术发展概述
8.2　数据仓库与数据挖掘
8.3　大数据管理技术

二、学习目的与要求

本章总的要求是了解数据库技术的发展历程，了解数据仓库和数据挖掘技术的概念、特征和功能等，了解大数据的特征和当前大数据管理技术的典型代表。

三、考核知识点与考核要求

8.1　数据库技术发展概述

了解数据库技术的发展历程，达到"识记"层次。

8.1.1　第一代数据库系统
8.1.2　第二代数据库系统
8.1.3　新一代数据库系统

8.2　数据仓库与数据挖掘

了解数据仓库和数据挖掘技术的概念、特征和功能等，达到"识记"层次。

8.2.1　从数据库到数据仓库
8.2.2　数据挖掘技术

8.3　大数据管理技术

了解大数据的特征和当前大数据管理技术的典型代表，达到"识记"层次。

8.3.1　大数据的定义
8.3.2　大数据管理技术典型代表

四、本章重点、难点

本章的重点是了解数据库技术的发展历程。

实　践　环　节

一、类型

课程实验。

二、目的与要求

本课程的实验采用数据库管理系统 MySQL 和服务器端脚本语言 PHP。通过上机实践，加深对课程的理解，更好地掌握数据库结构的设计和数据库应用程序开发的方法，以增强学习者的动手能力，全面掌握所学的知识。

三、内容

本课程可安排两个较大的综合实验。

1）通过命令行 SQL 语句操作 MySQL 数据库的实验内容：使用 MySQL 命令行工具建立数据库和表，对表进行数据的增加、修改、删除和查询操作，施加必要的完整性约束和访问控制，实现数据库的备份与恢复，编写存储过程、存储函数和触发器。（上机实验时数为 8 学时）

2）使用 PHP 开发简单 MySQL 应用程序的实验内容：设定并描述一个简单信息系统的开发需求，完成必要的系统分析与设计；根据关系数据库设计的基本理论与方法，依次完成该应用系统的数据库的概念结构设计、逻辑结构设计；使用命令行的 SQL 语句完成对数据库和表的基本操作，包括建立数据库、表、主键、外键、视图等，并输入数据；根据该应用系统的功能设计方案，使用 PHP 语言编写脚本程序，要求能正确连接数据库，实现数据的插入、删除、修改以及按条件查找数据的功能。（上机实验时数为 8 学时）

注：要完成上机实验，必须加强自学，自学时数为上机实验时数的两倍。

四、与课程考试的关系

本课程实验必须在课程笔试前完成，以促进学习者掌握课程的内容。实验考核应在课程笔试后择时进行，并须在主考院校或主考院校委托单位进行。应考者需要提供实验报告和提交实验考核的结果。实验环节为 2 学分。

五、实验大纲

实验一

（1）实验名称

数据库管理系统 MySQL 的使用（推荐 MySQL 5.0 以上版本）。

（2）实验目的和要求

了解 DBMS，掌握 MySQL 命令行工具的使用。

（3）实验内容

使用 MySQL 命令行工具建立数据库和表，对表进行数据的增加、修改、删除和查询操作，施加必要的完整性约束和访问控制，实现数据库的备份与恢复，编写存储过程、存储函数和触发器。

实验二

（1）实验名称

使用 PHP 开发简单的 MySQL 应用程序。

（2）实验目的和要求

了解 PHP 语言，掌握 PHP 操作 MySQL 数据库的方法，掌握使用 PHP 开发 MySQL 应用程序的步骤、技术与方法。

（3）实验内容

① 设定并描述一个简单信息系统的开发需求，完成必要的系统分析与设计。

② 根据关系数据库设计的基本理论与方法，依次完成该应用系统的数据库的概念结构设计、逻辑结构设计。

③ 使用命令行的 SQL 语句完成对数据库和表的基本操作：建立数据库、表、主键、外键、视图等，输入数据。

④ 根据该应用系统的功能设计方案，使用 PHP 语言编写脚本程序：能正确连接数据库，实现数据的插入、删除、修改以及按条件查找数据的要求。

Ⅳ. 关于大纲的说明与考核实施要求

一、自学考试大纲的目的和作用

课程自学考试大纲是根据专业自学考试计划的要求，结合自学考试的特点制订。其目的是对个人自学、社会助学和课程考试命题进行指导和规定。

课程自学考试大纲明确了课程自学内容及其深度和广度，规定出课程自学考试的范围和标准，是编写自学考试教材的依据，是社会助学的依据，是个人自学的依据，也是进行自学考试命题的依据。

二、关于自学教材

《数据库系统原理》，全国高等教育自学考试指导委员会组编，黄靖主编，机械工业出版社出版，2018年版。

三、关于考核内容及考核要求的说明

1）课程中各章的内容均由若干知识点组成，在自学考试命题中知识点就是考核点。因此，课程自学考试大纲中所规定的考核内容是以分解为考核知识点的形式给出的。因各知识点在课程中的地位、作用以及知识自身的特点不同，自学考试将对各知识点分别按四个认知层次确定其考核要求（认知层次的具体描述请参看Ⅱ考核目标）。

2）按照重要性程度不同，考核内容分为重点内容和一般内容。为有效地指导个人自学和社会助学，本大纲已指明了课程的重点和难点，在各章的"本章重点、难点"中也指明了本章内容的重点和难点。在本课程试卷中重点内容所占分值一般不少于60%。

本课程共6学分，其中包含2学分的实验学分。

四、关于自学方法的指导

《数据库系统原理》是一门专业基础课，其内容有一定的难度，需要一定的专业基础，对于考生的记忆、理解和应用能力有较高的要求，要取得较好的学习效果，请注意以下事项：

1）在学习本课程教材之前应仔细阅读本大纲的第一部分，了解本课程的性质、特点和目标。

2）在学习每一章内容之前，先认真了解本自学考试大纲对该章知识点的考核要求，做到在学习时心中有数。

3）从计算机系统全局的角度理解本课程的内容。注重基本概念、基本常识的记忆和基本方法、基本原理的理解，反复研读教材，注重结合实例。

4）在自学过程中应有良好的计划和适当的学习方法，注重资料的查阅，通过阅读参考书和网络资料，加深对教材中内容的理解，在理解的基础上记忆、领悟、应用知识。

五、考试指导

在考试过程中应做到卷面整洁，书写工整，段落与间距合理，有助于教师评分，因为阅卷者只能为他能看懂的内容打分，书写不清楚会导致不必要的丢分。回答试卷所提出的问题，不要答非所问，避免超过问题的范围。

保持良好的心态，注重平时知识的积累，考前做必要的总结，避免临时抱佛脚的应试方式。

六、对社会助学的要求

1）要熟知考试大纲对本课程总的要求和各章的知识点，准确理解对各知识点要求达到的认知层次和考核要求，并在辅导过程中帮助考生掌握这些要求，不要随意增删内容和提高或减低要求。

2）要结合典型应用，讲清课程的核心知识点，引导学生独立思考，理解课程中的各项内容，掌握解决应用问题的思路和技巧，帮助考生真正达到考核要求，并培养良好的学风，

3）助学单位在安排本课程辅导时，授课时间建议不少于60课时。

七、关于考试命题的若干规定

1）本课程的考试分为笔试和实验考核两部分。笔试采用闭卷方式，考试时间为150分钟。笔试时只允许携带笔、橡皮和尺，答卷必须使用蓝色或黑色钢笔或圆珠笔书写。实验考核由各地主考学校自行安排进行。凡通过笔试和实验考核的考生方能获得本课程的单科合格证书。

2）本大纲各章所规定的基本要求、知识点及知识点下的知识细目，都属于考核的内容。考试命题，要注意突出课程的重点，保障重点内容的覆盖度。

3）命题不应有超出大纲中考核知识点范围的题目，考核目标不得高于大纲中所规定的相应的最高能力层次要求。命题应着重考核自学者对基本概念、基本知识和基本理论是否了解或掌握，对基本方法是否会用或熟练。不应命制与基本要求不符的偏题或怪题。

4）本课程在试卷中对不同能力层次要求的分数比例大致为：识记占20%，领会占30%，简单应用占30%，综合应用占20%。

5）要合理安排试题的难易程度，试题的难度可分为：易、较易、较难和难四个等级。每份试卷中不同难度试题的分数比例一般为：2:3:3:2。

必须注意试题的难易程度与能力层次有一定的联系，但二者不是等同的概念，在各个能力层次都有不同难度的试题。

6）课程考试命题的主要题型一般有单项选择题、填空题、简答题、设计题和综合题等。

V．题型举例

一、单项选择题（在每小题后的四个备选项中只有一个是符合题目要求的，请将其选出并将代码填写在题后的括号内）

1．数据逻辑独立性是指【　　】。
A．模式改变，外模式和应用程序不变　　B．模式改变，内模式不变
C．内模式改变，模式不变　　D．内模式改变，外模式和应用程序不变

2．SELECT语句执行的结果是【　　】。
A．数据项　　B．元组　　C．表　　D．视图

二、填空题（请在题目空白处填写正确内容）

1．E-R图提供了表示信息世界中＿＿＿＿、＿＿＿＿和＿＿＿＿的方法。

2．事务的ACID特征分别是指＿＿＿＿性、＿＿＿＿性、＿＿＿＿性和＿＿＿＿性。

三、简答题

1．什么是完全函数依赖？

2．数据库设计的过程包括哪些阶段？

四、设计题

设某物流公司数据库包含如下5个关系（其中，主键用下划线标识）：

快递员 C(<u>Cno</u>,Cname,Cage,Csalary)，各字段的含义分别为快递员编号、快递员姓名、快递员年龄和快递员底薪；

包裹信息 P(Pno,Pfrom,Pto,Preceiver,Ptel,Pstatus)，各字段的含义分别为物流号、寄出地址、收货地址、收件人姓名、收件人联系方式和包裹状态；

仓库 W(Wno,Wname,Waddress)，各字段的含义分别为仓库编号、仓库名和仓库地址；

配送 D(Cno,Pno,Dtime)，各字段的含义分别为快递员编号、物流号和配送时间；

存储 S(Wno,Pno)，各字段的含义分别为仓库编号和物流号。

1）请写出下列查询操作的 SQL 语句：

检索收件人姓名为"李明"的包裹物流号、配送员姓名和配送时间。

2）请写出下列更新操作的 SQL 语句：

对所有年龄在 50 岁及之上的快递员，若其底薪不足 3000 元，则增加 400 元工资。

3）请使用触发器编写一个满足下列要求的完整性约束：

当插入配送信息时，将包裹状态置为"派件中"。

五、综合题

1. 某运动会历经数届，每届在不同地点举行，设有多项体育项目比赛，有若干运动队参加，每个运动队有许多运动员，一个运动员仅可为一个运动队的队员，可参加多届运动会的多个体育项目的比赛。要建立一个数据库，能够实现登记和检索历届运动会参与的运动队和运动员信息，以及登记和检索运动员参加历届运动会的各种比赛项目及名次。请根据上述需求信息，完成下列工作：

（1）按通常语义拟定实体、属性后分别构造上述应用的局部 E-R 图。

（2）合并局部 E-R 图为全局 E-R 图，并说明合并应注意哪些冲突？

（3）将全局 E-R 图转换为关系模式，并用下划线标明关键字。

2. 设有如下关系 R：

出版社名	书号	书名	作者	单价
武汉人民出版社	B1	操作系统原理	李胜利	50
北京人民出版社	B2	数据库系统原理	黄力	40
北京人民出版社	B3	人工智能导论	黄力	40
北京人民出版社	B1	操作系统原理	李胜利	50
上海人民出版社	B1	操作系统原理	李胜利	60

请仅在 R 中已给出数据的范围内分析其函数依赖关系，并解答下列问题：

（1）指出其全部候选关键字。

（2）其最高为第几范式？并解释原因。

（3）其在何种情况下会发生删除操作异常？并举例说明。

（4）将其分解为两个更高级关系范式。

后 记

本大纲是根据全国高等教育自学考试指导委员会电子电工与信息类专业委员会制定的《高等教育自学考试计算机信息管理专业（独立本科段）考试计划》和全国高等教育自学考试指导委员会《关于修订高等教育自学考试课程自学考试大纲的几点意见》的精神制定的。

本大纲提出初稿后，曾聘请专家通审，并由电子电工与信息类专业委员会在北京组织召开审稿会进行审稿，根据审稿会意见由编者作了修改。最后由电子电工与信息类专业委员会定稿。

本大纲由武汉理工大学黄靖副教授负责编写。参加审稿并提出修改意见的有华中科技大学卢炎生教授、北京工商大学张迎新教授。

对参与本大纲编写和审稿的各位专家表示感谢。

全国高等教育自学考试指导委员会
电子电工与信息类专业委员会
2018 年 1 月

全国高等教育自学考试指定教材
计算机信息管理专业（独立本科段）

数据库系统原理

全国高等教育自学考试指导委员会　组编

编者的话

本书是根据全国高等教育自学考试指导委员会最新制定的《数据库系统原理自学考试大纲》编写的自学考试教材。

数据库是管理数据的技术，它从 20 世纪 60 年代中期产生到今天，已经历了三代演变，造就了 C.W.Bachman、E.F.Codd 和 James Gray 三位图灵奖得主，发展了以数据建模和数据库管理系统核心技术为主，内容丰富、领域宽广的一门学科，催生了一大类软件产品——数据库管理系统 DBMS 产品及其相关工具和解决方案。数据库技术是计算机科学技术中发展最快的领域之一，也是应用最广的技术之一，它已成为计算机信息系统与智能应用系统的核心技术和重要基础。目前，数据库的建设规模、数据库信息量的大小和使用频度已成为衡量一个企业、一个组织，乃至一个国家信息化程度的重要标志，并且数据库也已成为每个人生活中不可缺少的部分，例如通过网络订购机票、火车票，通过网上银行转账、存款、支付等，都离不开数据库的支持。因此，数据库技术非常重要。

本书的主要目的是使读者掌握数据库技术的基本原理、方法和应用技术，特别是掌握关系数据库及其设计的相关理论与方法，并能有效地通过 SQL 语言操作现有常见的数据库管理系统（例如 MySQL），以及了解数据库应用系统的开发过程。

全书共分八章，大致内容如下。

第一章数据库系统概述，介绍数据库基本概念、数据管理技术的发展历程、数据库系统的结构以及数据模型等内容。

第二章关系数据库，介绍关系数据库的产生与发展，重点介绍关系数据模型和关系数据库的规范化理论。其中，关系数据模型包括关系数据结构、关系操作集合和关系完整性约束三部分内容，关系数据库的规范化理论则重点介绍函数依赖、范式与关系规范化过程等内容。

第三章数据库设计，在介绍数据库设计的基本内容与基本步骤的基础上，重点介绍关系数据库设计的具体方法，其中包括关系数据库的概念结构设计、逻辑结构设计和物理设计等内容。

第四章 SQL 语言与关系数据库基本操作，首先概述 SQL 语言的发展、特点和语言组成，以及 MySQL 的预备知识，然后重点介绍在数据库（例如 MySQL）中使用 SQL 语言实现数据定义、数据更新和数据查询三类数据库基本操作和使用视图的具体方法。

第五章数据库编程，主要是结合 MySQL 数据库的使用，介绍常用的两种数据库编程技术，即存储过程与存储函数。

第六章数据库安全与保护，主要是结合 MySQL 数据库的使用，介绍四种常用的数据库安全与保护机制，即完整性约束（包括触发器）、访问控制、事务与并发控制，以及备份与恢复。

第七章数据库应用设计与开发实例，是基于 MySQL 数据库，以一个简化的个性化课程在线选课系统为例，介绍数据库应用软件的设计与实现过程，具体包括需求分析、系统功能与数据库的设计、系统功能与数据库的实现、测试与维护等阶段。

第八章数据管理技术的发展，主要是概述数据库技术的发展历程，数据仓库和数据挖掘技术的概念、特征和功能等，以及大数据的定义和当前大数据管理技术的典型代表。

本课程具有较强的理论性、实用性和拓展性，理论性体现在第一～三章，实用性体现在第四～七章，拓展性体现在第八章。学习者应该注意理论联系实际，理论对实践的指导作用。

全书由武汉理工大学黄靖老师主编。第一、二、三、四、六章由黄靖老师编写，第七章由黄亮老师编写，第八章由文元桥老师编写，第五章及附录由万萌老师编写。华中科技大学卢炎生教授、北京工商大学张迎新教授审阅了全稿，并提出了许多宝贵意见，在此向他们致以衷心的感谢。

限于水平，书中欠妥之处，敬请广大读者和专家批评指正。

黄 靖
2018 年 1 月

第一章 数据库系统概述

数据库技术是对数据进行管理的技术，是计算机技术的重要分支，它能有效地帮助一个组织或一个企业科学地管理各类信息资源。如今，作为信息系统核心和基础的数据库技术得到了广泛的应用，几乎所有的应用领域都在采用数据库进行信息资源的存储与处理。因此，数据库的建设规模、数据库信息量的大小和使用频度已成为衡量一个企业、一个组织，乃至一个国家信息化程度的重要标志，并且数据库也已成为每个人生活中不可缺少的部分，例如通过网络订购机票、火车票，通过网上银行转账、存款、支付等。

本章是全书学习的准备和基础，主要概述数据库相关的基本概念、方法与技术，包括数据库基本概念、数据管理技术的发展、数据库系统的特点和结构、数据模型等内容。其中，数据库基本概念涉及四个最常用的基本术语；数据管理技术的发展概述了数据管理的人工管理、文件系统和数据库系统三个发展阶段；数据库系统的特点概括为数据结构化、数据冗余度小、数据共享性好、数据独立性高、数据库保护等五个方面；数据库系统的结构是从两个不同的视角，分别介绍数据库系统的三级模式结构和运行与应用结构；数据模型是从其概念、组成要素和分类三个方面进行介绍，是数据库系统的核心和基础。

第一节 数据库基本概念

数据、数据库、数据库管理系统和数据库系统是数据库中最常用的四个基本概念。

1. 数据

数据（Data）是描述事物的符号记录，是指用物理符号记录下来的、可以鉴别的信息。数据有多种表现形式，可以是包括数字、字母、文字、特殊字符组成的文本数据，也可以是图形、图像、动画、影像、声音、语言等多媒体数据。例如，日常生活和工作中使用的客户档案记录、商品销售记录等都是数据。各种形式的数据经过数字化处理后可存入计算机，便于进一步加工、处理、使用。

在现实世界中，人们可直接用中文、英文等自然语言描述客观事物、交流信息，但是这种信息表达方式过于烦琐，不便于形式化，也不利于使用计算机来表达。因此，为能在计算机中有效地存储和处理客观事物，人们通常只抽取出那些感兴趣的事物特征或属性来描述事物。例如，在客户档案中，人们关注客户的姓名、性别、年龄、籍贯、所在城市、联系电话等特征，那么由这些具体的特征值所构成的一组数据，构成一条记录。例如：（张三，男，26，北京，上海，13912345678），表示客户张三的信息。

需要注意的是，仅有数据记录往往不能完全表达其内容的含义，有些还需要经过解释才能明确其表达的含义。例如，对于上面的客户记录，了解其含义的人会得到这样的信息：张三是男性，今年26岁，北京人，目前居住上海，他的联系电话是13912345678；而不了解数据含义的人，则难以直接从北京、上海两个地名理解所表达的意思。由此可见，数据以及关于该数据的解释是密切相关的。数据的解释是对数据含义的说明,也称为数据的语义,即数据所蕴含的信息。数据与其语义密不可分,没有语义的数据是没有意义和不完整的。

因此,数据是信息存在的一种形式,只有通过解释或处理的数据才能成为有用的信息。

2. 数据库

数据库(Database,DB)通俗地被称为存储数据的仓库,只是这个仓库是存储在计算机存储设备上的,并且其所存储的数据是按一定的格式进行存储的。若从严格意义上讲,所谓数据库是指长期储存在计算机中的有组织的、可共享的数据集合,且数据库中的数据按一定的数据模型组织、描述和存储,具有较小的冗余度、较高的数据独立性,系统易于扩展,并可以被多个用户共享。

以前,人们在收集并抽取出一个应用所需的数据之后,往往是将这些数据以文件的形式存放在文件柜里,以供进一步加工和处理,而此方式随着数据量的剧增、应用需求的扩展,显现出许多弊端;如今,人们可以借助飞速发展的计算机和数据库技术科学地保存和管理大量复杂的数据,实现方便、快捷、高效地利用宝贵的数据资源。例如,把客户的档案记录、客户订购的商品信息、商品库存等数据有序地组织并存储在计算机内,构造客户订单的数据库,能够为企业的经营活动提供高效、准确的业务数据支持。

概括而言,数据库中存储的数据具有永久存储、有组织和可共享三个基本特点。

3. 数据库管理系统

数据库管理系统(Database Management System,DBMS)是专门用于建立和管理数据库的一套软件,介于应用程序和操作系统之间。它负责科学有效地组织和存储数据,并帮助数据库的使用者能够从大量的数据中快速地获取所需数据,以及提供必要的安全性和完整性等统一控制机制,实现对数据有效的管理与维护。

与操作系统一样,数据库管理系统也是计算机的基础软件,即一类系统软件,其主要功能包括如下几个方面。

(1)数据定义功能

用户可通过数据库管理系统提供的数据定义语言(Data Definition Language,DDL),定义数据库中的数据对象,包括表、视图、存储过程、触发器等。

(2)数据操纵功能

用户可通过数据库管理系统提供的数据操纵语言(Data Manipulation Language,DML)操纵数据库中的数据,实现对数据库的基本操作,包括数据的查询、插入、删除和修改等。

(3)数据库的运行管理功能

数据库中的数据是可供多个用户同时使用的共享数据,为保证数据的安全性、可靠性,数据库管理系统提供了统一的控制和管理机制,实现数据在不会被相互干扰的情况下能够并发使用,并且在发生故障时能够对数据库进行正确的恢复。

(4)数据库的建立和维护功能

数据库的建立和维护功能主要包括创建数据库及对数据库空间的维护、数据库的备份与恢复功能、数据库的重组织功能和性能监视、分析等。这些功能一般是通过数据库管理系统中提供的一些实用工具来实现的。

(5)数据组织、存储和管理功能

为提高数据的存取效率,数据库管理系统需要对数据进行分类存储和管理。一般的数据库管理系统都会根据具体组织和存储方式提供多种数据存取方法，例如索引查找、顺序查找等。

（6）其他功能

主要包括与其他软件的网络通信功能、不同数据库管理系统之间的数据传输以及相互访问功能等。例如，数据库管理员可通过相应的软件工具对数据库进行管理，编程人员可通过程序开发工具与数据库接口编写数据库应用程序等。

4．数据库系统

数据库系统（Database System，DBS）是指在计算机中引入数据库技术之后的系统。通常，一个完整的数据库系统包括数据库、数据库管理系统及相关实用工具、应用程序、数据库管理员和用户，如图 1.1 所示。其中，数据库管理员（Database Administrator，DBA）不同于普通数据库用户，他们是专门负责对数据库进行维护，并保证数据库正常、高效运行的人员；用户则是数据库系统的服务对象，其通常包括程序员和数据库终端用户两类用户，程序员通过高级程序设计语言（如PHP、Java 等）和数据库语言（如 SQL）编写数据库应用程序，应用程序会根据需要向数据库管理系统发出适当的请求，再由数据库管理系统对数据库执行相应的操作，而终端用户则是从客户机或联机终端上以交互方式向数据库系统提出各种操作请求，并由数据库管理系统响应执行，而后访问数据库中的数据。

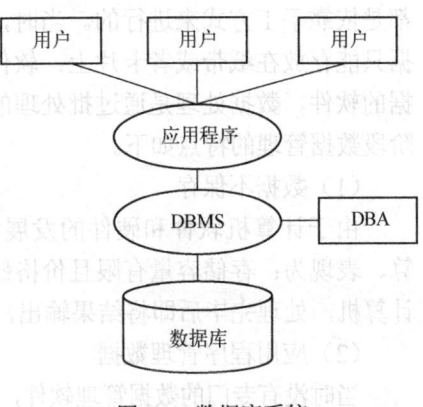

图 1.1　数据库系统

此外，一般在不引起混淆的情况下，常常将数据库系统简称为数据库。

第二节　数据管理技术的发展

数据管理可以从两个方面来理解：一是针对组织业务的管理，负责制定并执行整个组织中关于数据的定义、组织、保护与有效使用的策略、过程和计划；二是依靠技术，负责实现数据作为一种资源的集中控制管理。

在信息社会里，数据管理与计算机技术密切相关，它首先需要以便于处理的某种方式收集数据，并将记录在纸介文件上的数据转换成计算机可处理的形式；然后将收集的数据进行适当的构造，这称为数据组织，其中数据的组织分为逻辑组织和物理组织两种，即数据的逻辑组织是用户或应用程序所使用的数据结构形式，而物理组织则是数据在物理存储设备上的结构形式，这两者之间可以相对独立；为了备用，需要将数据归类进行存储；为了向用户提供信息，存储的数据要能够方便地被选择提取，这称作检索；为了保护数据的正确性和安全性等，必须建立一些相应的规则和执行这些规则的过程来控制数据的存与取，以实现数据管理的目标；同时，保管的数据是那些需要长期、多次使用的数据，但随着时间的推移，数据组织单位的内外环境会发生变化，因而存储的数据在规模和结构方面都可能变化，所以数据管理还必须能够对其进行维护。因此，数据管理的任务就是进行数据的收集、组织、控制、存储、选取、维护，实现在适当的时刻、以适当的形式、给适当的人、提供适当的数据，它是数据处理的中心问题，而数据处理则是指对各种数据进行收集、存储、加工和传播的一系列活动的总和。

随着计算机技术的发展及应用，数据管理技术共经历了人工管理、文件系统和数据库系统三个阶段。

1. 人工管理阶段

20 世纪 50 年代中期以前，计算机主要用于科学计算，其所涉及的数据处理工作基本上都是依靠手工方式来进行的。当时，在硬件方面是没有磁盘等直接存取数据的存储设备，数据只能存放在纸带或者卡片上；软件方面只有汇编语言，没有操作系统，更没有专门管理数据的软件，数据处理是通过批处理的方式来实现的，并且程序运行结束后数据不会保存。此阶段数据管理的特点如下。

（1）数据不保存

由于计算机软件和硬件的发展水平还处于起步阶段，当时的计算机主要应用于科学计算，表现为：存储容量有限且价格昂贵，通常一组数据对应一个程序，数据随程序一起输入计算机，处理完毕后即将结果输出，数据空间随着程序空间一起被释放。

（2）应用程序管理数据

当时没有专门的数据管理软件，应用程序的数据由程序自行负责，因而数据的组织方式必须由程序员自己设计、说明（定义）和管理。所有包括逻辑结构、物理结构、存取方法等在内的数据库设计工作，都是由应用程序的编写人员来完成，可见程序员的工作负担十分繁重。

（3）数据面向应用

如图 1.2 所示，数据是面向应用程序的，一组数据只能对应一个程序。当多个应用程序涉及某些相同的数据时必须各自定义，不能共享，因此程序与程序之间存在着大量的冗余数据，数据的独立性差。

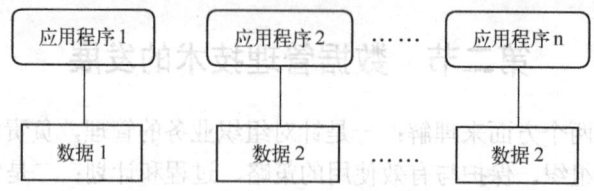

图 1.2　人工管理阶段数据与应用程序之间的关系

2. 文件系统阶段

20 世纪 50 年代后期到 60 年代中期，计算机软、硬件技术发展到了一定阶段。其中，硬件方面配置了磁盘、磁鼓等直接存取存储设备；软件方面，特别是在操作系统中配备了专门的数据管理软件，即文件系统，如图 1.3 所示。

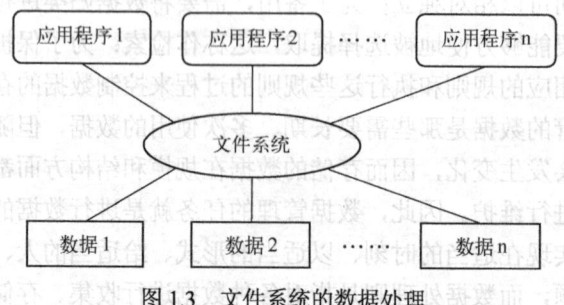

图 1.3　文件系统的数据处理

文件系统是将数据的逻辑结构和物理结构分离，由"存放方法"实现逻辑结构与物理结构之间的映射。应用程序只涉及数据的逻辑结构，系统决定数据的物理结构，两者之间可以有差别。这样，当物理结构发生改变时，不会导致应用程序的修改，这称为数据的物理独立性。数据的物理独立性使应用程序脱离数据的物理结构，使其适用性得以提高。同时，应用程序的编程人员不必关心数据的物理存储细节，因而其生产效率相应也得到提高。

相对于人工管理数据的方法，文件系统管理数据有了很大的改进，具有数据可长期保存和专门管理的特点，它提供了物理数据独立性，使应用程序与数据的具体物理存储结构分离，并通过数据的抽取、排序、合并等可以为应用提供新的文件，从而使数据共享成为可能。

但是，在文件系统中，不能实现数据的普通共享，只能实现文件级的共享，而不能在记录或数据项级实现数据的共享。文件的逻辑结构是根据它的应用而设计的，数据的逻辑结构与应用程序之间相互依赖。当不同应用程序使用的数据（记录或数据项）大部分相同时，还必须构造各自的文件，这样仍然还存在大量的数据冗余。

3. 数据库系统阶段

数据库技术是应数据管理任务的需要而产生的。20世纪60年代后期以来，随着计算机技术与工业的迅速发展，计算机日益广泛地应用于企业管理，并对计算机数据管理提出了更高的要求。首先，要求数据作为企业组织的公共资源而集中管理控制，能为企业的各类用户所共享，因此应大量地消去数据冗余，节省存储空间；其次，当数据变更时，能节省对多个数据副本的多次变更操作，从而大大缩小计算机运算时间开销，且更为重要的是不会遗漏某些副本的变更而使系统出现不一致的数据；再次，还要求数据具有更高的独立性，不但具有物理独立性，而且具有逻辑独立性，即当数据逻辑结构改变时，不影响那些不要求这种改变的用户应用程序，从而节省应用程序开发和维护的代价。面对这些需求，用文件系统的数据管理方法已经不能满足，于是数据库技术应运而生，出现了统一管理数据的、专门的软件系统——数据库管理系统。

从文件系统到数据库系统标志着数据管理技术的飞跃。概括起来，与人工管理、文件系统两种数据管理方法相比较，数据库系统具有如下一些特点。

（1）数据集成

数据的集成是数据库管理系统的主要目的。在数据库中，通过相关联数据间定义的逻辑联系，数据被组织成统一的逻辑结构，与数据的物理组织与定位分离，而应用的修改与增加只与数据的逻辑结构发生关系。由此，通过数据集成来统一计划和协调遍及各个相关应用领域的信息资源，这样可使数据得到最大程度的共享，且冗余最小。

（2）数据共享性高

数据共享是指在数据库中，一个数据可以为多个不同的用户共同使用，也就是说，各个用户可以为了不同的目的来存取相同的数据，他们是从各种不同的角度来看待数据库，即一个数据库有多种不同的用户视图。这些用户视图简化了数据的共享，因为它们可以给每一个用户提供执行其业务职能所要求的数据的准确视图，使用户无须知道数据库的全部复杂组成。

当然，共享不只是指同一数据可以被多个不同用户存取，还包含了并发共享，也就是多个不同用户同时存取同一数据的可能性。此外，不仅可以为现有的应用（用户）共享，还可开发新的应用来针对数据库中同样的数据进行操作。

(3) 数据冗余小

在非数据库系统中，每个应用各自会拥有自己的数据文件，这常常带来大量的数据冗余。例如，在学生学籍管理应用、学校图书管理应用、校园卡管理应用中，每一个应用都拥有一个包含学生信息的文件。而对于数据库方法，这些独立而有冗余的数据文件被集成为单一的逻辑结构，并且每一个数据项的值可以理想地只存储一次，从而节约存储空间，避免数据的重复存储。

当然，并非所有的冗余都可以或者应该被消除。有时，由于应用业务或技术上的原因，如数据合法性检验、数据存取效率等方面的需要，同一数据可能在数据库中保持多个副本。因此，在数据库系统中，冗余是受控的，系统知道冗余，保留必要的冗余也是系统预定的。

(4) 数据一致性

通过消除或控制数据冗余，可以在一定范围内避免数据的不一致性。例如，假定一位学生的学号信息存储在数据库的两个记录中，当该学生因为调转专业而需要更新他的学号时，若无控制，且只更新一个记录时，则会引起同一数据的两个副本的不一致性，此时称数据库是不一致的。

显然，引起不一致的根源是数据冗余。若一个数据在数据库中只存储一次，则不会发生不一致性。然而，冗余在数据库中是难免的，但它是受控的，所以当发生更新时，数据库系统本身可以通过更新所有其他副本来自动保持数据的一致性。

(5) 数据独立性高

数据定义与使用数据的应用程序分离称为数据独立。也就是说，数据或应用程序的修改不会彼此引起另一方的修改。数据库系统提供了两层数据独立，分别如下。

i) 不同的应用程序（用户）对同样的数据可以使用不同的视图，这意味着应用程序在一定范围内修改时，可以只修改它的数据库视图，而不修改数据本身的定义；反之，数据定义的修改，在一定范围内不会引起应用程序的修改。这种独立称为数据的逻辑独立。

ii) 可改变数据的存储结构或存取方法以响应变化的需求而无须修改现有的应用程序，这称为数据的物理独立。

这些在传统的文件系统中都是不可能的，因为数据的定义与存取这些数据的逻辑都建立在每个应用程序内，对数据文件的任何变动都要求修改或重写应用程序。

(6) 实施统一管理与控制

数据库管理系统具有对数据的统一管理和控制功能，主要包括数据的安全性、完整性、并发控制与故障恢复等，即数据库保护。

i) 数据的安全性。数据的安全性（Security）是指保护数据，以防止不合法的使用而造成数据泄密和破坏，使每个用户只能按规定对某些数据以某些方式进行使用和处理，即保证只有赋予权限的用户才能访问数据库中的数据，防止对数据的非法使用。

ii) 数据的完整性。数据的完整性（Integrity）是对数据的正确性、有效性和相容性要求，即控制数据在一定的范围内有效或要求数据之间满足一定的关系，保证输入到数据库中的数据满足相应的约束条件，以确保数据有效、正确。例如，确保"性别"的取值只能是"男"或"女"。

iii) 并发控制。并发控制（Concurrency）是指当多个用户的并发进程同时存取、修改数据库时,可能会发生相互干扰而得到错误结果,并使得数据库的完整性遭到破坏,因而对多用户的并发操作加以控制和协调。例如,网上购买火车票的应用系统必须能确保不会由于多用户同时购买相同的车票而造成冲突、错误,即必须有并发控制的能力。

iv)故障恢复。计算机产生的硬件故障、操作员的失误以及人为的破坏都会影响数据库中数据的正确性,甚至造成数据库部分或全部数据的丢失,DBMS 必须具有将数据库从错误状态恢复到某一已知的正确状态的功能,这就是数据库的故障恢复(Recovery)。

(7)减少应用程序开发与维护的工作量

数据库方法表现在应用方面的一个优点是:在数据库上开发与维护新的应用所花费的代价和时间大大减少。

由于数据库中的数据具有共享性、独立性,使得应用程序的编程人员不再需要承担基本数据文件的设计、建造与维护等繁重负担,因而新的应用程序开发所需的代价和为用户提供服务所需要的时间期限等,都可大大减小。

另外,由于应用环境或用户需求发生变化等种种原因,数据必然会频繁的变动,例如增加新的数据类型、增加或改变数据之间的联系、改变数据的结果与格式、采用新存储设备或存取方法等。在传统数据文件环境中,这些变化必然导致相关应用程序修改或重写,而在数据库环境中,由于数据的独立性,在一定范围内,数据或相关应用程序任何一方的改变都可以彼此不必引起另外一方的改变,因此应用程序的维护工作量可以大大减少。

第三节 数据库系统的结构

在一个组织的数据库系统中,有着各种不同类型的人员(或用户)需要与数据库打交道。他们从不同的角度以各自的观点来看待数据库,从而形成了数据库系统不同的视图结构。因此,考察数据库系统的结构可以有多种不同的层次或不同的视角。

若从数据库管理员(DBA)的视角来看,数据库系统可分为内部系统结构和外部体系结构,其中内部系统结构通常采用三级模式结构,而外部体系结构通常表现为集中式结构、分布式结构和并行结构等;若从数据库应用的用户(如应用程序的编写人员)的角度来看,目前数据库系统通常具有客户/服务器结构和浏览器/服务器结构,这也是数据库系统整体的运行与应用结构。

本节主要介绍数据库系统的三级模式结构和运行与应用结构。

一、数据库系统的三级模式结构

从数据库管理员的角度来审视数据库系统,其内部基本上遵循美国 ANSI/SPARC 数据库管理系统研究组提出的三级体系结构,即用户级、概念级和物理级。该结构也是目前各个不同数据库管理系统产品所遵循的体系结构准则。也就是说,尽管不同的数据库管理系统产品,可以使用不同的数据库语言,可以支持不同的数据模型,可以建立在不同的操作系统之上,但是它们在体系结构上通常具有相同的特征,即采用三级模式结构,并提供两层映像功能。

具体而言,数据库系统的三级模式结构是指数据库系统是由模式(Schema)、外模式(External Schema)和内模式(Internal Schema)三级构成的,如图 1.4 所示。

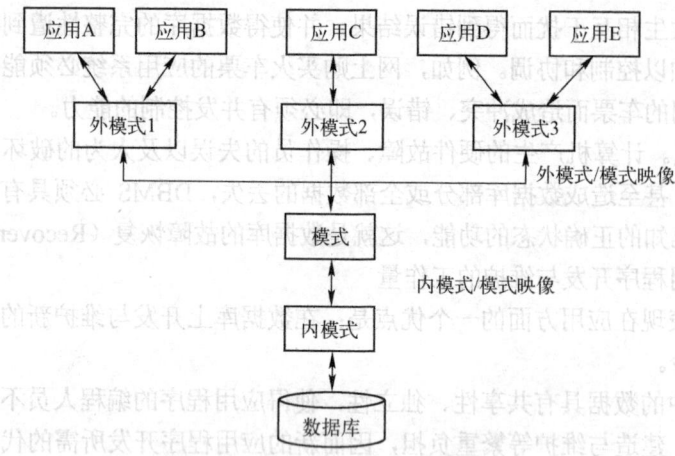

图 1.4 数据库系统的三级模式结构

1. 模式

在三级模式结构中，模式也称为概念模式或逻辑模式，它是数据库中全体数据的逻辑结构和特征的描述，是所有用户的公共数据视图。

模式实际上是数据库数据在逻辑级上的视图，即概念视图，其形式要比数据的物理存储方式抽象。数据库管理员（DBA）必须考虑整个数据库的这种全局概念视图，它不包含任何数据库的实现细节，例如是何种 DBMS、文件组织、存取方法以及设备特征等，而是定义数据的逻辑结构、数据之间的联系，以及与数据相关的安全性、完整性等要求。

如图 1.4 所示，数据库按外模式的描述向用户提供数据，按内模式的描述存储数据，而模式是这两者的中间层，它既不涉及数据的物理存储细节和硬件环境，也与具体的应用程序、所使用的应用开发工具及程序设计语言（如 PHP、Java、C）无关，同时一个数据库只有一个模式，且相对稳定。

DBMS 提供模式描述语言（Schema DDL）来严格地定义模式，不仅要定义数据的逻辑结构，还要定义数据之间的联系，定义与数据相关的安全性、完整性等要求。

2. 外模式

在三级模式结构中，外模式也称为子模式（Subschema）或用户模式，它是数据库用户（包括应用程序员和最终用户）能够看见和使用的局部数据的逻辑结构和特征的描述，是与某一应用有关的数据的逻辑表示。

外模式实际上是用于满足不同数据库用户需求的数据视图，即用户视图，其通常是模式的子集，是对数据库整体数据结构的局部重构。如果不同的用户在应用需求、看待数据的方式、对数据保密的要求等方面存在差异，则其外模式描述就不相同，并且模式中同样的数据，在外模式中的结构、类型、长度、保密级别等都可以不同。

如图 1.4 所示，一个数据库可以有多个不同的外模式，允许它们有一定的重叠，且一个外模式可以只为一个应用程序使用，也可以为多个应用程序所共享。例如，在一个学校的管理信息系统中，教务处子系统用户只能看到教师的授课信息、学生的选课及成绩信息，人事处子系统用户只能看到教师的基本资料信息，学工处子系统用户只能看到学生的基本资料信息，而学校管理信息系统的数据库则存储的是这些信息数据的总集合。因此，外模式是保证数据库安全的重要措施，每个用户只能看见和访问所对应的外模式中的数据，而数据库中其余数据是不可见的。同时，外模式简化了数据库系统的用户接口，便于用户使用，并有效支持了数据的独立性和共享性。

相应地，DBMS 提供子模式描述语言（Subschema DDL）来严格地定义子模式。

3. 内模式

在三级模式结构中，内模式也称为存储模式（Storage Schema），它是对数据库中数据物理结构和存储方式的描述，是数据在数据库内部的表示形式。

内模式实际上是整个数据库的最底层表示，它不同于物理层，是数据库管理员（DBA）所见到的，特定的 DBMS 所处理的数据库的内部结构，即内部视图或存储视图。

如图 1.4 所示，一个数据库只有一个内模式，它不是存储设备上的物理记录或物理块，也不涉及任何具体设备限制，例如柱面或磁道的大小等，也就是说，内模式还不是最底层的物理层，因为比内模式更接近于物理存储和访问的那些软件机制是操作系统的一部分，比如从磁盘上对数据进行读、写操作。

相应地，DBMS 提供内模式描述语言（内模式 DDL，或者存储模式 DDL）来严格地定义内模式，即定义所有内部记录类型、索引和文件的组织方式，以及所有数据控制方面的细节，例如，记录的存储方式是按照顺序结构存储还是按照 B 树结构存储，数据是否压缩、是否加密等。

4. 三级模式结构的两层映像与数据独立性

概括而言，构成数据库系统三级模式结构的三个模式分别是对数据的三级抽象，它们彼此间具有如下一些特点。

ⅰ）一个数据库的整体逻辑结构和特征的描述（概念模式）是独立于数据库其他层次结构（内/外模式）的描述，其是数据库的核心，也是数据库设计的关键。

ⅱ）一个数据库的内部存储模式依赖于概念模式，但存储模式独立于外部模式，也独立于具体的存储设备。

ⅲ）用户逻辑结构（外模式）是在全局逻辑结构描述的基础上定义的，它面向具体的应用程序，独立于内部模式和存储设备。

ⅳ）特定的应用程序是在外模式的逻辑结构上编写的，它依赖于特定的外模式，与数据库的模式和存储结构独立。

因此，用户可以不必考虑数据的物理存储细节，而把数据的具体组织留给 DBMS 负责管理，同时为了有效支撑数据的三级抽象以及它们相互间的联系和转换，DBMS 通过在内部提供三级模式之间的两层映像来实现，即外模式/模式映像与模式/内模式映像。

（1）外模式/模式映像

所谓映像，就是一种对应规则，它指出映像双方是如何进行转换的。外模式/模式映像定义了各个外模式与概念模式之间的映像关系，这些映像定义通常在各自的外模式中加以描述。由于同一个模式可以有任意多个外模式，因此对于每一个外模式，数据库系统都会有一个外模式/模式映像。

数据库系统的模式如若发生改变，例如增加新的关系、新的属性、改变属性的数据类型等，数据库管理员（DBA）通常会对各个外模式/模式的映像做出相应的改变，以使那些对用户可见的外模式保持不变，从而应用程序的编程人员就不必去修改那些依据数据的外模式所编写的应用程序，如此实现了外模式不受概念模式变化的影响，并保证了数据与程序的逻辑独立性。

（2）模式/内模式映像

模式/内模式映像定义了数据库全局逻辑结构与物理存储之间的对应关系，这种映像定义通常是在模式中加以描述的。由于数据库中只有一个模式，且也只有一个内模式，所以模式/内模式映像是唯一的。

数据库系统的物理存储如若发生改变，例如选用另外一种存储结构或更换另外一个存储位置，数据库管理员（DBA）通常也会对模式/内模式映像做出相应的调整，以使数据库系统的模式保持不变，从而也不必去修改应用程序，如此实现了概念模式不受内模式变化的影响，并保证了数据与程序的物理独立性。

由此可见，正是这两层映像保证了数据库系统中的数据能够具有较高的逻辑独立性和物理独立性，使得数据的定义和描述可以从应用程序中分离出去，从而简化了数据库应用程序的开发，也减少了维护应用程序的工作量。

二、数据库系统的运行与应用结构

从数据库系统应用的用户角度来看，目前数据库系统常见的运行与应用结构有：客户/服务器结构、浏览器/服务器结构。

1．客户/服务器结构

在数据库系统中，数据库的使用者（如 DBA、程序编写者）可以使用命令行客户端、图形化界面管理工具、应用程序等来连接数据库管理系统，并可以通过数据库管理系统查询和处理存储在底层数据库中的各种数据。数据库系统的这种工作模式采用的就是客户/服务器结构。其中，数据库的使用者是与命令行客户端、图形化界面管理工具、应用程序等直接交互，而不与数据库管理系统直接联系。因而，在这种结构中，命令行客户端、图形化界面管理工具、应用程序等称为"客户端"、"前台"或"表示层"，主要完成与数据库使用者的交互任务；而数据库管理系统则称为"服务器"、"后台"或"数据层"，其主要负责数据管理。这种操作数据库的模式称为客户/服务器（Client/Server，C/S）模式，它的一般处理流程如图 1.5 所示。

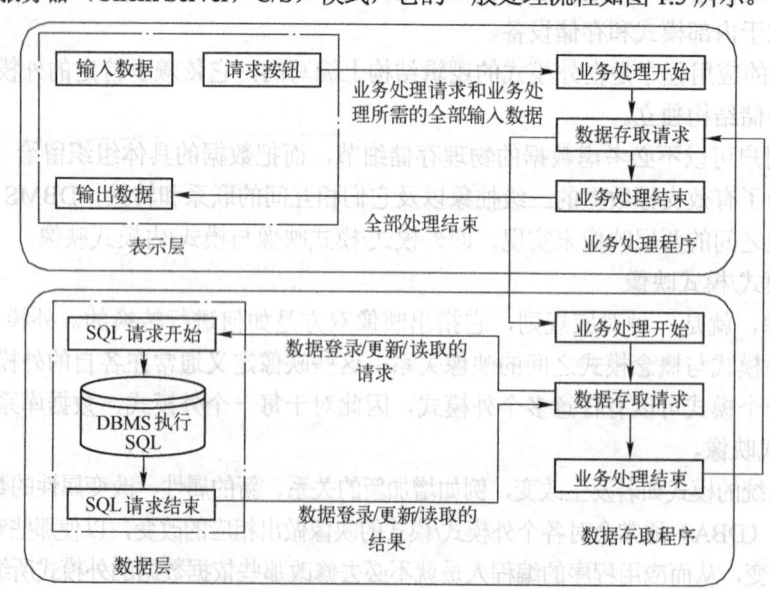

图 1.5　客户/服务器模式的一般处理流程

在客户/服务器模式中，客户端和服务器可以同时工作在同一台计算机上，这种工作方式称为"单机方式"；也可以"网络方式"进行运行，即服务器被安装和部署在网络中某一台机器上，而客户端被安装和部署在网络中不同的一台或多台主机上。

2．浏览器/服务器结构

浏览器/服务器结构是一种基于 Web 应用的客户/服务器结构，也称为三层客户/服务器结构。在数据库系统中，它将与数据库管理系统交互的客户端进一步细分为"表示层"和"处理层"。其中，"表示层"是数据库使用者的操作和展示界面，通常由用于上网的各种浏览器构成，由此减轻数据库系统中客户端的工作负担；而"处理层"也称为"中间层"，则主要负责处理数据库使用者的具体应用逻辑，它与后台的数据库管理系统共同组成功能更加丰富的"胖服务器"。数据库系统的这种工作模式就称为浏览器/服务器（Browser/Server，B/S）模式，它的一般处理流程如图 1.6 所示。

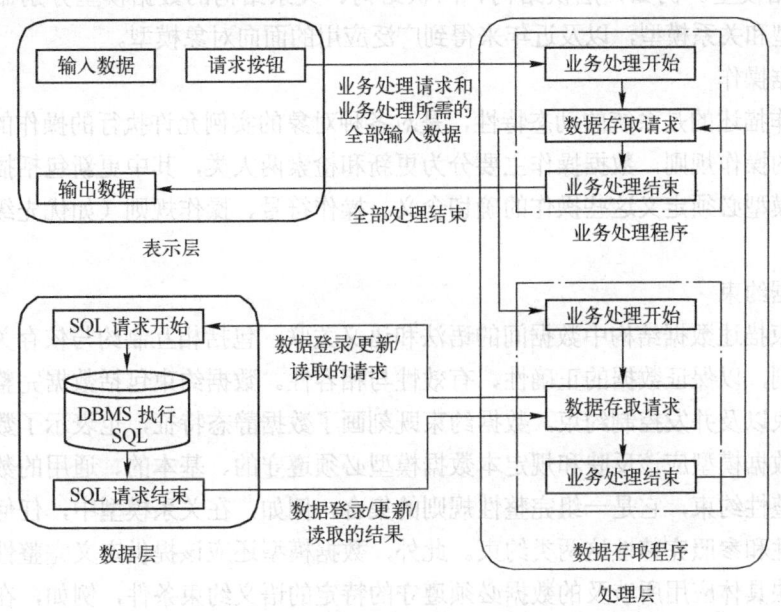

图 1.6　浏览器/服务器模式的一般处理流程

第四节　数 据 模 型

模型（Model）是现实世界特征的模拟和抽象表达，其有助于人们更好地认识和理解客观世界中的事物、对象、过程等感兴趣的内容，例如汽车车模、飞机航模、建筑图纸、军事沙盘等。同样，为能表示和处理现实世界中的数据和信息，我们常使用数据模型（Data Model）这个工具来模拟和抽象现实世界中的数据特征。因此，数据模型也是一种模型，它是对现实世界数据特征的抽象，描述的是数据的共性内容。

一、数据特征与数据模型组成要素

一般而言，数据具有静态和动态两种特征。其中，数据的静态特征包括数据的基本结构、数据间的联系以及对数据取值范围的约束；数据的动态特征是指对数据可以进行符合一定规则的操作。相应地，对现实世界数据特征进行抽象的数据模型，需要描述数据的静态特征与动态行为，并为数据的表示和操纵提供框架。因此，数据模型是用来描述数据的结构、定义在结构上的操纵以及数据间的约束的一组概念和定义。

通常，任何一种数据模型都是严格定义的概念集合，而这些概念必须能够精确地描述系统的静态特性、动态特性和数据约束条件。因此，数据模型通常由数据结构、数据操作和数据约束三个要素组成，分别如下。

（1）数据结构

数据结构描述的是系统的静态特性，即数据对象的数据类型、内容、属性以及数据对象之间的联系。由于数据结构反映了数据模型最基本的特征，因此人们常常按照数据结构的类型来命名数据模型。例如，层次结构、网状结构、关系结构的数据模型分别命名为层次模型、网状模型和关系模型，以及近年来得到广泛应用的面向对象模型。

（2）数据操作

数据操作描述的是系统的动态特性，是对各种对象的实例允许执行的操作的集合，包括操作及有关的操作规则。数据操作主要分为更新和检索两大类，其中更新包括插入、删除和修改。数据模型必须定义这些操作的确切含义、操作符号、操作规则（如优先级）以及实现操作的语言。

（3）数据约束

数据约束描述数据结构中数据间的语法和语义关联，包括相互制约与依存关系以及数据动态变化规则，以保证数据的正确性、有效性与相容性。数据约束包括数据完整性约束、数据安全性约束以及并发控制约束，数据约束既刻画了数据静态特征，也表示了数据动态行为规则。任一数据模型应该反映和规定本数据模型必须遵守的、基本的、通用的数据约束，特别是数据完整性约束，它是一组完整性规则的集合，例如，在关系模型中，任何关系必须满足实体完整性和参照完整性这两类约束。此外，数据模型还应该提供定义完整性约束条件的机制，以反映具体应用所涉及的数据必须遵守的特定的语义约束条件，例如，在某个网购数据库中规定购买某些在线商品的客户的年龄不得低于 18 岁。

二、数据模型的分类

现实世界中人们认识、理解的数据和信息，不能直接被计算机所处理，但可通过数据模型这个建模工具进行抽象表达，表示成计算机能够加工和处理的形式，并存放入数据库中进行存储与管理。因而，数据模型应满足三个方面的要求，即：能比较真实地模拟现实世界；容易为人们所理解；同时，便于在计算机上实现。然而，目前一种数据模型要很好地满足这三个方面的要求，仍很困难。

为此，人们通常是针对不同的使用对象和应用目的，采取逐步抽象的方法，在不同的抽象层面使用不同的数据模型，从而实现将现实世界中的具体事物逐步抽象、转换、组织成机器世界（即计算机）中某一具体数据库管理系统所支持的数据类型，即：首先，将现实世界中的客观对象抽象为信息世界中的某一种信息结构，这种信息结构并不依赖于具体的计算机系统，也不与具体的数据库管理系统相关，是一种概念级的模型；然后，再将概念级的模型转换为机器世界中某一具体的数据库管理系统支持的数据模型。这个过程如图1.7所示。

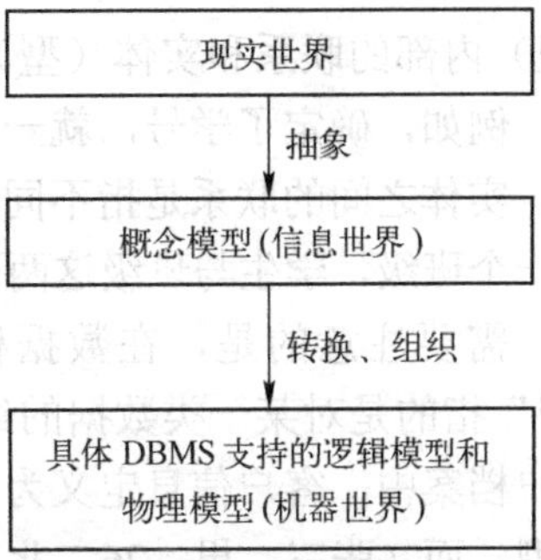

由此可见，数据模型是模型化数据和信息的工具，也是数据库系统的核心和基础。事实上，数据库技术的发展正是沿着数据模型的主线推进的。本小节主要介绍两大类数据模型，它们分别属于两个不同的层次，即第一类是概念层数据模型，第二类是逻辑层数据模型和物理层数据模型。

1. 概念层数据模型

图1.7 从现实世界到机器世界的过程

概念层是数据抽象级别的最高层，其目的是按用户的观点来对世界建模。概念层数据模型，也称为数据的概念模型（Conceptual Model）或信息模型，它用来描述现实世界的事物，与具体的计算机系统无关，且独立于任何DBMS，但容易向DBMS所支持的逻辑数据模型转换。这类模型主要用于数据库的设计阶段，即在设计数据库时，通常用概念模型来抽象、表示现实世界的各种事物及其联系。

（1）信息世界中的基本概念

概念模型用于信息世界的建模，是实现世界到信息世界的第一层抽象，是数据库设计人员进行数据库设计的有力工具，也是数据库设计人员和用户之间进行交流的语言，因此概念模型一方面具有较强的语义表达能力，能够方便、直接地表达应用中的各种语义知识，另一方面它简单、清晰、易于用户理解。

通常，信息世界涉及的基本概念如下。

① 实体（Entity）

客观存在并可相互区别的事物称为实体。实体可以是实际的事物，也可以是抽象的概念或联系，例如商品、学生、部门、课程、比赛等都可以作为实体。

② 属性（Attribute）

实体所具有的某种特性称为实体的属性。一个实体可以由多个属性来描述，例如，学生具有学号、姓名、性别、出生日期等特性，也就是说学生实体具有学号、姓名、性别、出生日期等属性。

③ 码或键（Key）

可唯一标识实体的属性集称为码或键。例如，学号是学生实体的码或键。

④ 域（Domain）

属性的取值范围称为该属性的域。例如，学生实体中姓名的域为字符串集合，性别的域为（男，女）。

⑤ 实体型（Entity Type）

具有相同属性的实体必然具有共同的特征和性质。用实体名与属性名集合来抽象和刻画同类实体，称为实体型。例如，学生（学号、姓名、性别、出生日期）就是一个实体型。

⑥ 实体集（Entity Set）

同型实体的集合称为实体集。例如，每个学生是一个实体，所有学生构成一个实体集。

⑦ 联系（Relationship）

在现实世界中，事物内部以及事物之间是有联系的，这些联系在信息世界中反映为实体

（型）内部的联系和实体（型）之间的联系。实体内部的联系通常是指实体各属性之间的联系，例如，确定了学号，就一定能知道与之对应的姓名，即学号与姓名这两个属性之间有联系。实体之间的联系是指不同实体之间的联系，例如，一个班有许多的学生，一个学生只属于一个班级，学生与班级这两个实体之间有联系。

需要注意的是，在数据模型中有"型"（type）和"值"（value）两个不同的概念。"型"指的是对某一类数据的结构和属性的说明，而"值"是型的一个具体赋值。例如，在客户档案中，客户信息定义为（姓名，性别，年龄，籍贯，所在城市，联系电话）这样的记录型，而（张三，男，26，北京，上海，13912345678）则是该记录型的一个记录值。

（2）概念模型的表示方法

概念模型是对信息世界建模，概念模型的表示方法很多，其中最为常用的是 P.P.S.Chen 于 1976 年提出的实体-联系方法（Entity-Relationship approach）。该方法用 E-R 图（E-R diagram）来描述现实世界的概念模型，E-R 方法也称为 E-R 模型（E-R Model）。E-R 图提供了表示信息世界中实体、属性和联系的方法，其中表示实体、属性、联系的图形含义分别如下。

i）实体型，其用矩形表示，矩形框内写明实体的名称。

ii）属性，其用椭圆形表示，并用无向边将其与相应的实体连接起来。

iii）联系，其用菱形表示，菱形框内写明联系的名称，并用无向边分别与有关实体连接起来，同时在无向边旁标上联系的类型（1:1、1:N 或 M:N），如果一个联系具有属性，则这些属性也要用无向边与该联系连接起来。例如图 1.8 中连接在"选课"联系上的"成绩"就是联系的属性。

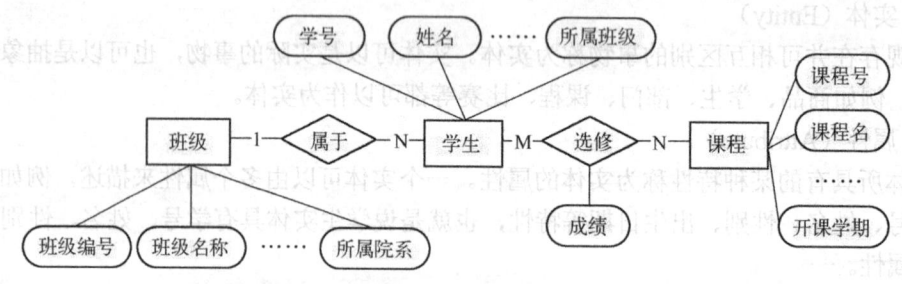

图 1.8　E-R 图示例

说明：由于学生、课程等实体的属性较多，图 1.8 适当简化，部分属性没有标出。另外，关于使用 E-R 图进行数据库概念结构设计的细节，请参阅本书第 3 章的相关内容。

值得注意的是：实体-联系方法是抽象和描述现实世界的有力工具。用 E-R 图表示的概念模型独立于具体的 DBMS 所支持的逻辑模型，它是各种逻辑模型的共同基础，因而比逻辑模型更一般、更抽象、更接近实现世界。

2．逻辑层数据模型

逻辑层是数据抽象的中间层，描述数据整体的逻辑结构。这一层的数据抽象称为逻辑层数据模型，也称为数据的逻辑模型（Logical Mode）。它是用户通过数据库管理系统看到的现实世界，是基于计算机系统的观点来对数据进行建模和表示。因此，它既要考虑用户容易理解，又要考虑便于 DBMS 实现。

任何 DBMS 都是基于某种逻辑数据模型。其中，主要的逻辑数据模型有层次模型（Hierarchical Model）、网状模型（Network Model）、关系模型（Relational Model）、面向对象模型（Object Oriented Model）等。这里只简要介绍这几类逻辑数据模型的基本概念，而基于关系模型的数据库，即关系数据库，是本书学习的重点。

（1）层次模型

层次模型是数据库系统最早使用的一种数据模型，它的数据结构是一棵"有向树"，树的每个结点对应一个记录集，也就是现实世界的实体集。层次模型的特点是：有且仅有一个结点没有父结点，它称作根结点；其他结点有且仅有一个父结点。我们所熟悉的组织机构就是典型的层次结构。但现实世界实体之间的关系有很多种，层次模型难以表达实体之间比较复杂的联系。

（2）网状模型

网状模型以网状结构表示实体与实体之间的联系。网状模型是层次模型的扩展，允许结点有多于一个父结点，并可以有一个以上的结点没有父结点。现实世界中实体集之间的关系很复杂，网状模型可以方便地表示实体间各种类型的联系，既可以表示从属的关系，也可以表示数据间的交叉关系，但结构复杂，实现的算法难以规范化。

（3）关系模型

关系模型是用二维表结构来表示实体及实体间联系的模型，并以二维表格的形式组织数据库中的数据。它具有下列优点。

i）关系模型是建立在严格的数学概念的基础上的。

ii）关系模型的概念单一，统一用关系来表示实体以及实体之间的联系，对数据的检索和更新结果同样也是用关系（即表）来表示。因而，关系模型的数据结构简单、清晰，用户易懂、易用。

iii）关系模型的存取路径对用户透明，从而具有更高的数据独立性、更好的安全保密性，也简化了程序员的工作和数据库开发建立的工作。

目前流行的商用数据库多是基于关系模型的。支持关系模型的数据库管理系统称为关系数据库管理系统，例如 MySQL 就是一个关系数据库管理系统，其也是本书学习的例子数据库。

（4）面向对象模型

尽管关系模型简单灵活，但是对于现实世界中一些复杂的数据结构，很难用关系模型描述。面向对象方法与数据库相结合所构成的数据模型称为面向对象模型。面向对象模型既是概念模型又是逻辑模型。面向对象数据模型用面向对象观点来描述现实世界实体的逻辑组织、对象间的联系，其表达能力丰富，具有对象可复用、维护方便等优点，是正在发展的数据模型，也是数据库的发展方向之一。

3．物理层数据模型

物理层数据模型，也称为数据的物理模型（Physical Model），其描述数据在存储介质上的组织结构，是逻辑模型的物理实现，即每一种逻辑模型在实现时都有与其相对应的物理模型。物理模型是数据库最底层的抽象，它确定数据的物理存储结构、数据存取路径以及调整、优化数据库的性能。物理模型的设计目标是提高数据库性能和有效利用存储空间。物理数据模型不但由 DBMS 的设计决定，而且与操作系统、计算机硬件密切相关。物理数据结构一般都向用户屏蔽，用户不必了解其细节。

概括而言，这三个不同的数据模型之间既相互独立，而又存在着关联。从现实世界到概念模型的转换是由数据库设计人员完成的；从概念模型到逻辑模型的转换可以由数据库设计人员完成，也可以用数据库设计工具协助设计人员完成；从逻辑模型到物理模型的转换主要是由数据库管理系统完成的。

本 章 小 结

本章概述了数据库相关的基本概念，并通过对数据管理技术发展历程的介绍，阐述了数据库技术产生和发展的背景，以及数据库系统的特点，同时详细介绍了数据库的三级模式结构和运行与应用结构，最后重点介绍了数据模型的概念、组成要素与分类。其中，数据库系统的三级模式结构、数据模型中概念层模型（E-R 模型）与逻辑层模型（关系模型）是本章学习的重点。

思考与练习

一、单项选择题

1. 下列描述中，不属于数据库系统特点的是（　　）。
   A）数据独立性高　　　　　　　　B）数据冗余度高
   C）数据共享性好　　　　　　　　D）数据一致性好
2. 在数据库系统中，描述全部数据的整体逻辑结构的是（　　）。
   A）外模式　　　B）概念模式　　　C）内模式　　　D）存储模式
3. 下列数据模型中，采用二维表格结构来表示实体与实体之间联系的模型是（　　）。
   A）关系模型　　　B）网络模型　　　C）网状模型　　　D）层次模型

二、简答题

1. 请简述数据、数据库、数据库管理系统、数据库系统的概念。
2. 请简述在数据管理技术中，与人工管理、文件系统相比，数据库系统的优点。
3. 请简述数据库系统的三级模式和两层映像的含义。
4. 请简述关系模型与网状模型、层次模型的区别。

第二章　关系数据库

关系数据库是目前应用最广泛的数据库，它以关系模型作为数据的逻辑模型，采用关系作为数据的组织方式，其数据库操作建立在关系代数的基础上，具有坚实的数学基础。关系数据库具有较高的数据独立性，当数据的存储结构发生变化时，不会影响应用程序，这样可大大减少系统维护的工作量。

关系数据库是本书学习的重点，掌握本章的知识内容是学好后续章节的基础。本章的重点是关系模型中数据结构相关的基本概念、关系的完整性约束，以及关系数据库的规范化理论。其中，关系数据库的规范化理论也是本章学习的难点。

第一节　关系数据库概述

关系数据库的基本特征是使用关系数据模型组织数据，这种思想源于数学。

1962 年 CODASYL 发表的"信息代数"就是最早将数学方法用于数据处理的。接着，1968 年 David Child 在 IBM 7090 机上实现了集合论数据结构。随后，1970 年 IBM 公司的 E.F.Codd 在美国计算机学会会刊《Communications of the ACM》上发表了题为"A Relational Model of Data for shared Data Banks"的论文，系统、严格地提出了关系模型，由此开创了数据库系统的新纪元。此后，E.F.Codd 连续发表了多篇论文，奠定了关系数据库的理论基础。

由于受到当时计算机软、硬件环境及其技术的制约，直到 20 世纪 70 年代末，关系方法的理论研究和软件系统的研制才取得了重大突破，其中最具代表性的是 IBM 公司的 San Jose 研究中心成功地在 IBM 370 系列计算机上研制出关系数据库实验系统 System R，并于 1981 年宣布具有 System R 全部特征的数据库管理系统 SQL/DS 问世。与此同时，由加利福尼亚大学伯克利分校开发了关系数据库管理系统 INGRES，其提供了比较成熟的关系数据库管理技术，证实了关系数据库的许多优点，包括高级的非过程语言接口、较好的数据独立性等，为商品化的关系数据库管理系统的研制做好了技术上的准备。

进入 20 世纪 80 年代后，在商用数据库管理系统中，关系模型逐渐取代早期的网状模型和层次模型，成为主流数据模型。和关系模型相比，早期的网状模型或层次模型均与底层实现的结合更加紧密，而关系模型具有坚实的理论基础，并在实践中得到了广泛的应用，例如 Oracle、Sybase、Informix、IBM DB2、MS SQL Server 等。时至今日，随着个人计算机平台和计算机网络的广泛使用，与之相适应的各类桌面关系数据库管理系统和分布式关系数据库管理系统层出不穷，且日趋成熟，例如在 PC 上广泛使用的 FoxPro、Access 以及开源项目 MySQL 等。

三十多年来,关系数据库系统的研究取得了辉煌的成就。目前,关系数据库系统早已从实验室走向了社会,出现了很多性能良好、功能卓越的数据库管理系统,成为最重要、应用最广泛的数据库系统,同时也促进了数据库应用领域的扩大和深入。

因此,关系数据库的原理、技术和应用都十分重要,本章则是学习关系数据库知识的基础。

第二节 关系数据模型

关系数据库系统是支持关系模型的数据库系统。作为一种数据模型,关系模型同样包含三个组成要素,分别是关系数据结构、关系操作集合和关系完整性约束。

一、关系数据结构

关系模型的数据结构非常简单,只包含单一的数据结构,即关系。在关系模型中,现实世界的实体以及实体间的各种联系,均是使用关系来表示。在用户看来,关系模型是把数据库表示为关系的集合,且关系数据库是以二维表格的形式组织数据,例如表 2.1 就是一张记录学生基本信息的二维表格,该表称为学生基本信息登记表。

表 2.1 学生基本信息登记表

学号	姓名	性别	出生日期	籍贯	民族	班号	身份证号
2013110101	张晓勇	男	1997-12-11	山西	汉	AC1301	XXX1
2013110103	王一敏	女	1996-03-25	河北	汉	AC1301	XXX2
2013110201	江山	女	1996-09-17	内蒙	锡伯	AC1302	XXX3
……							

下面,以表 2.1 所示的二维表格为例,介绍关系数据库的基本术语。

1. 表(Table)

表,也称为关系,是一个二维的数据结构,它由表名、构成表的各个列(如学号、姓名等)及若干行数据(各个学生的具体信息)组成。每个表有一个唯一的表名,表中每一行数据描述一条具体的记录值,如一个学生的基本信息。

2. 关系(Relation)

一个关系逻辑上对应一张二维表,可以为每个关系取一个名称进行标识。例如,表 2.1 所示的学生基本信息登记表,也即学生基本信息登记表关系。

关系可以有三种类型,即基本关系、查询表和视图表。其中,基本关系通常又称为基本表或基表,是实际存在的表,它是实际存储数据的逻辑表示;查询表是查询结果对应的表;视图表是由基本表或其他视图表导出的表,是虚表,不对应实际存储的数据。

3. 列(Column)

表中的列,也称作字段(Field)或属性(Attribute)。表中每一列有一个名称,称为列名、字段名或属性名。每一列表示实体的一个属性,具有相同的数据类型。如表 2.2 所示,它列出了表 2.1 学生基本信息登记表中各个字段的字段名及其数据类型的定义。

表 2.2 学生基本信息登记表的结构定义

中文字段名	数据类型	宽度
学号	字符型	10
姓名	字符型	20
性别	字符型	3
出生日期	日期型	
籍贯	字符型	20
民族	字符型	30
班号	字符型	8
身份证号	字符型	18

需要说明的是：在一个数据库中，表名必须唯一；在表中，字段名必须唯一，不同表中可以出现相同的字段名；表和字段的命名应尽量有意义，并尽量简单。

4. 属性（Attribute）

表中的一列即为一个属性，给每一个属性起一个名称即属性名。与之同义的术语是"列"。表中属性的个数称为关系的元或度。列的值称为属性值；属性值的取值范围称为值域。例如，表 2.1 中学生基本信息登记表关系的属性有：学号、姓名、性别、出生日期、籍贯、民族、班号、身份证，所以元数是 8，即学生基本信息登记表关系是一个 8 元关系或 8 度关系。

5. 行（Row）

表中的行（Row），也称作元组（Tuple）或记录（Record）。表中的数据是按行存储的。表中的一行数据即为一个元组或一条记录，其每行由若干字段值组成，每个字段值描述该对象的一个属性或特征。例如，在表 2.1 中，第一行数据表示的是学号为 2013110101、姓名为张晓勇的学生基本信息。

6. 元组（Tuple）

表中的一行即为一个元组。例如，表 2.1 中的元组有：
（2013110101，张晓勇，男，1997-12-11，山西，汉，AC1301，XXX1），
（2013110103，王一敏，女，1996-03-25，河北，汉，AC1301，XXX2），
（2013110201，江山，女，1996-09-17，内蒙，锡伯，AC1302，XXX3）等。

7. 分量（Component）

元组中的一个属性值，称为分量。例如，在学生基本信息登记表中元组（2013110103，王一敏，女，1996-03-25，河北，汉，AC1301，XXX2）的每一个属性值：'2013110103'、'王一敏'、'女'、'1996-03-25'、'河北'、'汉'、'AC1301'、'XXX2'都是它的分量。

8. 码或键（Key）

如果在一个关系中，存在这样的属性（或属性组），使得在该关系的任何一个关系状态中的两个元组，在该属性（或属性组）上值的组合都不相同，即这些属性（或属性组）的值都能用来唯一标识该关系的元组，则称这些属性（或属性组）为该关系的码或键。

9．超码或超键（Super Key）

如果在关系的一个码中移去某个属性，它仍然是这个关系的码，则称这样的码或键为该关系的超码或超键。一般地，每个关系至少有一个默认的超码或超键，即该关系的所有属性的集合，也是这个关系的最大超码或超键。例如，在表 2.1 学生基本信息登记表中，（学号，姓名）、（学号，姓名，性别，出生日期）、（学号，姓名，性别，出生日期，籍贯，民族，班号，身份证号）都是该表的超码或超键。

10．候选码或候选键（Candidate Key）

如果在关系的一个码或键中，不能从中移去任何一个属性，否则它就不是这个关系的码或键，则称这样的码或键为该关系的候选码或候选键。可见，一个关系的候选码或候选键是这个关系的最小超码或超键。例如，表 2.1 学生基本信息登记表中学号和身份证号都是候选键，因为若给定学号或身份证号，都可以确定一个学生的全部基本信息。

有些情况下，需要几个属性（即属性组或属性集合）才能唯一确定一条记录。例如，对于表 2.3 所示的学生成绩表的结构定义，仅仅确定学号或课程号，都不能唯一确定某个学生具体一门课程的成绩。所以，学生成绩表的主键是由学号和课程号两个属性组成的属性集合，即（学号，课程号）。

表 2.3　学生成绩表的结构定义

中文字段名	数据类型	宽度
学号	字符型	10
课程号	字符型	6
开课学期	字符型	5
成绩	数值型	

11．主码或主键（Primary Key）

在一个关系的若干个候选码或候选键中指定一个用来唯一标识关系的元组，则称这个被指定的候选码或候选键为该关系的主码或主键。例如，可以从表 2.1 学生基本信息登记表的所有候选键中，指定学号作为该表的主键。

12．全码或全键（All-Key）

一个关系模式的所有属性集合是这个关系的主码或主键，则称这样的主码或主键为全码或全键。

13．主属性（Primary Attribute）和非主属性（Nonprimary Attribute）

关系中包含在任何一个候选码中的属性称为主属性或码属性，不包含在任何一个候选码中的属性称为非主属性或非码属性。例如，在表 2.1 学生基本信息登记表中，学号和身份证号是主属性，其他属性是非主属性。

14．外码或外键（Foreign Key）

当关系中的某个属性（或属性组）不是这个关系的主码或候选码，而是另一关系的主码时，称该属性（或属性组）为这个关系的外码或外键。例如，在表 2.4 中班号是班级表的主键，而该属性又是表 2.1 学生基本信息登记表的一个属性，则属性班号称为学生基本信息登记表的外键。

表 2.4 班级表的结构定义

中文字段名	数据类型	宽度
班号	字符型	8
班级名称	字符型	20
所属院系	字符型	30
入学时间	日期型	
班级最大人数	数值型	

15．参照关系（Referencing Relation）和被参照关系（Referenced Relation）

参照关系也称为从关系，被参照关系也称为主关系，它们是指以外码相关联的两个关系。以外码作为主码的关系称为被参照关系；外码所在的关系称为参照关系。被参照关系与参照关系是通过外码相联系的，这种联系通常是一对多的联系。例如，表 2.4 所定义的班级表是被参照关系，而表 2.1 所示的学生基本信息登记表是参照关系，它们通过外码"班号"相联系。

16．域（Domain）

域表示属性的取值范围。例如，表 2.1 中"性别"字段的取值范围是"男"或"女"，"出生日期"字段的值应该是合法的日期。

17．数据类型（Data Type）

表中每个列都有相应的数据类型，它用于限制（或容许）该列中存储的数据。每个字段表示同一类信息，具有相同的数据类型。例如，表 2.1 中字段"姓名"的数据类型是字符类型，其对应表示学生的姓名信息。

18．关系模式（Relation Schema）

同数据模型一样，数据库也有"型"（type）和"值"（value）之分。在关系数据库中，关系模式是型，关系是值，即关系模式是对关系的描述，例如表 2.2 就是对学生基本信息登记表关系的结构定义，关系则是元组的集合，是关系模式在某一时刻的状态或内容。

关系模式是静态的、稳定的，而关系是动态的、随时间不断变化的。这是因为关系操作在不断地更新着数据库中的数据。例如，班级表对应的关系模式在不同的学年通常是不变的，而班级表（关系）由于新学年学生的入学，其内容会发生变化。

在实际工作中，人们常常会把关系模式和关系都笼统地称为关系，当然这不难从上下文中加以区别。

19．关系数据库（Relation Database）

关系数据库是以关系模型作为数据的逻辑模型，并采用关系作为数据组织方式的一类数据库，其数据库操作建立在关系代数的基础上。在一个给定的应用领域中，所有关系的集合构成一个关系数据库。

需要注意的是：上述例子中，关系模式的名称和字段的名称均使用的是中文，但在实际的数据库应用系统中，一般不采用中文作为表名、字段名等。这是因为在编写数据库应用程序时，表名、字段名会作为变量名，而使用中文标识不方便，而且更重要的是有些数据库管理系统不能很好地支持中文的表名和字段名。因此，对于学生基本信息登记表的表名，可以命名为英文表达方式 tb_student；对于学生成绩表，可以命名为 tb_score；对于班级表，可以命名为 tb_class。相应地，表 2.2、表 2.3 和表 2.4 中的字段名可分别替换为表 2.5、表 2.6 和表 2.7 所示。

表 2.5 表 tb_student 的结构定义

含义	字段名	数据类型	宽度
学号	studentNo	字符型	10
姓名	studentName	字符型	20
性别	sex	字符型	3
出生日期	birthday	日期型	
籍贯	native	字符型	20
民族	nation	字符型	30
班级编号	classNo	字符型	8
身份证号	studentID	字符型	18

表 2.6 表 tb_score 的结构定义

含义	字段名	数据类型	宽度
学号	studentNo	字符型	10
课程号	courseNo	字符型	6
开课学期	term	字符型	5
成绩	score	数值型	

表 2.7 表 tb_class 的结构定义

含义	字段名	数据类型	宽度
班级编号	classNo	字符型	8
班级名称	className	字符型	20
所属院系	department	字符型	30
入学时间	enrollTime	日期型	
班级最大人数	classNum	数值型	

此外，尽管关系模型的数据结构表示为二维表，但不是任意的一个二维表都可以作为一个关系。关系数据库对关系是有限定的，具体要求如下。

i) 每一个属性都是不可分解的。这是关系数据库对关系的最基本的一个限定，要求关系的每一个分量必须是一个不可分的数据项，也就是说，不允许表中有表。

ii) 每一个关系仅仅有一种关系模式，即每一个关系模式中的属性的数据类型以及属性的个数是相对固定的。

iii) 每一个关系模式中的属性必须命名，在同一个关系模式中，属性名必须是不同的。

iv) 同一个关系中不允许出现候选码或候选键值完全相同的元组。

v) 在关系中元组的顺序（即行序）是无关紧要的，可以任意交换。

vi) 在关系中属性的顺序（即列序）是无关紧要的，可以任意交换。

二、关系操作集合

关系模型给出了关系操作的能力的说明，但不对关系数据库管理系统（Relation

Database Management System，RDBMS）语言给出具体的语法要求，也就是说不同的关系数据库管理系统可以定义和开发不同的语言来实现这些操作。

1. 基本的关系操作

关系模型中常用的关系操作包括查询（Query）操作和插入（Insert）、删除（Delete）、修改（Update）操作两大部分。

关系的查询表达能力很强，是关系操作中最主要的部分。查询操作又可以分为选择、投影、连接、除、并、差、交、笛卡尔积等。其中，选择、投影、并、差、笛卡尔积是 5 种基本操作，其他操作均可以使用基本操作来定义和导出。

关系操作的特点是集合操作方式，即操作的对象和结果都是集合。这种操作方式也称为一次一集合（set-at-a-time）的方式。

2. 关系数据语言的分类

关系操作是通过关系语言来实现的。关系语言的特点（优点）是高度非过程化，即：用户不必请求数据库管理员为其建立特殊的存取路径，存取路径的选择由 DBMS 的优化机制来完成；用户也不必求助于循环和递归来完成数据的重复操作。

关系操作的能力可以用两种方式来表示：代数方式和逻辑方式。代数方式主要有关系代数，它是通过对关系的操作来表达查询要求的方式；逻辑方式主要有关系演算，它是用谓词来表达查询要求的方式。关系演算又可按谓词变元的基本对象是元组变量还是域变量，分为元组关系演算和域关系演算。关系代数、元组关系演算和域关系演算三种语言在表达能力上是完全等价的。因而，本书稍后只对关系代数进行相关介绍。

关系代数、元组关系演算和域关系演算均是抽象的查询语言，这些抽象的语言与具体的数据库管理系统中实现的实际语言并不完全相同，但它们可以用来评估实际系统中查询语言能力的标准或基础。实际的查询语言除了提供关系代数或关系演算的功能之外，还提供了许多附加功能，例如聚集函数、关系赋值、算术运算等。

另外，还有一种介于关系代数和关系演算之间的结构化查询语言（Structured Query Language，SQL）。SQL 不仅具有丰富的查询功能，而且具有数据定义和数据控制功能，是集查询、数据定义语言（DDL）、数据操纵语言（DML）和数据控制语言（Data Control Language，DCL）于一体的关系数据语言。它充分体现了关系数据语言的特点和优点，是关系数据库的标准语言。有关 SQL 语言的内容将在第 4 章中介绍。

因此，关系数据语言可以分为三类：关系代数语言、关系演算语言以及兼具两者双重特点的语言（例如 SQL）。它们的共同特点是：语言具有完备的表达能力，是非过程化的集合操作语言，功能强，能够独立使用也可以嵌入高级语言中使用。

3. 关系代数

关系代数是关系操作语言的一种传统表示方式，它是以集合代数为基础发展起来的。任何一种操作都是将一定的操作符作用于一定的操作对象上，得到预期的操作结果，因而操作包含三大要素：操作对象、操作符、操作结果。在关系代数操作中，操作对象和操作结果均为关系。关系代数直接应用关系的运算来表达操作目的，而代数用到的运算符包括集合运算符和专门的关系运算符两类，如表 2.8 所示，其中比较操作符和逻辑操作符是用来辅助专门的关系运算符进行操作的。

表 2.8 关系代数的运算符

运算符		含义
集合运算符	∪	并
	−	差
	∩	交
	×	笛卡尔积
专门的关系运算符	σ	选择
	π	投影
	⋈	连接
	÷	除
比较操作符	>	大于
	≥	大于等于
	<	小于
	≤	小于等于
	=	等于
	≠	不等于
逻辑操作符	¬	非
	∧	与
	∨	或

关系代数操作经过有限次复合的式子称为关系代数操作表达式,简称为关系代数表达式。可以使用关系代数表达式表示所需要执行的各种数据库查询和修改处理。因而,关系代数也是一种抽象的查询语言,它通过对关系的操作来表达查询。例如,在关系代数概念的基础上,IBM 公司研制成一个纯代数数据操作语言 ISBL(Information System Base Language),它的每个询问语句都近似于一个关系代数表达式。

按照运算符的不同,关系代数的操作可分为传统的集合运算与专门的关系运算。下面,分别介绍这两类关系代数的运算。

A. 传统的集合运算

传统集合运算是二目运算,它将关系看成元组的集合,其运算是从关系的"水平"方向,即行的角度来进行,具体有并、差、交、笛卡尔积 4 种运算。

如表 2.9 所示,给出了两个有关学生住宿登记的关系 S1 和 S2,下面以此为例介绍传统的集合运算。

表 2.9(a) 学生住宿登记关系 S1

学号(SNO)	姓名(SNAME)	性别(SSEX)	宿舍(SROOM)
901001	钟义	男	N201
901002	海燕	女	N302
901003	肖沙	男	N201

表 2.9（b） 学生住宿登记关系 S2

学号（SNO）	姓名（SNAME）	性别（SSEX）	宿舍（SROOM）
901004	秦学	男	C101
901005	赵月	女	D303
901003	肖沙	男	N201

（1）并（UNION）

假设有两个关系 R1 和 R2，R1 和 R2 的并运算产生一个新关系 R3。R3 是由属于关系 R1 或 R2 的所有不同元组所组成，记为 R3=R1∪R2。R1 和 R2 的属性个数相同，且相应属性分别有相同的值域。

表 2.10 给出的是表 2.9 中 S1∪S2 的结果，它由属于 S1 和 S2 的去掉重复元组后的所有元组组成。

表 2.10   S1∪S2

学号（SNO）	姓名（SNAME）	性别（SSEX）	宿舍（SROOM）
901001	钟义	男	N201
901002	海燕	女	N302
901003	肖沙	男	N201
901004	秦学	男	C101
901005	赵月	女	D303

（2）差（DIFFERENCE）

假设有两个关系 R1 和 R2，R1 和 R2 的差运算产生一个新关系 R3。R3 是由属于关系 R1，但不属于 R2 的元组组成，记为 R3=R1-R2。同样，进行差运算的两个关系必须具有相同的属性个数，且相应属性具有相同的值域。

表 2.11 给出的是表 2.9 中 S1-S2 的结果。

表 2.11   S1－S2

学号（SNO）	姓名（SNAME）	性别（SSEX）	宿舍（SROOM）
901001	钟义	男	N201
901002	海燕	女	N302

（3）交（INTERSECTION）

假设有两个关系 R1 和 R2，R1 和 R2 的交运算产生一个新关系 R3。R3 是由既属于关系 R1，同时又属于 R2 的元组组成，记为 R3=R1∩R2。参与交运算的两个关系必须具有相同的属性个数，且相应属性分别有相同的值域。交运算也可由差运算来表示，即 R1∩R2=R1-(R1-R2)。

表 2.12 给出的是表 2.9 中 S1∩S2 的结果。

表 2.12   S1∩S2

学号（SNO）	姓名（SNAME）	性别（SSEX）	宿舍（SROOM）
901003	肖沙	男	N201

(4) 笛卡尔积（CARTESIAN PRODUCT）

假设有两个关系 R1 和 R2，且 R1 为 m 元关系，R2 为 n 元关系，R1 和 R2 的笛卡尔积产生一个新关系 R3，记作 R3=R1×R2。R3 是由 R1 和 R2 的所有元组连接而成的具有(m+n)个分量的元组组成。新关系 R3 中元组的前 m 个分量是 R1 的一个元组，后 n 个分量为 R2 的一个元组。

例如，表 2.13 中的"学生"和"课程"分别为二元和三元的关系，其笛卡尔积结果为表中给出的一个五元关系"学生选课"。

表 2.13（a） 笛卡尔积示例——"学生"关系

学号（SNO）	姓名（SNAME）
89199	陈星
89200	易南
89201	林俊

表 2.13（b） 笛卡尔积示例——"课程"关系

课程号（CNO）	课程名（CNAME）	教室（CROOM）
1	操作系统	C5-201
2	数据库	C5-307

表 2.13（c） 笛卡尔积示例——"学生选课"关系

学号（SNO）	姓名（SNAME）	课程号（CNO）	课程名（CNAME）	教室（CROOM）
89199	陈星	1	操作系统	C5-201
89199	陈星	2	数据库	C5-307
89200	易南	1	操作系统	C5-201
89200	易南	2	数据库	C5-307
89201	林俊	1	操作系统	C5-201
89201	林俊	2	数据库	C5-307

B. 专门的关系运算

专门的关系运算不仅涉及行，而且涉及列，它可分为一元专门关系操作和二元专门关系操作。其中，一元专门关系操作包括对单个关系进行垂直分解的投影运算和进行水平分解选择运算；二元专门关系操作则是对两个关系进行操作，包括连接运算和除运算。

(1) 选择（SELECT）

选择运算表示为：$\sigma_F(R)$，其中，F 为条件表达式，R 为指定的被运算关系名。

选择运算是从指定关系中选取满足给定条件的若干元组组成一个新关系，其形式为：

SELECT 关系名 WHERE 条件

其中，条件是由常数、属性名或列名、比较操作符（>、≥、<、≤、=、≠）及逻辑操作符（¬、∧、∨）组成的条件表达式。例如，从表 2.9 所示的 S1 中找出所有的"男生"数据的操作可表示成：

SELECT S1 WHERE 性别="男"

其运算结果如表 2.14 所示。

表 2.14 选择运算结果

学号（SNO）	姓名（SNAME）	性别（SSEX）	宿舍（SROOM）
901001	钟义	男	N201
901003	肖沙	男	N201

（2）投影（PROJECTION）

投影运算表示为：$\pi_A(R)$，其中，R 为被运算关系名，A 为属性序列。

投影运算是从指定的关系中选取指定的若干属性值组成一个新关系，其形式为：

PROJECTION 关系名（属性名 1，属性名 2，…，属性名 n）

例如，从表 2.9 所示的 S1 中找出学生宿舍分配情况的操作可表示成：

PROJECTION S1（学号，宿舍）

其运算结果如表 2.15 所示。

表 2.15 投影运算结果

学号（SNO）	宿舍（SROOM）
901001	N201
901002	N302
901003	N201

需要注意的是，经过投影运算所形成的新关系中不含重复元组，其属性按语句中给出的顺序排列。

（3）连接（JOIN）

连接也称为 θ 连接。连接运算表示为：$R\underset{i\theta j}{\bowtie}S$。其中，R 和 S 代表两个不同的关系；i 和 j 分别代表 R 的第 i 列和 S 的第 j 列属性；θ 代表比较运算符，从笛卡尔积 R×S 中选取 R 的第 i 列属性值与 S 的第 j 列属性值满足 θ 的那些元组组成一个新的关系。i 和 j 也可以直接用属性名替代。

连接运算是选取两个指定关系中的属性满足给定条件的元组连接在一起来组成一个新关系，其形式为：

JOIN 关系名 1 AND 关系名 2 WHERE 条件

其中，条件是由比较操作符（>、≥、<、≤、=、≠）和属性名或列名组成的条件表达式。

连接操作中有两种最为常用的连接，即等值连接和自然连接。其中，等值连接是 θ 为"="的连接操作，它是从关系 R 和 S 的笛卡尔积中选取 i、j 属性值相等的那些元组；而自然连接是一种特殊的等值连接，它要求两个关系中进行比较的分量必须是相同的属性组，并且要在结果中把重复的属性去掉。自然连接是构造新关系的有效方法，投影和选择是分解关系的有效方法,利用投影、选择和自然连接操作可以任意地分解和构造新关系。一般地,自然连接使用在关系 R 和 S 有公共属性的情况中,如果两个关系没有公共属性,那么它们的自然连接就变成为笛卡尔积。

(4) 除 (DIVISION)

除运算表示为:R÷S,其中 R 和 S 代表两个不同的关系。在除运算中,若被除关系为 m 元关系,除关系为 n 元关系,则运算结果为一个 m-n 元关系。在进行除运算时,先将被除关系中的 m-n 列按值的不同分成若干组,然后检查每个组,看 m-n 列以外的那些列中是否包含除关系的全部元组,包含则该 m-n 列的值作为商关系的一个元组,否则不取。通常,作为除关系中的属性都在被除关系中有对应的属性,而对应属性是指它们可以取不同的名称,但值域相同。

除了上述两类关系运算之外,目前还有一类扩充的关系运算,它包含的操作主要有广义投影、赋值、外连接、半连接、聚集、外部并等。对于这些内容,本书不作介绍。

三、关系的完整性约束

数据库的数据完整性是指数据库中数据的正确性、相容性和一致性。这是一种语义概念,包括两个方面:与现实世界中应用需求的数据的正确性、相容性和一致性;数据库内数据之间的正确性、相容性和一致性。例如,学生的学号必须是唯一的,性别只能是男或女,学生所选修的课程必须是已开设的课程等。数据库中数据是否具备完整性,直接关系到数据库系统能否真实地反映现实世界,因此数据库中数据的完整性是十分重要的。

数据完整性由完整性规则来定义,关系模型的完整性规则是对关系的某种约束,其也称为完整性约束。它提供了一种手段来保证当用户对数据库进行插入、删除、更新操作时不会破坏数据库中数据的正确性、相容性和一致性,从而保证了用户查询得到的数据是有意义的。

关系模型中有三类完整性约束,分别是实体完整性约束、参照完整性约束和用户定义完整性约束。其中,实体完整性和参照完整性是关系模型必须满足的完整性约束条件,被称作是关系的两个不变性,应该由关系数据库管理系统(RDBMS)自动支持;而用户定义完整性约束包括域完整性约束和其他约束,大多是指应用领域需要遵循的对属性值域约束条件和业务规则,体现了具体应用领域中的语义约束。

下面,分别介绍关系模型的三类完整性约束及检验。另外,在第 4 章中,还将介绍这三类完整性约束在 MySQL 数据库中的实现方式与使用方法。

1. 实体完整性约束(Entity Integrity Constraint)

实体完整性约束是指关系的主属性,即主码的组成不能为空,也就是关系的主属性不能是空值 NULL。关系对应于现实世界中的实体集,而现实世界中的实体是可区分的,即说明每个实体具有唯一性标识。在关系模型中,是使用主码作为唯一标识的,若假设主码取空值,则说明这个实体不可标识,即不可区分,这个假设显然不正确,与现实世界应用环境相矛盾,因此不能存在这样的无标识实体,从而在关系模型中引入实体完整性约束。例如,学生选课关系"选课(学号,课程号,成绩)"中,"学号、课程号"为主码,则"学号"和"课程号"两个属性都不能为取空值,否则就违反了实体完整性要求。在关系数据库系统中,一个关系通常对应一个表,实体完整性是指在实际存储数据的表中,主键(即主码)不能取空值 NULL。

2. 参照完整性约束（Referential Integrity Constraint）

现实世界中的实体之间往往存在着某种联系，在关系模型中实体及实体间的联系都是用关系来描述的，这样就自然存在着关系与关系间的引用。例如，教师实体和系实体可以分别用下面的关系表示，其中主码用下划线标识。

> 教师（<u>职工号</u>，姓名，性别，职称，系编号）
> 系（<u>系编号</u>，系名，办公地点，办公电话）

这两个关系之间存在着属性的引用，即"教师"关系引用了"系"关系的主码"系编号"。"系编号"是"系"关系的主码，也是"教师"关系的外部码。显然，"教师"关系中的"系编号"值必须是确实存在的系的"系编号"，即"系"关系中有该系的记录。这也就是说，"教师"关系中某个属性的取值需要参照"系"关系的属性和值。

参照完整性约束就是定义外码和主码之间的引用规则，它是对关系间引用数据的一种限制。这里描述参照完整性的定义：若属性（或属性组）F 是基本关系 R 的外码，它与基本关系 S 的主码 K 相对应，则对于 R 中每个元组在 F 上的值只允许两种可能，即要么取空值（F 的每个属性值均为空值），要么等于 S 中某个元组的主码值。其中，关系 R 与 S 可以是不同的关系，也可以是同一关系。例如，在"教师"关系中每个教师的"系编号"一项，要么取空值，表示这个教师还为未分配到任何一个系；要么取值必须与"系"关系中的某个元组的"系编号"相同，表示这个教师分配到某个系工作。这就是参照完整性。若假设"教师"关系中某个教师的"系编号"取值不能与"系"关系中任何一个元组的"系编号"值相同，表示这个教师被分配到不属于所在学校的系工作，这与实际应用环境不相符，显然这个假设是错误的，这就需要在关系模型中定义参照完整性进行约束。

与实体完整性一样，参照完整性也是由系统自动支持的，即在建立关系（表）时，只要定义了"谁是主码""谁参照于谁"，系统将自动进行此类完整性的检查。

3. 用户定义完整性约束（User-defined Integrity Constraint）

用户定义的完整性约束是针对某一应用环境的完整性约束条件，它反映了某一具体应用所涉及的数据应满足的要求。关系模型提供定义和检验这类完整性规则的机制，其目的是用统一的方式由系统来处理它们，不再由应用程序来完成这项工作。在实际系统中，这类完整性规则一般在建立数据库表的同时进行定义，但如果某些约束条件没有建立在库表一级，则应用编程人员应在各模块的具体编程中通过程序进行检查和控制。

4. 关系模型完整性约束的检验

为了维护关系数据库中数据的完整性，在对关系数据库执行插入、删除和更新操作时，需要检验是否满足上述三类完整性约束。

（1）执行插入操作

当执行插入操作时：首先，检查实体完整性约束，检查插入行在主码属性上的值是否已经存在，若不存在，可以执行插入操作；否则不可以执行插入操作。或者，检查插入行在主码的各个属性上的值是否为空（NULL），若都不为空，可以执行插入操作；否则不可以执行插入操作。然后，再检查参照完整性约束，如果是向被参照关系插入，不需要考虑参照完整性约束；如果是向参照关系插入，检查插入行在外码属性上的值是否已经在相应被参照关系的主码属性值中存在,若存在,可以执行插入操作;否则不可以执行插入操作,或将插入行在外码属性上的值改为空值后再执行插入操作(假定该外码允许取空值)。最后,检查用户定义完整性约束,检查要被插入的元组中各属性值是否满足域完整性约束和其他特殊定义的完整性规则,包括数据类型、精度、取值范围、是否允许空值、是否有默认值等,以及检查插入行在相应属性上的值是否遵守具体应用的业务规则,若满足,可以执行插入操作;否则不可以执行插入操作,并给出错误信息。

(2) 执行删除操作

当执行删除操作时:一般只需要对被参照关系检查参照完整性约束。如果是删除被参照关系中的行,检查被删除行在主码属性上的值是否正在被相应的参照关系的外码引用,若不在被引用,可以执行删除操作;若正在被引用,有三种可能的做法,即不执行该删除操作(拒绝删除),或将参照关系中相应行在外码属性上的值改为空值(若它允许空值)后再执行删除操作(空值删除),或将参照关系中相应的一行删除(级联删除)。

(3) 执行更新操作

当执行更新操作时:因为更新操作可看成是先执行删除操作,再执行插入操作,因此是上述两种情况的综合。

第三节　关系数据库的规范化理论

关系数据库的规范化理论是关系数据库设计的理论依据。规范化理论研究的是关系模式中各属性之间的依赖关系及其对关系模式性能的影响,探讨"好"的关系模式应该具备的性质,以及达到"好"的关系模式的设计算法。规范化理论提供了判断关系模式优劣的理论标准,能够帮助数据库设计人员预测可能出现的问题,因此是设计人员的有力工具。

虽然规范化理论是以关系模型为背景,但是它对于其他模型数据库的设计同样具有理论上的意义。

一、关系模式中可能存在的冗余和异常问题

从设计的角度来看,关系模式有"好"与"不好"之分。这里,假设有一个关系模式"供应商(供应商名,供应商地址,货物名称,货物售价)",并以此为例,来说明"不好"的关系模式可能会存在的如下问题。

(1) 数据冗余

数据冗余是指同一数据被反复存储的情况。例如,在这个供应商关系模式中,一个供应商每供应一种货物,其地址就要重复一次,若该供应商可供应 1000 种货物,则其地址就要被反复存储1000次。

(2) 更新异常

数据冗余将导致存储空间的浪费和潜在数据不一致性及修改麻烦等问题。例如,在这个供应商关系模式中,若可供应 1000 种货物的供应商的地址信息发生了改变,则需要对这1000 种货物供应商的地址进行逐一修改,有可能在一个元组中更改了该供应商的地址,而没

有更改另一个元组中同一供应商的地址，于是同一供应商有了两个不同的地址，从而造成与实际情况不符（这里假设每一个供应商都有唯一的注册地址）。

（3）插入异常

数据的插入操作异常是指应该插入到数据库中的数据不能执行插入操作的情形。例如，在这个供应商关系模式中，若某个供应商没有供应任何货物，则数据库中无法记录其名称和地址。事实上，在这个关系模式中，供应商名和货物名称构成该关系模式的关键字，如果该关键字的一部分为空，该元组是不能插入到关系中的。

（4）删除异常

数据的删除操作异常是指不应该删去的数据被删去的情形。例如，在这个供应商关系模式中，若一个供应商供应的所有货物都被删除，则数据库中就丢失了该供应商的名称和地址。

关系模式产生上述问题的原因，以及消除这些问题的方法，都与数据依赖的概念密切相关。数据依赖是可以作为关系模式的取值的任何一个关系所必须满足的一种约束条件，是通过一个关系中各个元组的某些属性值之间的相等与否体现出来的相互关系。这是现实世界属性间相互联系的抽象，是数据内在的性质，是语义的体现。

数据依赖极为普遍地存在于现实世界中。例如，在这个供应商关系模式中，由于客观情况是每个供应商只有一个地址，因而当供应商名的值确定之后，供应商地址的值也就被唯一确定了。也就是说，该关系模式的任何一个关系中都不可能存在两个元组，它们在供应商名上的取值相等，而在供应商地址上的取值不等，这就是一种数据依赖。

现在人们已经提出了许多种类型的数据依赖，其中最重要的是函数依赖（Functional Dependency，FD）和多值依赖（Multi-Valued Dependency，MVD）。本书主要介绍函数依赖。

二、函数依赖与关键字

函数依赖是指关系中属性间的对应关系，其定义如下：

定义 2.1 设 R 为任一给定关系，如果对于 R 中属性 X 的每一个值，R 中的属性 Y 只有唯一值与之对应，则称 X 函数决定 Y 或称 Y 函数依赖于 X，记作 X→Y。其中，X 称为决定因素。

例如，表 2.9 所示的有关学生住宿登记的关系 S1 中存在如下函数依赖：

SNO→SNAME

SNO→SSEX

SNO→SROOM（假定一个学生仅住一个宿舍）

当然，S1 中的函数依赖仅当 SNO 作为决定因素时才存在。

反之，对于关系 R 中的属性 X 和 Y，若 X 不能函数决定 Y，则其符号记作 X↛Y。

例如，表 2.9 所示的有关学生住宿登记的关系 S1 中学生姓名不能决定学号，因为不同学号的学生可能同名同姓；另外，学生宿舍也不能决定姓名和学号，因为可能多个学生居住在同一个宿舍，其符号可以表示为：

SROOM↛SNAME

SROOM↛SNO

值得注意的是，函数依赖是针对关系的所有元组，即某个关系中只要有一个元组的有关属性值不满足函数依赖的定义，则相对应的函数依赖就不成立。判断一个关系中是否存在某种函数依赖，关键是要清楚地了解关系中属性在客观应用中的语义，通晓其所有可能的取值情况及相互关系。

函数依赖根据其不同性质可分为完全函数依赖、部分函数依赖和传递函数依赖。

(1) 完全函数依赖

定义 2.2 设 R 为任一给定关系，X、Y 为其属性集，若 X→Y，且对 X 中的任何真子集 X'都有 X'↛Y，则称 Y 完全函数依赖于 X。

例如，假设一个有关学生选课信息的关系模式 SC(SNO,CNO,CTITLE,INAME,IPLACE,GRADE)，其各属性的含义分别是：学号、课程编号、课程名、授课老师、老师办公地址、成绩，在该关系中，函数依赖(SNO,CNO)→GRADE 为完全函数依赖。显然，其中的单个属性 SNO 或 CNO 都不能单独函数决定 GRADE。

(2) 部分函数依赖

定义 2.3 设 R 为任一给定关系，X、Y 为其属性集，若 X→Y，且 X 中存在一个真子集 X'满足 X'→Y，则称 Y 部分函数依赖于 X。

例如，在表 2.9 所示的有关学生住宿登记的关系 S1 中，有函数依赖(SNO,SNAME)→SSEX，但其中 SNO→SSEX，根据定义 2.3，(SNO,SNAME)→SSEX 为部分函数依赖。

(3) 传递函数依赖

定义 2.4 设 R 为任一给定关系，X、Y、Z 为其不同属性子集，若 X→Y，Y↛X，Y→Z，则有 X→Z，称为 Z 传递函数依赖于 X。

定义 2.4 中加了条件 Y↛X，是因为若 Y→X，即有 X↔Y，这实际上是 X 直接函数决定 Z，而不是 X 传递函数决定 Z。

例如，假设有一个关系模式 BOOKS(BNO,PNAME,PADDRESS)，其各属性的含义分别是书号、出版社名称和出版社地址。一种书对应一个唯一书号，并只能为某一个出版社出版；一个出版社一般只有一个唯一名称和唯一地址，但一个出版社可出版多种书。此时，该关系中存在函数依赖：BNO→PNAME 和 PNAME→PADDRESS，但 PNAME↛BNO，故有 PADDRESS 对 BNO 的传递函数依赖。

在函数依赖的概念的基础上，下面可以给出更为严格的关键字的定义。

定义 2.5 设 R 为任一给定关系，U 为其所含的全部属性集合，X 为 U 的子集，若有完全函数依赖 X→U，则 X 为 R 的一个候选关键字。

作为候选关键字的属性集 X 唯一标识 R 中的元组，但该属性集的任何真子集不能唯一标识 R 中的元组。显然，一个关系 R 中可能存在多个候选关键字，通常选择其中之一作为主关键字，即主键。候选关键字中所含有的属性称为主属性，不包含在候选关键字中的属性称为非主属性。例如，在上述有关学生选课信息的关系模式 SC 中，属性集（SNO，CNO）为候选关键字，于是 SNO 和 CNO 为主属性，除此之外的其他属性均为非主属性。

三、范式与关系规范化过程

关系数据库中的关系需要满足一定的要求，不同程度的要求称为不同的范式（Normal Form，NF）。满足最低要求的称为第一范式，称简 1NF，这是最基本的范式；在第一范式的基础上进一步满足一些新要求的称为第二范式（2NF）；以此类推，再进一步的范式是第三范式（3NF）及其改进形式 BCNF（Boyce-Codd Normal Form）；当然，还有更进一步的高级范式，如第四范式（4NF）、第五范式（5NF）等，但本书只介绍到第三范式及其改进形式 BCNF。

一个低一级范式的关系模式通过模式分解（Schema Decomposition）可以转换为若干个高一级范式的关系模式的集合，这种过程就叫规范化（Normalization）。在关系数据库系统中，所有的关系结构都必须是规范化的，即至少是第一范式的。但实际应用中的很多数据格式都不是第一范式的，因此在数据库逻辑设计中需要将非规范化的结构转换为规范化的关系；同时为了减少数据库中的数据冗余和增强数据的易操作性，以及消除数据插入、删除异常等现象，要求数据库中的每个关系都必须满足一定的规范条件，以结构更单纯、更规则的关系逐步取代原有关系。

下面，以表 2.16 所示的一个有关学生选课信息的表 SC 为例，具体介绍关系规范化过程。其中，表 SC 中各属性的含义分别是：学号、课程编号、课程名、授课老师、老师办公地址和成绩。

表 2.16 学生选课信息表 SC

SNO	CNO	CTITLE	INAME	IPLACE	GRADE
80152	C01	操作系统	王忠	东01	70
80153	C02	数据库	高国	东02	85
	C01	操作系统	王忠	东01	86
80154	C03	人工智能	杨帆	东03	72
80155	C04	C语言	高国	东02	92

（1）第一范式

定义 2.6 设 R 为任一给定关系，如果 R 中每个列与行的交点处的取值都是不可再分的基本元素，则 R 为第一范式。

由此可见，第一范式是一个不含重复组的关系，其中不存在嵌套结构。不满足第一范式的关系为非规范关系。例如，表 2.16 中的 SC 关系是一个非规范关系，因为在学号为 80154 的学生数据中出现了重复组。

非规范关系转化为 1NF 较为容易，可以通过重写关系中属性值相同部分的数据来实现。例如，非规范的关系 SC 可以转化为表 2.17 所示的 1NF 关系。

表 2.17 满足 1NF 的关系 SC

SNO	CNO	CTITLE	INAME	IPLACE	GRADE
80152	C01	操作系统	王忠	东01	70
80153	C02	数据库	高国	东02	85
80154	C01	操作系统	王忠	东01	86
80154	C03	人工智能	杨帆	东03	72
80155	C04	C语言	高国	东02	92

然而，表 2.17 所示的关系 SC 存在着冗余高、插入和删除操作异常等问题。例如，若操作系统这门课程被 1000 个同学选修，那么该课程的授课老师的办公地址就要被反复存储

1000 次,这就带来了大量的"数据冗余";若学校开设了一门新课程,但尚未任何同学选修,则这门新课程的基本信息将无法存储到这个关系中去,此时就出现了"插入异常"的现象;又若在表 2.17 所示的关系 SC 中删除最后一条记录信息,同时也会删除和 C 语言这门课程相关的授课老师姓名及办公地址等信息,由此就会面临"删除异常"的问题。因此,在满足 1NF 的基础上,需要对其进一步规范化。

经分析,SC 中存在冗余高、插入和删除操作异常的原因在于:仅有非主属性 GRADE 完全函数依赖于(SNO,CNO),其他非主属性 CTITLE、INAME、IPLACE 都只函数依赖于 CNO,即它们与(SNO,CNO)为部分函数依赖关系。那么,解决 1NF 关系存在问题的方法是:将满足部分函数依赖关系和满足完全函数依赖的属性分解并组成两个关系,从而消除非主属性对候选关键字的部分函数依赖,由此获得更高一级的范式。按照此方法,表 2.17 所示的关系 SC 可分解为表 2.18 和表 2.19 分别所示的关系 SG 和关系 CI。

表 2.18 关系 SG

SNO	CNO	GRADE
80152	C01	70
80153	C02	85
80154	C01	86
80154	C03	72
80155	C04	92

表 2.19 关系 CI

CNO	CTITLE	INAME	IPLACE
C01	操作系统	王忠	东 01
C02	数据库	高国	东 02
C03	人工智能	杨帆	东 03
C04	C 语言	高国	东 02

(2)第二范式

定义 2.7 设 R 为任一给定关系,若 R 为 1NF,且其所有非主属性都完全函数依赖于候选关键字,则 R 为第二范式。

由分解形成的表 2.18 和表 2.19 所示的关系都是 1NF 的,不存在非主属性对候选关键字的部分函数依赖,因此也满足 2NF 的定义。

然而,2NF 关系并不能解决所有问题。在关系 CI 中,就仍然存在插入、删除操作异常及修改麻烦等问题。例如,若有一位新老师报到,需将其有关数据插入到 CI 中去,但该教师暂时还未承担任何教学工作,则因缺关键字 CNO 的值而不能进行插入操作。

经分析,产生上述现象的原因在于:关系 CI 中存在非主属性对主属性的传递函数依赖,即 CNO→INAME、INAME→IPLACE,但 INAME↛CNO。因此,应将 2NF 关系 CI 进一步规范化为表 2.20 和表 2.21 分别所示的关系 COURSE 和关系 INSTRUCTOR,消去非主属性对候选关键字的传递函数依赖。

表 2.20 关系 COURSE

CNO	CTITLE	INAME
C01	操作系统	王忠
C02	数据库	高国
C03	人工智能	杨帆
C04	C 语言	高国

表 2.21 关系 INSTRUCTOR

INAME	IPLACE
王忠	东 01
高国	东 02
杨帆	东 03

（3）第三范式

定义 2.8 设 R 为任一给定关系，若 R 为 2NF，且其每一个非主属性都不传递函数依赖于候选关键字，则 R 为第三范式。

根据第三范式的定义，由分解形成的表 2.20 和表 2.21 分别所示的关系 COURSE 和关系 INSTRUCTOR 都是第三范式。

通常，第三范式的关系大多数都能解决插入和删除操作异常的问题，数据冗余也能得到有效控制。但是，也存在一些例外。例如，在表 2.22 所示的关系 SCT 中，若每一个学生可选修多门课程，每一门课程可有多个指导老师，但每个老师只能指导一门课程，则其候选关键字为(SNO,CTITLE)和(SNO,TNAME)，故不存在非主属性，也就不存在非主属性对主属性的传递函数依赖。所以，该关系是一个 3NF，但其中仍存在插入及删除操作异常。例如，一个新课程和指导老师的数据要插入到数据库时，必须至少有一个学生选修该课程且该指导老师已被分配给他时才能进行。在关系 SCT 中，各属性的含义分别是：学号、课程名、指导老师。

表 2.22 关系 SCT

SNO	CTITLE	TNAME
S01	英语	王华
S01	数学	沈飞
S02	物理	高俊
S03	英语	袁晓
S04	英语	王华

经分析，引起上述问题的原因在于：主属性之间存在函数依赖 TNAME→CTITLE，故需要进一步规范化，其结果为表 2.23 和表 2.24 分别所示的关系 ST 和关系 TC。

表 2.23 关系 ST

SNO	TNAME
S01	王华
S01	沈飞
S02	高俊
S03	袁晓
S04	王华

表 2.24 关系 TC

TNAME	CTITLE
王华	英语
沈飞	数学
高俊	物理
袁晓	英语

（4）BCNF

为了解决 3NF 有时出现的插入及删除操作异常等问题，R.F.Boyce 和 E.F.Codd 提出了第 3 范式的改进形式 BCNF。

定义 2.9 设 R 为任一给定关系，X、Y 为其属性集，F 为其函数依赖集，若 R 为 3NF，且其 F 中所有函数依赖 X→Y（Y 不属于 X）中的 X 必包含候选关键字，则 R 为 BCNF。

简而言之，若 R 中每一函数依赖的决定因素都包含一个候选关键字，则 R 为 BCNF。其中，决定因素可以是单一属性或组合属性。

根据 BCNF 的定义可知，表 2.22 所示的关系 SCT 不是 BCNF，因为其中含有函数依赖 TNAME→CTITLE，但 TNAME 不是候选关键字。表 2.23 和表 2.24 所示的关系则是 BCNF 的。

四、关系规范化理论的应用

关系规范化理论主要应用于数据库设计中的概念设计阶段，对所产生的概念设计，可用它来分析其实体划分是否合适，判断属性分配到哪个实体中更为合理。在实现设计中当将 E-R 图向关系模型转换时，还可以用它来分析并发现概念设计中可能存在的遗漏或不当之处，特别是联系实体是否不单独转换为一独立关系而集成到与之相联的基本实体中去处理时，规范化理论是最有效的评价准则。

本 章 小 结

本章首先概述了关系数据库的基本特征、产生和发展历程，然后分别介绍了关系数据模型的三个要素，即关系数据结构、关系操作集合和关系完整性约束，最后详细介绍了关系数据库的规范化理论。关系数据库的规范化理论是关系数据库设计的理论依据，研究的是关系模式中各属性之间的依赖关系及其对关系模式性能的影响，这部分内容是本章学习的重点，也是难点。

思 考 与 练 习

一、单项选择题

1. 下列关于关系的描述中，不正确的说法是（   ）。
   A）在关系中，每一行数据是可以任意交换的
   B）在关系中，每一列数据是可以任意交换的
   C）在关系中，任意两行数据是不允许重复的
   D）在关系中，任意两个属性名是不允许重名的
2. 下列操作中，不属于关系操作的是（   ）。
   A）查询   B）插入   C）复制   D）修改
3. 当关系有多个候选码时，选定一个作为主键，若主键为全码，应包含（   ）。
   A）单个属性   B）两个属性   C）多个属性   D）全部属性

二、简答题

1．请简述关系数据库的基本特征。
2．请简述什么是参照完整性约束。
3．请简述关系规范化过程。

三、综合题

1．设有如表 2.25 所示的两个关系 R1 和 R2，其中 R2 是从 R1 中经过关系运算所形成的结果，请给出该运算表达式。

表 2.25（a）关系 R1

A	B	C
1	2	3
4	5	6
7	8	9

表 2.25（b）关系 R2

E	F
5	6
8	9

2．设有如表 2.26 所示的关系 R3，请给出其全部函数依赖及候选关键字。

表 2.26　关系 R3

工作证号	姓名	年龄	地址
201	于军	24	武汉
202	田荣	23	北京
203	黄杉	21	天津
204	李斌	23	天津
205	方毅	22	南京

3．设有如表 2.27 所示的关系 R4，请依次回答下面的问题。

i）该关系是第几范式？
ii）是否存在操作异常？若存在，则将该关系分解为高一级范式。分解完成的高级范式中是否可以避免分解前关系中存在的操作异常？

表 2.27　关系 R4

工程号	材料号	数量	开工日期	完工日期	价格
P01	C01	4	20161202	20170808	10
P01	C02	5	20161202	20170808	16
P01	C03	9	20161202	20170808	20
P02	C02	9	20170806	20171006	16
P02	C04	20	20170806	20171006	12

第三章 数据库设计

数据库设计是建立数据库及其应用系统的一项重要工作，也是信息系统开发和建设中的核心技术。针对具体的应用场景，使用现有的 DBMS 构建适合的数据库模式，建立数据库及其应用系统，使之能有效地收集、存储、操作和管理数据，满足实际业务中各类用户的应用需求、信息需求和处理需求，这个过程称为数据库设计。数据库设计的好处，决定了数据库能否在给定的 DBMS 平台上达到最佳运行状态，以及能否为用户提供优良的信息系统。

本章将介绍数据库设计的特点、方法与过程，其中关系数据库的结构设计是本章学习的重点，也是本章学习的难点。

第一节 数据库设计概述

从本质上讲，数据库设计是将数据库系统与现实世界进行密切地、有机地、协调一致的结合的过程，其所涉及的内容广泛，需要设计者具有一定的计算机专业知识和应用业务经验。

一、数据库的生命周期

通常，从数据库演变过程的角度来看，数据库的生命周期可分为两个阶段，分别是数据库分析与设计阶段、数据库实现与操作阶段。其中，数据库分析与设计阶段包括需求分析、概念设计、逻辑设计和物理设计四个环节；数据库实现与操作阶段包含数据库的实现、操作与监督、修改与调整三个子阶段。

二、数据库设计的目标

事实上，数据库设计具有两个十分重要的目标，即满足应用功能需求和良好的数据库性能。其中，满足应用功能需求，主要是指用户当前与可预知的将来应用所需要的数据及其联系，应全部准确地存储在数据库之中，从而可满足用户应用中所需要的对数据进行的存、取、删、改等操作；良好的数据库性能，主要是指对数据的高效率存取和空间的节省，并具有良好的数据共享性、完整性、一致性及安全保密性。因此，在进行数据库设计时，设计者必须确定系统的目标，这样可以确保开发工作进展顺利，并能够提高工作效率，保证数据模型的准确和完整。

三、数据库设计的内容

数据库设计是从用户对数据的需求出发，研究并构造数据库的过程，其包含两个方面的内容。

（1）数据库结构设计

数据库结构设计是针对给定的应用环境进行数据库的模式或子模式的设计，包括数据库的概念结构设计、逻辑结构设计和物理结构设计。模式定义并给出各应用程序共享的结构，是静态的，一经形成通常不会改变。

（2）数据库行为设计

数据库行为设计是确定数据库用户的行为和动作，而用户的行为和动作是对数据库的操作，它们通常是通过应用程序来实现的。由于用户的行为会使数据库的内容发生变化，所以行为设计是动态的。

四、数据库设计的方法

数据库设计质量的优劣，不仅会直接影响到当前的应用，还会影响到数据库应用过程中的维护，也会影响到数据库的生命周期。因此，为了使数据库设计更加合理，需要一个有效的指导原则，这种原则就称为数据库设计方法。

长期以来，人们一直在探索有效的数据库设计方法。这种设计方法应能在合理的时间内、付出合理的工作量的情况下，产生具有实用价值的数据库结构。同时，该方法应具有足够的通用性和灵活性，适应于不同的应用领域，适合于多种不同特征的数据库管理系统和不同素质的数据库设计人员。此外，从更高的目标来要求，数据库设计方法还应具有可再生的特征，即不同的人应用该方法于同一问题，应该得到同样的或相近的数据库结构。

经过人们不断地努力和探索，提出了各种数据库设计方法，概括而言，可分为三类，即直观设计法、规范设计法和计算机辅助设计法。

（1）直观设计法

直观设计法是一类最原始的数据库设计方法，它利用设计者的经验和技巧来设计数据库模式。由于缺乏科学理论的指导，设计的质量很难保证，因此这种方法已不适应如今信息系统的开发。

（2）规范设计法

规范设计法是一类较为普遍、常用的数据库设计方法。其中，常见有以下几个。

i）新奥尔良（New Orleans）设计方法

新奥尔良设计方法于 1978 年提出，是目前公认的较为完整和权威的一种规范设计方法。这种方法将数据库设计分为四个阶段，分别是需求分析、概念结构设计、逻辑结构设计和物理结构设计，它注重数据库的结构设计，而不太考虑数据库的行为设计。

ii）基于 E-R 模型的数据库设计方法

基于 E-R 模型的数据库设计方法是由 P.P.S.Chen 于 1976 年提出的，其基本思想是在需求分析的基础上用 E-R 图构造一个反映现实世界实体之间联系的企业模式，然后将此模式转换成某一特定 DBMS 下的概念模式。

iii）基于第三范式的设计方法

基于第三范式的设计方法是一类结构化设计方法，其思想是在需求分析的基础上首先确定数据库的模式、属性及属性间的依赖关系，然后将它们组织在一个单一的关系模式中，再分析模式中不符合第三范式的约束条件，进行模式分解，规范成若干个第三范式关系模式的集合。

（3）计算机辅助设计法

计算机辅助设计法是指在数据库设计过程中，以领域专家的知识或经验为主导，模拟某一规范化设计的方法，通常通过人机交互的方式来完成设计的某些过程。目前，许多计算机辅助软件工程工具（俗称 CASE 工具），可以用来帮助数据库设计人员完成数据库设计的一些工作，如此可减轻数据库设计人员的工作量，加快数据库设计的进度，例如 Rational 公司的 Rational Rose 等。

五、数据库设计的过程

按照规范设计的方法，同时考虑数据库及其应用系统开发的全过程，可以将数据库设计分为这样几个阶段：需求分析阶段；结构设计阶段，其包括概念结构设计、逻辑结构设计和物理结构设计；行为设计阶段，其包括功能设计、事务设计和程序设计；数据库实施阶段，其包括加载数据库数据和调试运行应用程序；数据库运行和维护阶段。

如图 3.1 所示，在数据库的设计与开发中，为达到数据库设计目标和实现一个完善的数据库应用系统，通常需要不断反复上述几个阶段的工作。因而，数据库设计过程实际上是一个反复修改、反复设计的迭代过程。

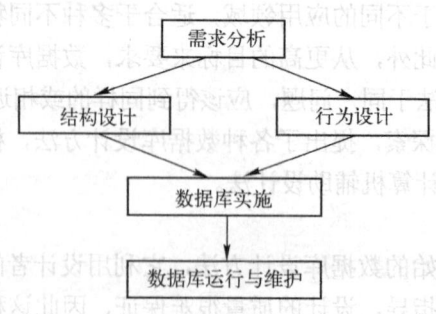

图 3.1　数据库设计的过程

第二节　数据库设计的基本步骤

目前，分阶段规范设计方法已在数据库设计中得到广泛的应用，并获得了较好的效果。该方法遵循自顶向下、逐步求精的原则，将数据库设计过程分解为若干个相互依存的阶段，每一阶段采用不同的技术与工具，解决不同的问题，从而将问题局部化，且减少局部问题对整体设计的影响，因而也利于多人合作。

数据库设计的各个阶段，又称为数据库设计步骤。本节主要讨论数据库结构设计过程中涉及的几个基本步骤，即需求分析、概念结构设计、逻辑结构设计、物理结构设计、数据库实施、数据库的运行和维护，这些是数据库设计中最重要的任务。另外，由于数据库设计的特点是结构设计与行为设计分离，且行为设计和一般的传统程序设计区别不大，软件工程中许多方法和工具均可以用到数据库行为设计中，因此本书不着重介绍包括功能分析、功能设计、应用程序实现等步骤的数据库行为设计，只是在本书第 7 章数据库应用设计与开发实例中会对其相关知识有所涉及。

一、需求分析

需求分析是数据库设计的起点,它的结果将直接影响到后续阶段的设计,并影响最终的数据库系统能否被合理地使用。需求分析的目标是了解与分析用户的信息及应用处理的要求,并将结果按一定格式整理而形成需求分析报告。该分析报告是后续概念设计、逻辑设计、物理设计、数据库建立与维护的依据。

数据库设计人员进行需求分析的基本方法是听取数据库应用部门工作人员的报告,并与之座谈。同时,需求分析人员可提交一份需求调查表,该表内容主要包括调查的内容和要求提供资料的格式,应用部门的业务人员则可根据该表进行准备和提交材料。此外,数据库设计人员还需查阅原始资料,以及跟班作业等。

需求分析一般可分为四个步骤,即确定数据库范围、分析数据应用过程、收集与分析数据和编写需求分析报告。

1. 确定数据库范围

数据库设计的第一项工作就是要确定数据库范围,即确定数据库应支持哪些应用功能。该范围应尽可能地考虑较为广泛的应用部门或应用领域,充分满足用户的应用功能要求,从而有效地利用计算机设备及数据库系统的潜在能力。同时,确定数据库范围时还应尽可能地考虑将来的应用需求,以提高数据库的应变能力,避免应用过程中对数据库做太多或太大的修改,从而延长数据库的生命周期。

当然,一个满足现在和将来的,并且是尽可能满足广泛范围所有应用的数据库,往往是复杂而庞大的,这不仅会增加设计的困难,而且更重要的是不利于提高数据的操作效率,还要涉及经费、设备、人员培训等一系列问题。如果在现有计算机系统的基础上进行数据库设计,则只能在其承受能力的前提下确定数据库范围。因而,此时数据库设计人员理当首先考虑的是支持用户工作需要(例如,企业生产)所必须的应用要求。

数据库设计人员可借助图 3.2 所示的机构与职能关系图来确定数据库范围。该图直观地标识了企业的机构与其所承担的相应职能的关系,数据库设计人员可从中分析和了解影响企业生产的部门或职能的主次序列,从而也可相应地确定数据库应该支持的应用功能的主次序列,然后考虑经费、设备及人员等因素,进行综合分析与优选,最后确定一个尽可能地满足应用需求而又切实可行的数据库应用范围。同时,数据库设计人员可利用机构与职能关系图进行概念设计的局部化处理和子模式设计。

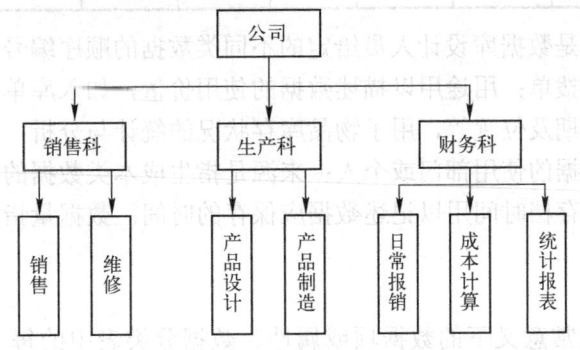

图 3.2 机构职能关系的示例图

需要注意的是，机构与职能关系图因具体应用部门机构设置体系的不同，而具有不同的层次。图 3.2 给出的是公司与科室两级层次关系。实际上，一个大型企业的机构职能关系图可能要复杂得多。

2. 应用过程分析

应用过程分析是指了解并分析数据与数据处理间的关系。在数据库范围确定之后，数据库设计人员应逐次地了解和分析每一部门或功能要用到哪些数据、数据使用的顺序、对数据作何处理和处理的策略以及处理的结果等。

应用过程分析的结果是数据库结构设计的重要依据，因为从中可以初步导出哪些数据要存入数据库中，哪些数据可作为报告输出而不存入数据库中，同时也可看出对不同数据的不同使用权限（存、取、删、改等）和共享范围。当然，数据应用过程分析也是数据库应用程序编写的依据。

数据应用过程可以借助数据流程图或其他信息及应用结构图形表示。数据流程图有许多不同的形式，本书不做介绍，读者可自行参阅软件工程类书籍。需要注意的是，在构造数据流程图时，应以局部应用部门或相对独立的应用功能为标识单位，从而将问题局部化，有利于分块设计。

3. 收集与分析数据

数据收集与分析的任务是了解并分析数据的组成格式及操作特征，每个数据元素的语义及关系等，并将它们收集起来整理归档。数据流程图中所涉及的数据都是收集与分析的对象，主要包括报表、文件、单据及各种原始资料。

数据的收集与分析工作可从数据的静态结构、动态结构及数据约束三个方面展开。同样，数据库设计人员可按不同部门或职能划分去进行数据的收集与分析工作。

（1）静态结构

数据的静态结构是指不施加应用操作于其上时数据的原始状况，这可通过数据分类表和数据元素表进行说明。

i）数据分类表

数据分类表用于数据的总体描述。对于每一客观存在的具有独立意义的单类数据单位（如一种报表、一种文件或一种收据）应给出其名称、用途、编制者及使用者等说明，其格式如下：

数据 ID	数据名	用途	主人	用户	来源	去向	存档时间	数据量

其中，数据 ID 是数据库设计人员给定的不同类数据的顺序编号；数据名为原始数据类的名称，如物资调拨单；用途用以描述数据的使用价值，如入库单用以反映入库物品的名称、数量、入库日期及位置等，用于物品库存状况的统计与分析；主人是指本类数据由谁生成；用户是指数据的使用部门或个人；来源是指生成本类数据的数据源；去向是指数据形成后送往何处；存档时间用以记述数据应保存的时间；数据量指某类数据在静态下的记录个数。

ii）数据元素表

数据元素表指通常意义下的数据项或属性。数据分类表中的每一类数据的所有数据元素名称、类型、长度、意义及算法等都应在数据元素表中进行详尽的说明。数据元素表格式如下：

| 数据 ID | 数据元素 ID | 元素名 | 意义 | 类型 | 长度 | 算法 | 备注 |

其中，数据 ID 同数据分类表；数据元素 ID 是某一数据元素在其所在的由数据 ID 标识数据类中的顺序编号；元素名指其原始名称；意义是指每一数据元素在实际业务领域中所表示的客观含义；类型用以描述元素的数据特征，可分为字符串、整型数、实型数三类；长度表示数据元素的符号个数，对不同类型的数据元素，数据库设计人员可自行约定长度表示符号；算法用以描述每一数据元素的计算公式。

(2) 动态结构

动态结构是指将应用操作施加于数据之上后数据的状况，可通过任务分类表和数据操作特征表进行说明。

i) 任务分类表

根据对数据流程图的分析，可将业务处理过程划分成不同任务。通常，一个任务是指为完成某一特定处理功能的相对独立的操作序列，如输入一类数据、统计一类数据、打印一种报表等。任务分类表格式如下：

| 任务ID | 名称 | 功能 | 类型 | 主人 | 用户 | 执行日期 | 频率 | 操作过程 | 备注 |

其中，类型可分为输入、查询、制表、统计、修改、删除等；频率为一单位时间任务的执行次数；执行日期为任务执行的时间范围，如某一统计任务的执行时间是每月 1 日至 5 日；操作过程则用来说明任务的基本处理步骤。

ii) 数据操作特征表

数据操作特征表用以描述任务和数据之间的关系，它包括不同任务对数据执行不同操作的频率。对于每一任务或数据分类表中的每一类数据均应建立其对应的操作特征表。数据操作特征表格式如下：

| 任务ID | 数据ID | 建立 | 查询 | 插入 | 修改 | 删除 | 数据量 |

其中，任务 ID 和数据 ID 分别来自任务分类表和数据分类表；数据量指某类数据在执行完某项任务后记录的个数；其余各项分别描述某任务对某数据类执行建立、查询、插入、修改和删除操作的单位时间内的操作频率，该单位时间可由设计人员根据具体情况酌定，如日、月、年均可。

如果某任务对某类数据不执行某种操作处理，则可在相应位置置空值或某种标识符号。操作特征表的每一行值表示某一任务对某一数据单位时间执行不同操作的频率和数据记录个数。对于每一 ID 标识的数据，可通过累加求得所有对之进行操作的各任务分别执行各种操作的总频率。

显然，数据的动态结构对于分析数据的共享性、时间响应要求和数据的操作权限具有重要价值，它是概念设计和物理设计的重要依据。

(3) 数据约束

数据约束是指使用数据时的特殊要求。约束主要有如下几个方面。

i) 数据的安全保密性，其主要是指针对各种不同类数据，谁拥有操作（存、取、删、改）的不同授权。

ⅱ）数据的完整性，其主要是指数据正确性的约束范围和验证准则，以及一致性保护的要求。

ⅲ）响应时间，其主要是指某些特定应用要求的数据存取时间限制。

ⅳ）数据恢复，其主要是指转储及恢复的时机与范围等要求。

4．编写需求分析报告

作为需求分析阶段的一个总结，数据库设计人员需要编写需求分析报告。实际上，需求分析报告是在需求分析的过程中逐渐整理而形成的，是随着该过程的不断深入而反复修改与完善的。

需求分析报告作为应用需求的业务人员和数据库设计人员的"共同语言"，应能准确地表达应用需求，要求可读性强，且无二义性，能为数据库的后续阶段设计提供全面、准确和详细的资料。

需求分析报告通常包含如下内容。

（1）数据库的应用功能目标

要求明确标明数据库的应用范围及应达到的应用处理功能。

（2）标明不同用户视图范围

根据机构与职能关系图和数据流程图，并参考任务分类表等，确定不同部门或功能的局部视图范围。

（3）应用处理过程需求说明

可包括这样一些内容。

ⅰ）数据流程图，其主要反映应用部门原始业务处理的工作流程。

ⅱ）任务分类表，其标明不同任务的功能及使用状况。

ⅲ）数据操作特征表，其标明任务和数据间的联系及不同数据的不同操作特征与执行频率。

ⅳ）操作过程说明书，其根据数据流程图、任务分类表及数据操作特征表等，标明各任务的主要逻辑执行步骤。

（4）数据字典

数据字典（Data Dictionary，DD）是数据库系统中存储三级结构定义的数据库，通常指的是数据库系统中各类数据详细描述的集合。它的功能是存储和检索各种数据描述，即元数据（Metadata）。在数据库设计中，它提供了对各类数据描述的集中管理，是一种数据分析、系统设计和管理的有力工具。数据字典需要有专人进行管理，及时对数据字典进行更新，保证字典的安全、可靠。

数据字典通常包括数据分类表、数据元素表和各类原始资料。其中，各类原始资料是指收集所有单据、报表、文件及设计所需的原始资料，并根据数据分类表的数据 ID 统一分类编号。

（5）数据量

根据数据分类表中的静态数据量和操作特征表中的动态数据量，进行统计计算，求出数据总量。

（6）数据约束

基本内容同前述的数据约束部分。

二、概念结构设计

概念结构设计的任务是在需求分析中产生的需求分析报告的基础上,按照特定的方法设计满足应用需求的用户信息结构,该信息结构通常称为概念模型。

概念模型独立于任何软件与硬件,其设计的主要目标是最大限度地满足应用需求,可完全不顾及具体的硬件和软件的限制,特别是 DBMS 的限制,因而它是一个符合用户要求的趋于理想化的信息结构。

概念结构设计的常用方法有实体分析法和属性综合法两种,它们也分别称为自顶向下法和自底向上法。其中,自底向上法采用从属性分析开始,高层实体及联系通过底层属性组成的设计技术。实际上,这是一种基于统计分析推导的方法,即通过对数据元素与应用任务联系的定性定量统计分析技术来推导出相应的信息结构的方法,其处理过程可分为属性分类、实体构成、联系的确定等相对独立的步骤。

本书不对自底向上法做具体介绍,而是在本章 3.3 节中,针对关系型数据库的设计介绍自顶向下法,其中是采用 E-R 图作为概念模型的描述工具。

三、逻辑结构设计

逻辑结构设计的目标是将概念模型转换为等价的、并为特定 DBMS 所支持数据模型的结构。数据库逻辑模型一般由层次、网状、关系数据模型表示。

(1) 逻辑结构设计的输入与输出信息

逻辑结构设计是在需求分析及概念结构设计的基础上进行的,它通常要求提供如下输入信息。

ⅰ) 独立于特定 DBMS 的概念模型。

ⅱ) 有关响应时间、安全保密性、数据完整性及恢复方面的要求说明,包括保持数据一致性的规则说明。

ⅲ) 数据量及使用频率。

ⅳ) 特定 DBMS 特性,包括 DBMS 支持的数据模型及数据定义语言的说明。

在完成逻辑结构设计之后,应该形成如下输出信息。

ⅰ) 一个特定 DBMS 支持的概念模式,或称之为模式。

ⅱ) 一个或多个外部视图,或称之为子模式。

ⅲ) 物理设计说明,其主要包括存入数据库中的数据量、使用频率及响应时间要求。

ⅳ) 程序设计说明,其是在需求分析的基础上,根据已完成的逻辑模型,编制各程序名、执行逻辑步、存取数据的名、顺序及操作特征(读、写、删、改)的说明。

(2) 逻辑结构设计的步骤

逻辑结构设计的主要步骤如图 3.3 所示。

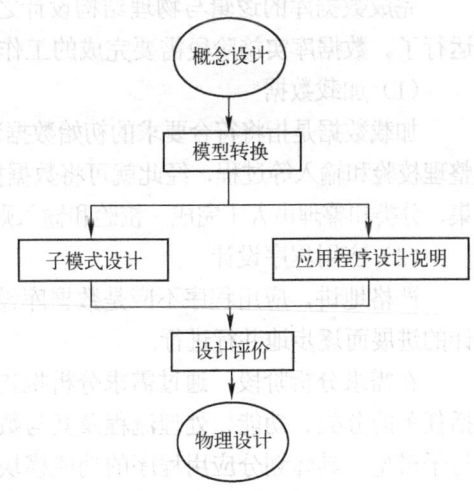

图 3.3 逻辑结构设计步骤

其中:

i) 模型转换是指将概念模型等价地转换为特定 DBMS 支持的关系模型、网状模型或层次模型表示。对于一个特定的应用环境，通常只转换为用户要求的某个特定 DBMS 所支持的一种模型表示。

ii) 子模式设计的目标是抽取或导出模式的子集，以构造不同用户使用的局部数据逻辑结构。具体的规则在 DBMS 的使用指南中通常会有明确的说明。

iii) 编制应用程序设计说明的目的是为可实际运行的应用程序设计提供依据与指导，并作为设计评价的基础。

iv) 设计评价的任务是分析并检验模式及子模式的正确性与合理性，其方法是通过程序设计指南中提交的程序执行逻辑步骤在子模式上的模拟执行来考核模式及子模式是否满足应用需求，有无遗漏，并进一步估计数据容量及存取效率，为物理设计提供参考信息。评价分析中，如若发现不合理之处，则返回到模型转换处重新执行，如此反复，直至满足要求为止。

在本章 3.3 节中，将针对关系数据库的设计，介绍把概念结构设计阶段设计好的 E-R 图转换为关系数据库管理系统所支持的关系数据模型的过程，其中重点介绍 E-R 图向关系数据模型转换的原则与方法。

四、物理设计

物理设计是指对于一个给定的数据库逻辑结构，研究并构造物理结构的过程，其具体任务主要是确定数据库在存储设备上的存储结构及存取方法，因 DBMS 的不同还可能包括建立索引和聚集，以及物理块大小、缓冲区个数和大小、数据压缩的选择等。

参与物理设计的人员应基本掌握存储设备的特性，充分了解操作系统及 DBMS 所提供的支持环境，并十分熟悉数据库的逻辑结构及存取速度、频率及数据量方面的要求。

本书只介绍关系数据库的物理设计，详见本章 3.4 节内容。

五、数据库实施

完成数据库的逻辑与物理结构设计之后，就可以在实际的计算机系统中建立数据库并试运行了。数据库实施阶段需要完成的工作包括：加载数据、应用程序设计和数据库试运行。

(1) 加载数据

加载数据是指将符合要求的初始数据装载到数据库中去，其具体包括数据的收集、分类、整理校验和输入等过程，经此就可将数据按数据库定义准确地存储到数据库中。通常而言，收集、分类和整理由人工完成，校验和输入则由有关人员编写的数据校验与输入程序实现。

(2) 应用程序设计

严格地讲，应用程序不应是数据库设计的范畴，但它又必须且只能是随着数据库结构设计的进展而逐步地并行进行。

在需求分析阶段，通过需求分析报告，详尽地了解了用户关于数据信息的处理需求，包括任务的分类、功能、处理流程及其与数据的联系；在逻辑设计阶段，根据产生的逻辑模型与子模型，具体划分应用程序的功能模块，进一步抽象并标明其名称，执行逻辑及其与数据库中数据的联系，从而基本确立应用程序的框架；在物理设计阶段，根据建立的物理模型，又进一步修改和完善程序设计说明。以上这些步骤完成之后，数据库结构理应具有较高的稳定性，并具有试运行的数据基础，从而也具备了应用程序编制与调试的必要条件，这样编写的应用程序就具有较高的稳定性和实用性。

（3）数据库试运行

为了避免对实际应用带来损害，数据库通常应经过一个试运行阶段。所谓试运行是指在已建立的数据库上，按生产现场实际环境要求运行应用程序，进行对数据库的各种操作，检验其功能和性能，如有不当或错误，则应根据实际情况或修改应用程序、修改数据库物理模型，甚至修改逻辑模型。

此外，试运行有利于工作人员掌握并熟悉系统，从而有利于正式运行时避免人为的操作不当等损害。

六、数据库运行和维护

只有经过试运行之后，确认系统无故障或暂未发现故障时，系统才能投入到生产实际中运行。数据库系统投入实际运行标志着数据库设计和应用开发的基本完成，但绝不意味着设计和应用开发工作的终止。随着应用的深入和拓展，有可能暴露原未发现的问题；也有可能因对数据的不断增、删、改而使得系统的物理存储结构变坏或存取效率下降；另外，应用需求也有可能发生改变或扩展。所有这些，都需要工作人员在系统运行中做好维护工作，监督、发现和分析问题，提出改进或扩展方案并付诸实施。此外，还应定期或不定期地进行数据转储，当系统出现故障时进行恢复处理，并实施安全与完整性控制。

系统维护中最困难的工作是数据库重组与重构。重组是当空间利用率和存取效率下降时进行的，它并不改变数据库的逻辑结构和物理结构，只是利用 DBMS 提供的设施调整数据库中数据的存储位置，从而回收"碎片"，使有关联的数据尽可能靠近存放，达到提高空间利用率和数据存取效率的目的。重构是指部分修改数据库的逻辑结构或物理结构，这往往因应用需求的改变与拓展或发现当初的设计欠妥而引起的，例如增、删、改数据类型，增、删、改索引与聚集等。

第三节　关系数据库设计方法

关系数据库是一类采用关系模型作为逻辑数据模型的数据库系统，它的设计过程遵从数据库设计的基本步骤，即同样包含需求分析、概念结构设计、逻辑结构设计、物理结构设计、数据库实施、数据库的运行和维护等这样一些阶段，其中关系数据库的概念结构设计与逻辑结构设计是关系数据库整个设计过程的关键。本节则主要介绍关系数据库的概念结构设计、逻辑结构设计、物理设计中的相关方法。

一、关系数据库设计过程与各级模式

如图 3.4 所示，按照数据库设计的基本步骤，在关系数据库设计的不同阶段，会形成数据库的各级模式，即：在需求分析阶段，综合各个用户的应用需求；在概念结构设计阶段，形成独立于机器特点、独立于各个关系数据库管理系统产品（如 MySQL、Oracle、SQL Server 等）的概念模式，例如本书使用的 E-R 图；在逻辑结构设计阶段，将 E-R 图转换成具

体的数据库产品支持的关系数据模型，形成数据库逻辑模式，然后根据用户处理的要求、安全性的考虑，在基本表的基础上再建立必要的视图，形成数据的外模式；在物理结构的设计阶段，根据关系数据库管理系统的特点和处理的需要，进行物理存储安排，建立索引，形成数据库内模式。

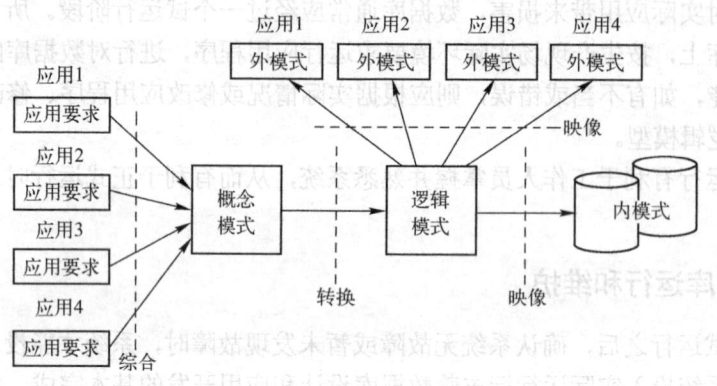

图 3.4　关系数据库各级模式

二、概念结构设计方法

关系数据库的概念结构设计通常采用自顶向下法，它通过两个步骤来完成概念设计，即首先建立局部信息结构，然后将局部信息结构合成为全局信息结构并优化，其中使用 E-R 图作为概念模型的描述工具。

1. E-R 图的表示方法

概念结构设计就是将需求分析得到的用户需求抽象为信息结构（即概念模型）的过程，它通常使用 E-R 图来作为描述现实世界的建模工具。E-R 图提供了表示信息世界中实体、属性和联系的方法，具体如下。

ⅰ）实体型，其用矩形表示，矩形框内写明实体的名称。

ⅱ）属性，其用椭圆形表示，并用无向边将其与相应的实体连接起来。

ⅲ）联系，其用菱形表示，菱形框内写明联系的名称，并用无向边分别与有关实体连接起来，同时在无向边旁标上联系的类型（1:1、1:N 或 M:N），如果一个联系具有属性，则这些属性也要用无向边与该联系连接起来。

在现实世界中，实体之间的联系通常是指不同实体型的实体集之间的联系，其常常表现为以下三种情形。

（1）两个实体型之间的联系

设有两个实体集 A、B，两个实体型之间的联系可分为一对一、一对多、多对多三种类型，具体如下。

① 一对一联系（1:1）

如果对于实体集 A 中的每一个实体，实体集 B 中至多有一个（也可以没有）实体与之联系，反之亦然，则称实体集 A 与实体集 B 具有一对一联系，记为 1:1。例如，一个系只有一个系主任，且一个系主任只在一个系任职，则系与系主任两个实体之间具有一对一的联系。

② 一对多联系（1∶N）

如果对于实体集 A 中的每一个实体，实体集 B 中有 N 个实体与之联系，反之，对于实体集 B 中的每一个实体，实体集 A 中至多有一个实体与之联系，则称实体集 A 与实体集 B 具有一对多联系，记为 1∶N。例如，班级与学生之间是一对多的联系，即每个班级包含多个学生，但是每个学生只能属于一个班级。

③ 多对多联系（M∶N）

如果对于实体集 A 中的每一个实体，实体集 B 中有 N 个实体与之联系，反之，对于实体集 B 中的每一个实体，实体集 A 中也有 M 个实体与之联系，则称实体集 A 与实体集 B 具有多对多联系，记为 M∶N。例如，学生与课程两个实体之间是多对多的联系，即一个学生可以选修多门课程，而每门课程可以有多个学生选修。

实际上，一对一联系是一对多联系的特例，而一对多联系又是多对多联系的特例。可以用 E-R 图来表示两个实体型之间的这三类联系，如图 3.5 所示。

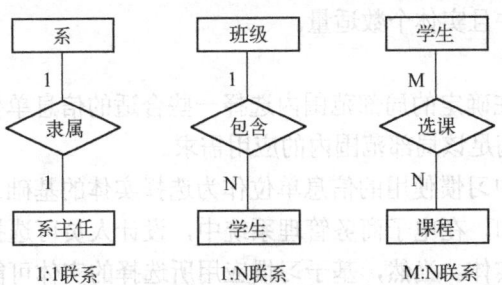

图 3.5　两个实体型之间的三类联系的 E-R 图示例

（2）两个以上的实体型之间的联系

一般地，两个以上的实体型之间也会存在一对一、一对多或多对多的联系。例如，有如下场景：对于课程、教师与参考书三个实体型，如果一门课程可以有若干个教师讲授，使用若干本参考书，而每一个教师只讲授一门课程，每一本参考书只供一门课程使用，则课程与教师、参考书之间的联系是一对多的，如图 3.6 所示。

又如，有下面场景：对于供应商、项目与零件三个实体型，如果一个供应商可以供给多个项目多种零件，而每个项目可以使用多个供应商供应的零件，每种零件可由不同供应商供给，则供应商、项目、零件三者之间是多对多的联系，如图 3.7 所示。

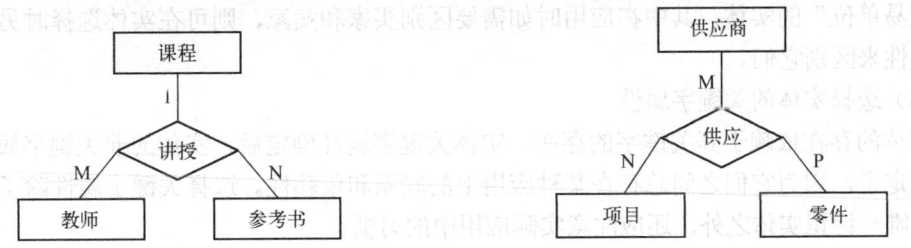

图 3.6　三个实体型之间的一对多联系示例　　图 3.7　三个实体型之间的多对多联系示例

（3）单个实体型内的联系

同一个实体集内的各实体之间也可以存在一对一、一对多或多对多的联系。例如，职工实体型内部具有领导与被领导的联系，即一个职工（如系主任）"领导"若干名职工（如系里的教师），而一名职工仅被另外一名职工直接领导，则这种联系就是一对多的联系，如图3.8所示。

图3.8 单个实体型内的一对多联系示例

2. 局部信息结构设计

根据需求分析报告中标明的不同用户视图范围所建立的满足该范围内用户需求的信息结构，称为局部信息结构。局部信息结构设计的步骤分为：确定局部范围；选择实体；选择实体关键字；确定实体间联系；确定实体的属性。

（1）确定局部范围

局部范围主要依据需求分析报告中标明的用户视图范围来确定。需求分析报告中标明的局部范围往往与子模式范围相对应，有时会认为其范围仍过大而不利于构造局部信息结构，故可根据实际需要进行修改。因而，范围确定的基本准则是部门和功能相对独立，同其他局部范围相互影响较少，并且实体个数适量。

（2）选择实体

选择实体的任务是在确定的局部范围内选择一些合适的信息单位作为局部信息结构的基本实体。这些实体应能满足该局部范围内的应用需求。

通常，以实际工作中习惯使用的信息单位作为选择实体的基础。因此，数据分类表是选择实体的直接依据。例如，在电子商务管理系统中，设计人员可选买家、卖家、商品、交易作为信息结构的初始实体。当然，基于习惯应用所选择的实体可能是不合适的，这可在后续的设计过程中逐步加以修正。实体确定后，应给每一实体命名。在同一局部信息结构中的实体名称应具有唯一性。

实体选择时的最大困难是如何区别实体与属性。在应用环境中，从不同的应用观点出发，同一个信息单位，有的视为实体，有的视为属性。此时，应根据应用的各不同需求，分清主次，灵活处理。例如，买家和卖家可作为交易这个实体中的属性，也可单独作为实体。如若应用中不仅仅需要买家和卖家的名称，还需诸如地址、联系电话、银行账户等多种信息，且日常应用中需要经常查询这些信息时，则应将这些信息归入买家和卖家而独立作为实体。

进行实体选择时，若某些实体的信息内容共性较大，则可将它们合并为一个实体。例如，前述的买家、卖家实体，其基本信息内容和使用一般差异不大时，则可合并为一个命名为"交易单位"的实体，其中在应用时如需要区别买家和卖家，则可在实体选择时另设一个标识属性来区别它们。

（3）选择实体的关键字属性

实体的存在依赖于其关键字的存在。实体关键字属性确定后，实体的非关键字属性也就易于确定了，因为它们之间总存在某种应用上的联系和依赖性。选择关键字属性除了考察其是否能唯一标识实体之外，还应注意实际应用中的习惯。

（4）确定实体间联系

数据间的联系必须在概念设计时确定。一种常用的分析实体间是否存在联系的方法是，将局部范围内的实体逐一取出来与该范围内的其他实体试行匹配，考察能否找到与两个参加试匹配的实体都有关的问题或同一任务同时使用到参与试匹配的两个实体。如若存在这种情况，则认为它们之间存在某种联系。

（5）确定实体的属性

属性分为标识属性和说明属性两类。标识属性用作实体的关键字，说明属性用作描述实体的一般特征。标识属性已在前述步骤中确定，这里主要是确定各实体内的说明属性，并进行命名。

确定说明属性的基本原则是：说明属性的存在和使用通常依赖于标识属性。也就是说，属性分配到某个实体是否合理，取决于该属性是否可通过其所在实体的关键字找到，并且它们之间在应用中具有某种联系。

说明属性应是单值的，即不允许嵌套属性和重复组的现象出现在实体中。另外，有可能发生同一说明属性依赖于多个实体的标识属性的情况，此时可将该属性分配到其使用频率最高的实体中去。

下面通过使用 E-R 图作为描述工具，举例说明局部信息结构设计。设有一个简单的用户管理系统，负责管理与维护某单位内部的员工及部门信息，其简化的语义描述如下。

i) 每位员工隶属于该单位的一个部门机构，每个部门结构包含有多个员工。对于每位员工，需要记录其姓名、年龄、员工号等信息，对于部门机构，需要记录部门名称、部门所在位置、部门领导姓名等信息。

ii) 将每位员工在该系统中可使用的操作集合定义为权限，每位员工拥有自己对该系统的使用权限，且相同的权限可以分配给单位里的多位员工，同时需要记录每个权限的名称、编号（ID）、操作（如权限链接）等信息。

iii) 对于该系统具有相同使用或操作权限的员工应归为一类，并记录其名称、编号（ID）、描述等信息。

根据上述描述，可为该系统建立四个实体，分别是：用户、用户组、部门和权限。其中，用户定义为某单位所有员工在该系统中的名称；用户组用于标识对于该系统具有相同操作权限的一类用户；部门则是界定各个员工所在的单位组织结构；权限是区分该系统各个操作集合的名称。

同时，这四个实体所包含的属性如下，其中的关键字属性用下划线标识。

i) 用户：<u>用户 ID</u>、用户名、年龄、口令。

ii) 用户组：<u>用户组 ID</u>、用户组名、用户组描述。

iii) 部门：<u>部门 ID</u>、部门名、部门所在地、部门领导。

iv) 权限：<u>权限 ID</u>、权限名、权限链接。

此外，这四个实体之间的联系如下。

i) 用户组与用户之间是 对多联系，表示每个用户属于一个用户组，一个用户组有多个用户，其联系的名称定义为"属于"。

ii) 部门与用户之间是一对多联系，表示一个部门包含多个用户，每个用户只在一个部门，其联系的名称定义为"包含"。

iii) 用户组与权限之间是多对多联系，表示一种权限可以分配给多个用户组，每个用户可以拥有多种权限，其联系的名称定义为"拥有"。

由此，员工用户与部门机构之间的局部 E-R 图如图 3.9 所示；用户与用户组之间的局部 E-R 图如图 3.10 所示；用户组与权限之间的局部 E-R 图如图 3.11 所示。

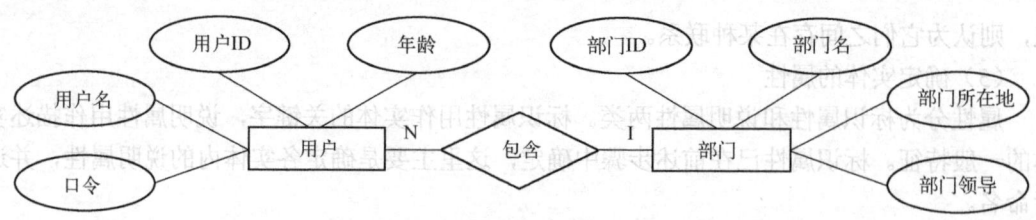

图 3.9　用户与部门之间的局部 E-R 图

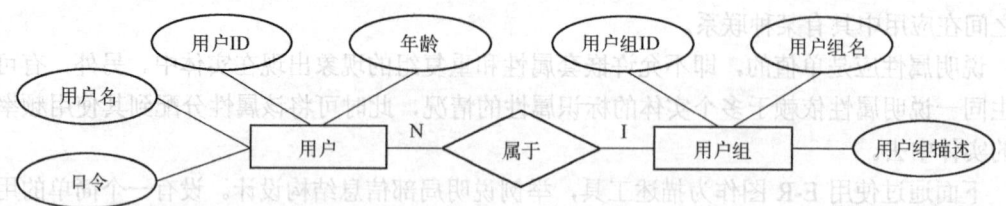

图 3.10　用户与用户组之间的局部 E-R 图

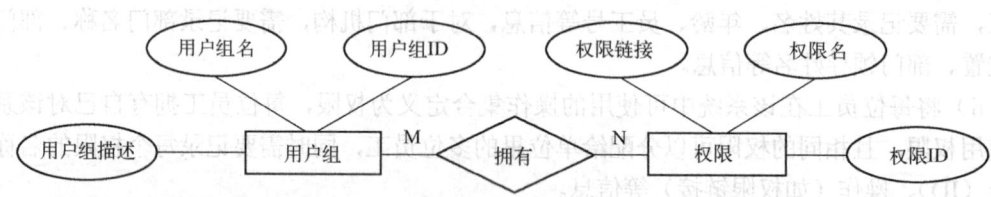

图 3.11　用户组与权限之间的局部 E-R 图

3. 全局信息结构设计

全局信息结构设计是将上述步骤中产生的所有局部信息结构合并成为一个全局信息结构。全局信息结构必须是所有局部信息结构的全面准确的映像，即合并前各局部信息结构所能实现的应用需求，合并形成的全局信息结构仍能实现。同时，全局信息结构中应努力避免或消除不同局部信息结构中因用户观点的不同所可能导致的数据不一致，并尽可能地增强数据的共享性，控制数据的冗余。

合并是在假设各局部信息结构都是完全的、一致的前提下进行的，即假设各局部信息结构都能满足其对应局部范围的应用需求，且其内部不存在需要合并的成分。在将局部信息结构合并成为全局信息结构时，可以采用一次将所有的局部信息结构合并在一起的方式，也可以采用逐步合并、进行累加的方式，即一次只合并两个或几个少量的局部信息结构，这样实现起来会相对容易些。

由于局部信息结构仅以满足局部应用需求为目标，因而各局部信息结构中对同一数据对象因各自的应用特征不同而可能采取不同的处理。此外，由于众多的设计人员对数据语义理解上可能存在的差别，以及需求分析执行或说明的不完善等原因，合并中很可能出现各种各样的冲突，只有合理地解决这些冲突，才能进行合理的合并而产生一个合理的全局信息结构。因此，合并的过程是一个不断发现和解决冲突的过程。

通常，各局部 E-R 图之间的冲突主要表现在三个方面：属性冲突、命名冲突和结构冲突。

(1) 属性冲突

属性冲突主要包含以下两类冲突。

ⅰ）属性域冲突，即属性值的类型、取值范围、取值集合的不同。例如年龄，有的是以出生日期的形式表示的，而有的是以整数的形式来表示的。

ⅱ）属性取值单位冲突。例如，人的身高有的是以米为度量单位，有的则是以厘米为表示单位。

（2）命名冲突

命名冲突主要包含以下两类冲突。

ⅰ）同名异义，即不同意义的实体类型名或联系类型名在不同的局部应用中具有相同的名字。

ⅱ）异名同义，即同一意义的实体类型名或联系类型名在不同的局部应用中具有不同的名字。

（3）结构冲突

结构冲突主要包含以下三类冲突。

ⅰ）同一对象在一个局部 E-R 图中作为实体，而在另一个局部 E-R 图中作为属性。

ⅱ）同一实体在不同的 E-R 图中属性个数和类型不同。

ⅲ）实体之间的联系在不同的 E-R 图中是不同的类型。

那么，对于属性冲突和命名冲突，通常采用讨论、协商等行政手段解决，而对于结构冲突，则需要通过认真分析后，采用技术手段加以解决，例如，把实体变换为属性或属性变换为实体，使同一对象具有相同的抽象，又如，取同一实体在各局部 E-R 图中属性的并作为集成后该实体的属性集，并对属性的取值类型进行协调统一。

此外，一个好的全局 E-R 模型除能反映用户功能需求之外，还应满足下列条件，即：实体类型个数尽可能少，实体类型所含属性尽可能少，实体类型间联系无冗余。全局 E-R 模型的优化就是要达到这三个目的，而优化的步骤则包括：相关实体类型的合并（通常是把具有相同码的实体类型进行合并）、消除不必要的冗余属性、消除不必要的冗余联系等。当然，有时为了效率，可根据具体情况存在适当冗余。

那么，图 3.12 所示的是将上述三个局部 E-R 图合并成一个全局 E-R 图的示例。

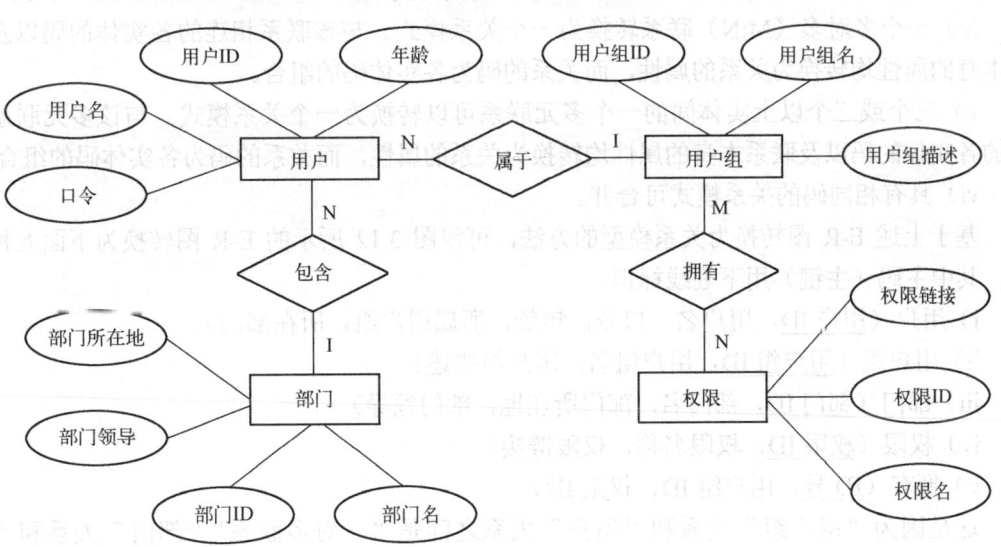

图 3.12 用户管理系统的全局 E-R 图

三、逻辑结构设计方法

逻辑结构设计的任务是把在概念结构设计产生的概念模型转换为具体的 DBMS 所支持的逻辑数据模型,也就是导出特定的 DBMS 可以处理的数据库逻辑结构(数据库的模式和外模式),这些模式在功能、性能、完整性和一致性约束方面满足应用要求。那么,在关系数据库设计中,逻辑结构设计的任务就是把概念结构设计阶段已设计好的 E-R 图转换为关系数据库管理系统所支持的关系模型,其通常包括这样三项工作:将 E-R 图转换为关系模型、对关系数据模型进行优化、设计面向用户的外模式。

1. E-R 图向关系模型的转换

E-R 图向关系模型的转换要解决的问题,是如何将实体以及实体间的联系转换为关系模式,如何确定这些关系模式的属性和主码。关系模型的逻辑结构是一组关系模式的集合,而 E-R 图则是由实体、实体的属性和实体间的联系三个要素所组成的,因此将 E-R 图转换为关系模型实际上就是要将实体、实体的属性和实体间的联系转换为某种关系模式。这种转换一般遵守以下原则。

ⅰ)一个实体型转换为一个关系模式。实体的属性作为关系的属性,实体的码作为关系的码。

ⅱ)一个一对一(1:1)联系可以转换为一个独立的关系模式,也可以与任意一端对应的关系模式合并。如果转换为一个独立的关系模式,则与该联系相连的各实体的码以及联系本身的属性均转换为关系的属性,每个实体的码均是该关系的候选码;如果与某一端实体对应的关系模式合并,则需要在该关系模式的属性中加入另一个关系模式的码和联系本身的属性。

ⅲ)一个一对多(1:N)联系可以转换为一个独立的关系模式,也可以与 N 端对应的关系模式合并。如果转换为一个独立的关系模式,则与该联系相连的各实体的码以及联系本身的属性均转换为关系的属性,而关系的码为 N 端实体的码。

ⅳ)一个多对多(M:N)联系转换为一个关系模式。与该联系相连的各实体的码以及联系本身的属性均转换为关系的属性,而关系的码为各实体码的组合。

ⅴ)三个或三个以上实体间的一个多元联系可以转换为一个关系模式。与该多元联系相连的各实体的码以及联系本身的属性均转换为关系的属性,而关系的码为各实体码的组合。

ⅵ)具有相同码的关系模式可合并。

基于上述 E-R 图转换为关系模型的方法,可将图 3.12 所示的 E-R 图转换为下面五种关系,其中主码(主键)用下划线标识。

ⅰ)用户(<u>用户 ID</u>,用户名,口令,年龄,所属用户组,所在部门)

ⅱ)用户组(<u>用户组 ID</u>,用户组名,用户组描述)

ⅲ)部门(<u>部门 ID</u>,部门名,部门所在地,部门领导)

ⅳ)权限(<u>权限 ID</u>,权限名称,权限链接)

ⅴ)拥有(<u>ID 号</u>,用户组 ID,权限 ID)

这是因为"用户组"关系和"用户"关系之间是"一对多联系""部门"关系和"用户"关系之间是"一对多联系""用户组"关系与"权限"关系之间是"多对多联系",那么"用户组"关系的主键可作为"用户"关系的外键加入到"用户"关系中,表示用户隶属的用户组,同样"部门"关系的主键也可作为外键加入到"用户"关系中,表示用户所在的部门,而在"用户组"关系与"权限"关系之间,可增加一个中间关系"拥有",该关系用于包含"用户组"关系与"权限"关系各自的主键作为其外键。同时,"用户"关系、"用户组"关系、"部门"关系和"权限"关系分别包含了各自的基本属性信息。

2. 数据模型的优化

数据库逻辑设计的结果不是唯一的。为了进一步提高数据库应用系统的性能,还应该根据应用需要适当地修改、调整数据模型的结构,这就是数据模型的优化。关系数据模型的优化通常以关系规范化理论(具体内容可参阅本书2.3小节)为指导,其方法如下。

1)确定各属性间的函数依赖关系。
2)对于各个关系模式之间的数据依赖进行极小化处理,消除冗余的联系。
3)判断每个关系模式的范式,根据实际需要确定最合适的范式。
4)按照需求分析阶段得到的处理要求,分析这些模式对于这样的应用环境是否合适,确定是否要对某些模式进行合并或分解。
5)对关系模式进行必要的分解,提高数据操作的效率和存储空间的利用率。

3. 设计用户子模式

将概念模型转换为全局逻辑模型之后,可根据局部应用需求,利用视图(View)设计更符合局部用户需要的用户外模式。

定义数据库全局模式主要是从系统的时间效率、空间效率、易维护等角度出发。由于用户外模式与模式是相对独立的,因此在定义用户外模式时可以注重考虑用户的习惯与方便。具体包括以下几个方面。

1)可以通过视图机制在设计用户视图时,重新定义某些属性的别名,使其更符合用户的习惯,以方便使用。
2)可以对不同级别的用户定义不同的视图,以保证系统的安全性。
3)简化用户对系统的使用。如果某些局部应用中经常要使用某些很复杂的查询,为了方便用户,可以将这些复杂查询定义为视图,用户每次只对定义好的视图进行查询,如此大大简化了用户的使用。

四、物理设计方法

关系数据库系统的优点之一是用户通常不需要进行数据存储结构和存取方法的设计。当然,正因为关系数据库系统具有这一特点,使得用户失去对数据库存取路径的控制而影响到数据库的存取效率。因而,物理设计的任务主要是通过对关系建立索引和聚集来实现与应用相关数据的逻辑连接和物理聚集,以改善对数据库的存取效率。

1. 建立索引

索引的建立是通过 DBMS 提供的有关命令来实现的(可参阅本书 4.3.3 小节)。由于建立索引会带来维护索引空间的开销,因而建立索引的数据对象通常应具有较少的插入、修改和删除操作。一般,用以建立索引的那些属性也应是其所在关系中使用频率较高的属性。

建立索引的方式通常有静态和动态两种。静态建立索引是指应用人员预先建立索引,一旦建立,后续的应用程序均可直接使用该索引存取数据,它多适合于用户较多且使用周期相对较长的数据；动态建立索引是指应用人员在程序内外临时建立索引，它多适合于单独用户或临时性使用要求情况。

2. 建立聚集

聚集是将相关数据集中存放的物理存储技术，借以提高 I/O 的数据命中率而改善存取速度，其功能由具体的 DBMS 所提供，如 MySQL。所谓集中存放是指将相关数据尽可能地存放于一个物理块中，或一个磁道中，或一个柱面中，或相邻区域（块、磁道、柱面）中。例如，一个教师关系中含姓名、出生时间、性别、职称等属性，若 1975 年出生的教师有 100 个，则该关系中含有 100 个 1975 年出生教师数据的元组，最坏情况下，100 个元组分布在 100 个不同物理块中，当按出生时间访问 1975 年出生的教师信息时，则可能需要 100 次 I/O（假定一次 I/O 读入一个物理块）。若按出生时间集中存放数据，则一次能读入多个 1975 年出生的教师数据。

数据聚集结构的一种有效方式是块结构方式，块与块之间由指针连接，一个块对应于一个物理分区。数据聚集可在一个或多个关系上建立。若在一个关系上建立聚集，则可按垂直或水平方向对关系分组。可将常用或经常一起使用的属性值或元组值集中存放，其他的则另外存放。若在多个关系上建立聚集，则将多个不同关系中常在一起使用的数据集中存放。无论采用何种方式，数据使用频率较高的数据才有必要建立聚集，数据量通常也较大，且更新操作应较少。

对关系数据库系统来说，就市场上流行的主要 DBMS 而言，建立了索引和聚集之后，其物理设计就基本完成，而逻辑模型本身通常并不需要进行改变。此时的物理模型实际上就是关于在逻辑模型上建立了哪些索引与聚集，以及如何建立的说明。显然，程序编制说明中应加入如何利用索引和聚集来加快数据访问的速度，从而提高应用程序执行效率的相关说明。

本 章 小 结

本章首先概述了数据库设计相关的知识，包括数据库的生命周期、数据库设计的目标、内容、方法与过程，然后具体介绍了数据库设计的几个基本步骤，即需求分析、概念结构设计、逻辑结构设计、物理结构设计、数据库实施、数据库的运行和维护，最后重点介绍了关系数据库的概念结构设计与逻辑结构设计过程中所涉及的关键技术与方法，这部分内容也是本章学习的重点。

思考与练习

一、单项选择题

1. 将 E-R 图转换到关系模式时，实体与联系都可以表示成（　　）。
   A）属性　　　　B）关系　　　　C）键　　　　D）域

2. 在关系数据库设计中，设计关系模式属于数据库设计的（　　）。
   A）需求分析阶段　　　　　　　B）概念设计阶段
   C）逻辑设计阶段　　　　　　　D）物理设计阶段

3. 从 E-R 模型向关系模型转换，一个 M:N 的联系转换成一个关系模式时，该关系模式的键是（　　）。
   A）M 端实体的键
   B）N 端实体的键
   C）M 端实体键与 N 端实体键组合
   D）重新选取其他属性

二、简答题
1. 请简述数据库设计的基本步骤。
2. 请分别举例说明实体之间联系的三种表现情形。
3. 请简述基本 E-R 图向关系模型转换的原则。

三、综合题
设有如下实体：
学生：学号、院系、姓名、性别、年龄、选课课程名；
课程：编号、课程名、开课院系、任课教师号；
教师：教师号、姓名、性别、职称、讲授课程编号；
院系：院系名称、电话、院系教师号、教师名。
上述实体中存在如下联系：
i）一个学生可选修多门课程，一门课程可为多个学生选修；
ii）一个教师可讲授多门课程，一门课程可为多个教师讲授；
iii）一个院系可有多个教师，一个教师只能属于一个院系。
请完成如下设计：
i）分别设计学员选课、教师任课两个局部信息结构 E-R 图；
ii）将上述设计完成的 E-R 图合并成一个全局 E-R 图；
iii）将该全局 E-R 图转换为等价的关系模型表示的数据库逻辑结构。

第四章 SQL 与关系数据库基本操作

用户使用数据库时需要对数据库进行各种各样的操作，例如添加、删除、修改和查询数据，定义、修改数据模式等。因而，数据库管理系统（DBMS）必须为用户提供相应的语言或命令，这就构成了用户与数据库之间的接口。结构化查询语言（Structured Query Language，SQL）正是一种专门用来与数据库通信的语言，它可以帮助用户操作关系数据库。

本章将结合目前广泛流行的一类关系数据库管理系统——MySQL 数据库的使用，介绍实现关系数据库各种基本操作的 SQL 语句，包括数据定义、数据更新、数据查询和视图使用等内容。

本章学习的重点是使用 SQL 实现数据定义、数据更新和数据查询三类数据库基本操作，具体包括数据库模式定义、表定义、视图定义、索引定义、插入数据、删除数据、修改数据、SELECT 语句及相关各类子句等。其中，本章学习的难点是数据查询中各种表连接的方式、GROUP BY 子句的使用方法、HAVING 子句的使用方法、ORDER BY 子句的使用方法和 LIMIT 子句的使用方法以及视图定义与各种使用方法。

第一节 SQL 概述

SQL 已经成为关系数据库的标准语言，是一种数据库查询和程序设计语言，用于存取数据以及查询、更新和管理关系数据库系统。它的功能不仅仅是查询，实际上包括数据定义、数据操纵和数据控制等与数据库有关的一系列功能。

一、SQL 的发展

SQL 是于 1974 年由 Boyce 和 Chamberlin 提出的，并在 IBM 公司研制的关系数据库管理系统原型 System R 上实现。由于 SQL 功能丰富、简单易学、使用方便，深受用户和计算机工业界的欢迎，被数据库厂商所广泛采用。

从 20 世纪 80 年代以来，SQL 一直是关系数据库管理系统（RDBMS）的标准语言。最早的 SQL 标准是 1986 年 10 月由美国国家标准局（American National Standard Institute，ANSI）颁布的。随后，国际化标准组织（International Organization for Standardization，ISO）于 1987 年 6 月也正式采纳它为国际标准，并在此基础上进行了补充，且于 1989 年 4 月 ISO 提出了具有完整性特征的 SQL，称之为 SQL-89。而后，在 SQL-89 的基础上，SQL 标准得到不断地丰富与修订，例如 ISO 和 ANSI 于 1992 年共同颁布的标准 SQL-92（或称为 SQL2），以及 1999 年颁布的 SQL-99（或称为 SQL3）。直至今日，SQL 成为了一个通用的、功能极强的关系数据库语言。相应地，各个数据库厂家纷纷推出各自的 SQL 软件或与 SQL 的接口软件，使得大多数数据库均使用 SQL 作为共同的数据存取语言和标准接口，从而为不同数据库系统之间的互操作奠定了共同的基础。

当然，目前没有一个数据库系统能够支持 SQL 标准的全部概念和特性。各个关系数据库管理系统产品（例如，MySQL、Oracle、SQL Sever 等）在实现标准 SQL 时各有差别，与 SQL 标准的符合程度也不相同，但它们仍然遵循 SQL 标准，并以 SQL 标准为主体进行相应的扩展，提供一些执行特定操作的额外功能或简化方法。本书则以 MySQL 数据库为操作实例，介绍 SQL 的基本概念和功能（注：部分 SQL 语句的语法与使用细节，读者可根据学习需要进一步参阅 MySQL 系统提供的帮助文档）。

二、SQL 的特点

SQL 是一个综合的、功能强大的且简洁易学的语言，它与诸如 Java、C 等程序设计语言不同，是由很少的词构成，这些词称为关键字，每个 SQL 语句都是由一个或多个关键字所组成。SQL 的目的就是要能够很好地提供一种从数据库中读写数据的简单而有效的方法。

SQL 具有如下特点。

1）SQL 不是某个特定数据库供应商专有的语言。几乎所有重要的关系数据库管理系统都支持 SQL，所以掌握 SQL 可以帮助用户与几乎所有的关系数据库进行交互。

2）SQL 简单易学。它的语句全都是由具有很强描述性的英语单词所组成，而且这些单词的数目不多。

3）SQL 尽管看上去很简单，但它实际上是一种强有力的语言，灵活使用其语言元素，可以进行非常复杂和高级的数据库操作。

需要注意的是：SQL 语句不区分大小写。许多 SQL 开发人员习惯于对所有 SQL 关键字使用大写，而对所有列和表的名称使用小写，这样的书写方式可使代码更易于阅读和调试，本书列举的实例也将遵照这个方式。

三、SQL 的组成

SQL 集数据查询（Data Query）、数据定义（Data Definition）、数据操纵（Data Manipulation）和数据控制（Data Control）四大功能于一体，其核心主要包含有以下几个部分。

1. 数据定义语言（Data Definition Language，DDL）

数据定义语言主要用于对数据库及数据库中的各种对象进行创建、删除、修改等操作。其中，数据库对象主要有表、默认约束、规则、视图、触发器、存储过程等。

数据定义语言包括的主要 SQL 语句有以下三个。

1）CREATE：用于创建数据库或数据库对象。

2）ALTER：用于对数据库或数据库对象进行修改。

3）DROP：用于删除数据库或数据库对象。

对于不同的数据库对象，这三个 SQL 语句所使用的语法格式有所不同。

2. 数据操纵语言（Data Manipulation Language，DML）

数据操纵语言主要用于操纵数据库中各种对象，特别是检索和修改数据。数据操纵语言包括的主要 SQL 语句如下。

1）SELECT：用于从表或视图中检索数据，其是数据库中使用最为频繁的 SQL 语句之一。

2）INSERT：用于将数据插入到表或视图中。

3）UPDATE：用于修改表或视图中的数据，其既可修改表或视图中一行数据，也可同时修改多行或全部数据。

4）DELETE：用于从表或视图中删除数据，其中可根据条件删除指定的数据。

3. 数据控制语言（Data Control Language，DCL）

数据控制语言主要用于安全管理，例如确定哪些用户可以查看或修改数据库中的数据。数据控制语言包括的主要 SQL 语句如下。

1）GRANT：用于授予权限，可把语句许可或对象许可的权限授予其他用户和角色。

2）REVOKE：用于收回权限，其功能与 GRANT 相反，但不影响该用户或角色从其他角色中作为成员继承许可权限。

4. 嵌入式和动态 SQL 规则

嵌入式和动态 SQL 规则规定了 SQL 语句在高级程序设计语言中使用的规范方法，以便适应较为复杂的应用。这一部分内容，本书不作介绍。

5. SQL 调用和会话规则

SQL 调用包括 SQL 例程和调用规则，以便提高 SQL 的灵活性、有效性、共享性以及使 SQL 具有更多的高级语言的特征。SQL 会话规则则可使应用程序连接到多个 SQL 服务器中的某一个，并与之交互。这一部分内容，本书不作介绍。

第二节　MySQL 预备知识

MySQL 是一个关系数据库管理系统（RDBMS），它具有客户/服务器体系结构，最初是由瑞典 MySQL AB 公司开发。由于其具有体积小、速度快、开放源代码、遵循 GPL（GNU 通用公共许可证）等特点，许多中、小型网站为了降低网站总体拥有成本而选择 MySQL 作为网站数据库。尽管与其他诸如 Oracle、DB2、SQL Server 等大型关系数据库相比，MySQL 还有一些不足之处，但是这丝毫不影响它受欢迎的程度，如今 MySQL 已被广泛应用于 Internet 上各类中、小型网站与信息管理系统的开发。因此，本书是以 MySQL 作为相关知识学习的实例数据库。

一、MySQL 使用基础

目前，使用 MySQL 数据库管理系统构建各种信息管理系统或互联网网站的应用环境，主要有如下两种构架方式。

1）LAMP（Linux+Apache+MySQL+PHP/Perl/Python），即使用 Linux 作为操作系统，Apache 作为 Web 服务器，MySQL 作为数据库管理系统，PHP、Perl 或 Python 语言作为服务器端脚本解释器。

2）WAMP（Windows +Apache+MySQL+PHP/Perl/Python），即使用 Windows 作为操作系统，Apache 作为 Web 服务器，MySQL 作为数据库管理系统，PHP、Perl 或 Python 语言作为服务器端脚本解释器。

另外，有关 MySQL 服务器的安装、配置、启动、关闭和管理等内容，请读者参阅本书附录 1。

二、MySQL 中的 SQL

MySQL 作为一种关系型数据库管理系统，遵循 SQL 标准，提供了对数据定义语言 DDL（如 CREATE、ALTER、DROP）、数据操纵语言 DML（如 SELECT、INSERT、UPDATE、DELETE）、数据控制语言 DCL（如 GRANT、REVOKE）的支持，并且同样支持关系数据库的三级模式结构。如图 4.1 所示，其外模式包括视图（View）和部分基本表（Table），数据库模式包括若干基本表，内模式则包括若干存储文件。其中，基本表是本身独立存在的表，在 MySQL 中一个关系对应一个基本表，一个或多个基本表对应一个存储文件，一个表可以有若干索引，索引也存放在存储文件中，其中存储文件的逻辑结构组成了 MySQL 的内模式，并且存储文件的物理结构对最终用户是隐蔽的；而视图则是从一个或几个基本表导出的表，尽管它也是关系，但其本身不独立存储在数据库中，即数据库中只存储视图的定义而不存储视图对应的数据，这些数据仍存储在导出视图的基本表中，因此视图是一个虚表，并且用户可以在视图上再定义视图。本章稍后将具体介绍 MySQL 数据库中使用 SQL 语句对表和视图的各种基本操作，这有助于读者更好地理解和掌握数据库系统原理，也有利于从事数据库系统的设计与开发。

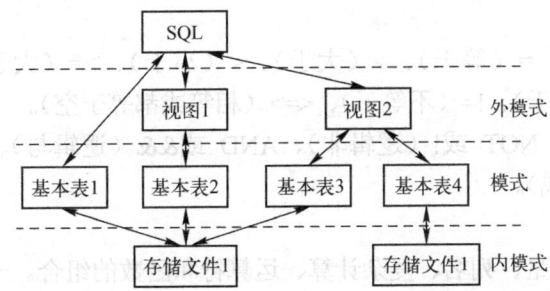

图 4.1　MySQL 中的 SQL 对关系数据库模式的支持

此外，为方便用户编程，MySQL 在 SQL 标准的基础上增加了部分扩展的语言要素。这些语言要素包括常量、变量、运算符、表达式、函数、流程控制语句和注解等。

（1）常量

常量是指在程序运行过程中值不变的量，也称为字面值或标量值。常量的使用格式取决于值的数据类型，可分为字符串常量、数值常量、十六进制常量、时间日期常量、位字段值、布尔值和 NULL 值。

- 字符串常量是指用单引号或双引号括起来的字符序列，分为 ASCII 字符串常量和 Unicode 字符串常量。
- 数值常量可以分为整数常量和浮点数常量。其中，整数常量是不带小数点的十进制数；浮点数常量则是使用小数点的数值常量。
- 一个十六进制值通常指定为一个字符串常量，每对十六进制数字被转换为一个字符，其最前面有一个大写字母"X"或小写字母"x"。
- 日期时间常量是用单引号将表示日期时间的字符串括起来而构成的。
- 可以使用 b'value'格式符号书写位字段值。其中，value 是一个用 0 或 1 书写的二进制值。位字段符号可以方便地指定分配给 BIT 列的值。

- 布尔值只包含两个可能的值，分别是 TRUE 和 FALSE。其中，FALSE 的数字值是"0"，TRUE 的数字值是"1"。
- NULL 值通常用于表示"没有值""无数据"等意义，它与数字类型的"0"或字符串类型的空字符串是完全不同的。

(2) 变量

变量用于临时存储数据，变量中的数据可以随着程序的运行而变化。变量有名字和数据类型两个属性。其中，变量的名字用于标识变量，变量的数据类型用于确定变量中存储数值的格式和可执行的运算。

在 MySQL 中，变量分为用户变量和系统变量。在使用时，用户变量前常添加一个符号"@"，用于将其与列名区分开；而大多数系统变量应用于其他 SQL 语句中时，必须在系统变量名称前添加两个"@"符号。

(3) 运算符

MySQL 提供了如下几类编程语言中常用的运算符。

- 算术运算符有：+（加）、-（减）、*（乘）、/（除）和%（求模）5 种运算。
- 位运算符有：&（位与）、|（位或）、^（位异或）、~（位取反）、>>（位右移）、<<（位左移）。
- 比较运算符有：=（等于）、>（大于）、<（小于）、>=（大于等于）、<=（小于等于）、<>（不等于）、!=（不等于）、<=>（相等或都等于空）。
- 逻辑运算符有：NOT 或!（逻辑非）、AND 或&&（逻辑与）、OR 或||（逻辑或）、XOR（逻辑异或）。

(4) 表达式

表达式是常量、变量、列名、复杂计算、运算符和函数的组合。一个表达式通常可以得到一个值。与常量、变量一样，表达式的值也具有某种数据类型，可能的数据类型有字符类型、数值类型、日期时间类型。因而，根据表达式的值的数据类型，表达式可分为字符型表达式、数值型表达式和日期表达式。

(5) 内置函数

在编写 MySQL 数据库程序时，通常可直接调用系统提供的内置函数，来对数据库表进行相关操作。MySQL 中包含了 100 多个函数，基本分为如下几类：

- 数学函数，例如 ABS()函数、SORT()函数；
- 聚合函数，例如 COUNT()函数；
- 字符串函数，例如 ASCII()函数、CHAR()函数；
- 日期和时间函数，例如 NOW()函数、YEAR()函数；
- 加密函数，例如 ENCODE()函数、ENCRYPT()函数；
- 控制流程函数，例如 IF()函数、IFNULL()函数；
- 格式化函数，例如 FORMAT()函数；
- 类型转换函数，例如 CAST()函数；
- 系统信息函数，例如 USER()函数、VERSION()函数。

第三节 数 据 定 义

关系数据库系统支持三级模式结构,其模式、外模式和内模式中的基本对象有数据库模式、表、索引、视图等。相应地,SQL 的数据定义功能包括数据库模式定义、表定义、索引定义和视图定义。本节主要介绍使用相关的 SQL 语句实现数据库模式、表和索引的定义,关于视图定义则将在 4.6 节中介绍。

如表 4.1 所示,其罗列了 SQL 标准所提供的数据定义语句。需要注意的是:SQL 标准不提供修改数据库模式定义和修改视图定义的操作,用户如果需要修改这些对象,可先将它们删除然后再重建,或者也可以使用具体的关系数据库管理系统所提供的扩展语句来实现,例如 MySQL 数据库中的 ALTER SCHEMA、ALTER VIEW 等语句;另外,SQL 标准也没有提供索引相关的语句,但为了提高查询效率,商用关系数据库管理系统通常都提供了索引机制和相关语句,例如使用 MySQL 数据库中的 CREATE INDEX 语句、DROP INDEX 语句和 ALTER INDEX 语句分别实现创建、删除和修改索引。

表 4.1 SQL 标准提供的数据定义语句

操作对象	操作方式		
	创建	删除	修改
模式	CREATE SCHEMA 语句	DROP SCHEMA 语句	
表	CREATE TABLE 语句	DROP TABLE 语句	ALTER TABLE 语句
视图	CREATE VIEW 语句	DROP VIEW 语句	

一、数据库模式定义

数据库模式的定义包含数据库的创建、选择、修改、删除、查看等操作。

1. 创建数据库

在 MySQL 中,可以使用 CREATE DATABASE 或 CREATE SCHEMA 语句创建数据库,其语法格式是:

```
CREATE {DATABASE | SCHEMA} [IF NOT EXISTS] db_name
[DEFAULT] CHARACTER SET [=] charset_name
| [DEFAULT] COLLATE [=] collation_name
```

在此语法中,"[ ]"标示其内容为可选项;"|"用于分隔花括号中的选择项,表示可任选其中一项来与花括号外的语法成分共同组成 SQL 语句命令,即选项彼此间是"或"的关系;"db_name"用于标示具体的数据库命名,且该数据库名必须符合操作系统文件夹命名规则,而在 MySQL 中则不区分大小写;关键字"DEFAULT"用于指定默认值;关键字"CHARACTER SET"用于指定数据库字符集(Charset);关键字"COLLATE"用于指定字符集的校对规则;关键字"IF NOT EXISTS"用于在创建数据库前进行判断,只有该数据库目前尚不存在时才执行 CREATE DATABASE 操作,即此选项可以避免出现数据库已经存在而再新建的错误。

例 4.1 在 MySQL 中创建一个名为 mysql_test 的数据库。

在 MySQL 的命令行客户端输入如下 SQL 语句即可：

```
mysql> CREATE DATABASE mysql_test;
Query OK, 1 row affected (0.30 sec)
```

如若再次输入上述语句，系统会提示错误信息，如下所示：

```
mysql> CREATE DATABASE mysql_test;
ERROR 1007 (HY000): Can't create database 'mysql_test'; database exists
```

这是因为 MySQL 不允许在同一系统中两个数据库使用相同的名字。因此，如果在该数据库创建命令中加上"IF NOT EXISTS"从句，则可避免错误的发生。

2．选择数据库

在 MySQL 中，使用 USE 语句可以实现从一个数据库"跳转"到另一个数据库，在用 CREATE DATABASE 语句创建了数据库之后，该数据库不会自动成为当前数据库，需要用这条 USE 语句来指定，其使用语法是：

```
USE db_name;
```

只有使用 USE 命令指定某个数据库为当前数据库之后，才能对该数据库及其存储的数据对象执行各种后续操作。

3．修改数据库

在 MySQL 中，可以使用 ALTERDATABASE 或 ALTER SCHEMA 语句，来修改已被创建的数据库的相关参数，其语法简略为：

```
ALTER {DATABASE | SCHEMA} [db_name]
    alter_specification …
```

例 4.2 修改已有数据库 mysql_test 的默认字符集和校对规则。

在 MySQL 的命令行客户端输入如下 SQL 语句即可：

```
mysql> ALTER DATABASE mysql_test
    -> DEFAULT CHARACTER SET gb2312
    -> DEFAULT COLLATE gb2312_chinese_ci;
```

4．删除数据库

在 MySQL 中，当需要删除已创建的数据库时，可使用 DROP DATABASE 或 DROP SCHEMA 语句，其语法格式是：

```
DROP {DATABASE | SCHEMA} [IF EXISTS] db_name
```

例 4.3 分别不使用和使用关键字"IF EXISTS"删除一个系统中尚未创建的数据库"mytest"。

在 MySQL 的命令行客户端输入如下 SQL 语句进行结果查看：

```
mysql> DROP DATABASE mytest;
```

> ERROR 1008 (HY000): Can't drop database 'mytest'; database doesn't exist
> mysql> DROP DATABASE IF EXISTS mytest;
> Query OK, 0 rows affected, 1 warning (0.00 sec)

由此可见，可选项"IF EXISTS"可以避免删除不存在的数据库时出现的 MySQL 错误信息。另外，需要注意的是：使用 DROP DATABASE 或 DROP SCHEMA 语句会删除指定的整个数据库，该数据库中的所有表（包括其中的数据）也将永久删除，因而使用该语句时，需谨慎，以免错误删除。

5．查看数据库

在 MySQL 中，可使用 SHOW DATABASES 或 SHOW SCHEMAS 语句查看可用数据库列表，其语法格式是：

> SHOW {DATABASES | SCHEMAS}
> [LIKE 'pattern' | WHERE expr]

在此语法中：可选项"LIKE"关键字用于匹配指定的数据库名称；可选项"WHERE"从句用于指定数据库名称查询范围的条件。

需要注意的是：使用 SHOW DATABASES 或 SHOW SCHEMAS 语句，只会列出当前用户权限范围内所能查看到的所有数据库名称。

例 4.4 列出当前用户可查看的数据库列表。

在当前用户的 MySQL 命令行客户端输入如下 SQL 语句即可：

> mysql> SHOW DATABASES;

二、表定义

只有成功创建数据库之后，才能在数据库中创建数据表。数据表是关系数据库中最重要、最基本的数据对象，也是数据存储的基本单位。若没有表，数据库中其他的数据对象则没有意义。

数据表被定义为字段的集合，数据在表中是按照行和列的格式来存储的，每一行代表一条记录，每一列代表记录中一个字段的取值。创建数据表的过程，实质上就是定义每个字段的过程，同时也是实施数据完整性约束的过程。其中，确定表中每个字段的数据类型是创建表的重要步骤，而字段的数据类型则是定义该字段所能存储的数据值的类型。

下面，通过使用 SQL 语句在 MySQL 数据库中实现表的创建、更新、重命名、复制、删除和查看等操作，来介绍表定义的相关知识。

1．创建表

在 MySQL 中，可以使用 CREATE TABLE 语句创建表。

CREATE TABLE 语句的语法内容较多，主要由表创建定义（create definition）、表选项（table options）和分区选项（partition options）等内容所构成。其中，表创建定义是由表列的名字、列的定义以及可能的一个空值声明、一个完整性约束或表索引项等组成，而表索引项则主要定义表的索引、主键、外键等。实际的表定义（包含所有列）均被括在圆括号中，各列彼此间用逗号分隔，每列的定义以列名（在该表中必须是唯一的）开始，后跟列的数据类型以及可选参数。因此，通常使用该语句的基本语法格式是：

```
CREATE [TEMPORARY] TABLE tbl_name
(
字段名1 数据类型 [列级完整性约束条件] [默认值]
[，字段名2 数据类型 [列级完整性约束条件] [默认值]]
[，……]
    [，表级完整性约束条件]
)[ENGINE=引擎类型];
```

例 4.5 在一个已有数据库 mysql_test 中新建一个包含客户姓名、性别、地址、联系方式等内容的客户基本信息表，要求将客户的 id 号指定为该表的主键。

在当前用户的 MySQL 命令行客户端输入如下 SQL 语句即可：

```
mysql> USE mysql_test;
Database changed
mysql> CREATE TABLE customers
    -> (
    ->    cust_id INT NOT NULL AUTO_INCREMENT,
    ->    cust_name CHAR(50) NOT NULL,
    ->    cust_sex CHAR(1) NOT NULL DEFAULT 0,
    ->    cust_address CHAR(50) NULL,
    ->    cust_contact CHAR(50) NULL,
    ->    PRIMARY KEY(cust_id)
    -> );
Query OK, 0 rows affected (0.11 sec)
```

这里，通过一个创建表的简单实例（例 4.5），讲述创建表的相关知识。

(1) 临时表与持久表

在创建表的 CREATE TABLE 语句中，若添加可选项"TEMPORARY"关键字，则表示使用该语句创建的表为临时表，而若不选用该关键字创建的表则为持久表（通常，简称表）。在数据库中，持久表一旦创建，则将一直存在，多个用户或者多个应用程序可以同时使用该持久表；而在有些应用场景中，用户存在需要临时存放数据的需求，比如临时存储复杂的 SELECT 语句的查询结果，尔后可能需要重复地使用这个结果，但这个结果又不希望被永久保存，那么此时可以使用临时表。

在表的实际使用过程中，用户可以如同操作持久表一样，操作临时表，只是临时表的生命周期较短，而且只能对创建它的用户可见，当断开与该数据库的连接时，MySQL 会自动删除它们，这意味着两个不同的连接可以使用相同的临时表名称，同时两个临时表不会互相冲突，也不与原有的同名的非临时表冲突。

(2) 数据类型

数据类型是指系统中所允许的数据的类型。数据库中每个列都应有适当的数据类型，用于限制或允许该列中存储的数据。例如，如果列中存储的为数字，则相应的数据类型应该为数值类型；如果列中存储的是日期、文本、注释、金额等，则应该用恰当的数据类型规定出来。数据类型可帮助正确地排序数据，并在优化磁盘使用方面起着重要的作用。因此，在创建表时必须为每个表列指定正确的数据类型及可能的数据长度。

在 MySQL 中，主要的数据类型包括数值类型（例如，整型 int、浮点型 double、布尔型 bool）、日期和时间类型（例如，日期型 date、时间戳 timestamp、时间型 time）、字符串类型（例如，定长字符类型 char、可变长字符类型 varchar）、空间数据类型等。

(3) 关键字 AUTO_INCREMENT

在 CREATE TABLE 语句中，使用关键字"AUTO_INCREMENT"，可以为表中数据类型为整型的列设置自增属性，从而能实现当插入 NULL 值或数字 0 到一个 AUTO_INCREMENT 列中时，该列的值会被自动设置为"此前表中该列的最大值加 1"。其中，AUTO_INCREMENT 顺序是从数字 1 开始，同时每个表只能有一个 AUTO_INCREMENT 列，并且它必须被索引。

另外，当一个表列被指定为 AUTO_INCREMENT 后，其值是可以被覆盖的，即可以简单地在表数据插入语句（INSERT 语句）中为该列指定一个值，只要该值是唯一的（尚未使用过），那么这个值将被用来替代系统自动生成的值，并且后续的增量将基于该手工插入的值。

(4) 指定默认值

默认值是指在向表插入数据时，如果没有明确给出某个表列所对应的值，则 DBMS 此时允许为此表列指定的一个值。在 MySQL 中，默认值是用 CREATE TABLE 语句的列定义中关键字"DEFAULT"来指定。如在例 4.5 中，给 cust_sex 列的描述添加"DEFAULT 0"，用于指示 MySQL 在未给出用户性别的情况下，使用默认值 0（代表"男"）。

如果没有为列指定默认值，MySQL 会自动地为其分配一个。如若该列可以取 NULL 值，则默认值为 NULL，而如若该列被定义为 NOT NULL，则默认值取决于该列的类型：对于没有声明 AUTO_INCREMENT 属性的数字类型，默认值是 0；对于一个 AUTO_INCREMENT 列，默认值是在顺序中的下一个值；对于除 TIMESTAMP 以外的日期和时间类型，默认值是该类型适当的"零"值；对于表中第一个 TIMESTAMP 列，默认值是当前的日期和时间。

(5) NULL 值

NULL 值是指没有值或缺值，其在 MySQL 中是通过关键字"NULL"来指定的。允许 NULL 的列，可以在插入行时不给出该列的值；而不允许 NULL 值的列，则不接受该列没有值的行，即在插入或更新行时，该列必须要有值。

在 MySQL 中，每个表列要么是 NULL 列，要么是 NOT NULL 列，这种状态在创建时由表的定义所规定。NULL 为默认设置，如果不指定 NOT NULL，则认为指定的是 NULL。如例 4.5 中，每个表列均都指定了是否为 NULL 列，这将会通过返回错误和插入失败的方式，来阻止在 NOT NULL 列中插入没有值的列。

值得注意的是：不能将 NULL 值与空串相混淆，NULL 值是没有值，它不是空串。如果指定''（两个单引号，其间没有字符），这在 NOT NULL 列中是允许的，因为空串是一个有效的值，它不是无值，所以 NULL 值用关键字"NULL"而不是空串指定。

(6) 主键

在 CREATE TABLE 语句中，主键是通过 PRIMARY KEY 关键字来指定的，如例 4.5 中的 PRIMARY KEY(cust_id)，它指定用户的 id 号 cust_id 作为该表的主键。主键值必须唯一，即表中的每个行必须具有唯一的主键值，而且主键一定要为 NOT NULL。如果主键使用单个列，则它的值必须唯一；如果使用多个列，则这些列的组合值也必须唯一。

2．更新表

为实现数据库中表规范化设计的目的，有时需要对之前已经创建的表做进一步的结构修改与调整。在 MySQL 中，可以使用 ALTER TABLE 语句来更改原有表的结构，例如可以增加或删减列、创建或取消索引、更改原有列的数据类型、重新命名列或表，还可以更改表的评注和表的引擎类型等，甚至还可以使用该语句为表重新创建触发器、存储过程、索引和外键等。

下面，通过在 ALTER TABLE 语句中使用不同的子句，分别介绍在 MySQL 数据库中更新表的相关操作。

（1）ADD [COLUMN]子句

如若需要向表中增加新列，可在 ALTER TABLE 语句中添加 ADD[COLUMN]子句来实现，且其可同时增加多个列。

例 4.6 向数据库 mysql_test 的表 customers 中添加一列，并命名为 cust_city，用于描述用户所在的城市，要求其不能为 NULL，默认值为字符串'Wuhan'，且该列位于原表 cust_sex 列之后。

在 MySQL 的命令行客户端输入如下 SQL 语句即可：

```
mysql> ALTER TABLE mysql_test.customers
    -> ADD COLUMN cust_city char(10) NOT NULL DEFAULT 'Wuhan' AFTER cust_sex;
Query OK, 0 rows affected (0.61 sec)
Records: 0   Duplicates: 0   Warnings: 0
```

例 4.6 中通过关键字"AFTER"在原表 cust_sex 列之后添加了一个新列 cust_city，也可通过关键字"FIRST"将新列 cust_city 作为原表的第一列，若不指定这两个关键字，则新列会添加到原表的最后。另外，此例中对表名的指定采用的是完全限定的表名方式，即"db_name.tbl_name"的表名格式。

类似地，可以在 ALTER TABLE 语句中通过使用 ADDPRIMARY KEY 子句、ADD FOREIGN KEY 子句、ADD INDEX 子句为原表添加一个主键、外键和索引等。

（2）CHANGE [COLUMN]子句

如若需要修改表中列的名称或数据类型，可在 ALTER TABLE 语句中添加 CHANGE [COLUMN]子句。CHANGE [COLUMN]子句可同时修改表中指定列的名称和数据类型，且在 ALTER TABLE 语句中可以同时放入多个 CHANGE [COLUMN]子句，只需彼此间用逗号分隔。

例 4.7 将数据库 mysql_test 中表 customers 的 cust_sex 列重命名为 sex，且将其数据类型更改为字符长度为 1 的字符数据类型 char(1)，允许其为 NULL，默认值为字符常量'M'。

在 MySQL 的命令行客户端输入如下 SQL 语句即可：

```
mysql> AlTER TABLE mysql_test.customers
    -> CHANGE COLUMN cust_sex sex char(1) NULL DEFAULT 'M';
Query OK, 0 rows affected (0.66 sec)
Records: 0   Duplicates: 0   Warnings: 0
```

需要注意的是：如果将列原有的数据类型更换为另外一种类型，可能会丢失该列原有的数据；如果试图改变的数据类型与原有数据类型不兼容，SQL 命令则不会被执行，且系统会提示错误；而在类型兼容的情况下，该列的数据可能会被截断，例如，一个列的数据类型若从字符长度为 10 个字符的可变长字符类型 varchar(10)改为字符长度为 1 的定长字符数据类型 char(1)，则该列中的数据"Wuhan"将被截取成"W"。

（3）ALTER [COLUMN]子句

如若需要修改或删除表中指定列的默认值，可在 ALTER TABLE 语句中添加 ALTER [COLUMN]子句。

例 4.8 将数据库 mysql_test 中表 customers 的 cust_city 列的默认值修改为字符常量 'Beijing'。

在 MySQL 的命令行客户端输入如下 SQL 语句即可：

```
mysql> ALTER TABLE mysql_test.customers
    -> ALTER COLUMN cust_city SET DEFAULT 'Beijing';
Query OK, 0 rows affected (0.36 sec)
Records: 0  Duplicates: 0  Warnings: 0
```

（4）MODIFY [COLUMN]子句

与 CHANGE [COLUMN]子句有所不同，在 ALTER TABLE 语句中添加 MODIFY [COLUMN]子句只会修改指定列的数据类型，而不会干涉它的列名。另外，MODIFY [COLUMN]子句还可以通过关键字"FIRST"或"AFTER"修改指定列在表中的位置。

例 4.9 将数据库 mysql_test 中表 customers 的 cust_name 列的数据类型由之前的字符长度为 50 的定长字符数据类型 char(50)更改为字符长度为 20 的定长字符数据类型 char(20)，并将此列设置成表的第一列。

在 MySQL 的命令行客户端输入如下 SQL 语句即可：

```
mysql> ALTER TABLE mysql_test.customers
    -> MODIFY COLUMN cust_name char(20) FIRST;
Query OK, 0 rows affected (0.20 sec)
Records: 0  Duplicates: 0  Warnings: 0
```

（5）DROP [COLUMN]子句

数据表中的列越多，DBMS 的工作负荷会增大，数据库所占用的空间也会相应增加，因而必要时需要规范化数据表，并卸除表中多余的列，此时可通过在 ALTER TABLE 语句中添加 DROP [COLUMN]子句来完成操作。

例 4.10 删除数据库 mysql_test 中表 customers 的 cust_contact 列。

在 MySQL 的命令行客户端输入如下 SQL 语句即可：

```
mysql> ALTER TABLE mysql_test.customers
    -> DROP COLUMN cust_contact;
Query OK, 0 rows affected (0.42 sec)
Records: 0  Duplicates: 0  Warnings: 0
```

另外，需要注意的是：一旦卸除列，原本存储在该列中的一切内容都会跟着被卸除，所以在使用 DROP [COLUMN]子句时，必须格外小心。类似地，也可分别通过在 ALTER TABLE 语句中添加 DROP PRIMARY KEY 子句、DROP FOREIGN KEY 子句、DROP INDEX 子句卸除原表的主键、外键和索引等。

（6）RENAME [TO]子句

在 ALTER TABLE 语句中，可以添加 RENAME [TO]子句为表重新赋予一个表名。

例 4.11 使用 RENAME [TO]子句，重命名数据库 mysql_test 中表 customers 的表名为 backup_customers。

在 MySQL 的命令行客户端输入如下 SQL 语句即可：

```
mysql> ALTER TABLE mysql_test.customers
    -> RENAME TO mysql_test.backup_customers;
Query OK, 0 rows affected (0.30 sec)
```

3．重命名表

除了使用前面的 ALTER TABLE 语句，还可以直接用 RENAME TABLE 语句来更改表的名字，并可同时重命名多个表，其语法格式是：

```
RENAME TABLE tbl_name TO new_tbl_name
    [, tbl_name2 TO new_tbl_name2] …
```

例 4.12 使用 RENAME TABLE 语句，将例 4.11 中的表 backup_customers 再重新命名为 customers。

在 MySQL 的命令行客户端输入如下 SQL 语句即可：

```
mysql> RENAME TABLE mysql_test.backup_customers TO mysql_test.customers;
Query OK, 0 rows affected (2.56 sec)
```

4．删除表

如若需要删除数据库中一个已存在的表，可以通过使用 DROP TABLE 语句来实现，其语法格式是：

```
DROP [TEMPORARY] TABLE [IF EXISTS]
    tbl_name [, tbl_name] …
    [RESTRICT | CASCADE]
```

需要注意的是：DROP TABLE 语句可以同时删除多个表（包括临时表），但操作者必须拥有该命令的权限；当表被删除时，其中存储的数据和分区信息均会被删除，所以使用该语句须格外小心，但操作者在该表上的权限并不会自动被删除。

5．查看表

在数据库中，查看表包括显示表的名称和显示表的结构两种情形。

（1）显示表的名称

在 MySQL 中，可以使用 SHOW TABLES 语句来显示指定数据库中存放的所有表名，其语法格式是：

```
SHOW [FULL] TABLES [{FROM | IN} db_name]
```

[LIKE 'pattern' | WHERE expr]

例 4.13 显示数据库 mysql_test 中所有的表名。

在 MySQL 的命令行客户端输入如下 SQL 语句即可：

```
mysql> USE mysql_test;
Database changed
mysql> SHOW TABLES;
+----------------------+
| Tables_in_mysql_test |
+----------------------+
| customers            |
+----------------------+
1 row in set (0.01 sec)
```

（2）显示表的结构

在 MySQL 中，可以使用 SHOW COLUMNS 语句来显示指定数据表的结构，其语法格式是：

SHOW [FULL] COLUMNS {FROM | IN} tbl_name [{FROM | IN} db_name]
　　　　[LIKE 'pattern' | WHERE expr]

或者，使用 DESCRIBE 语句来完成，其语法格式是：

{DESCRIBE | DESC} tbl_name [col_name | wild]

说明： MySQL 支持用 DESCRIBE 作为 SHOW COLUMNS FROM 的一种快捷方式。

例 4.14 显示数据库 mysql_test 中表 customers 的结构。

在 MySQL 的命令行客户端输入如下 SQL 语句即可：

```
mysql> DESC mysql_test.customers;
+--------------+----------+------+-----+---------+----------------+
| Field        | Type     | Null | Key | Default | Extra          |
+--------------+----------+------+-----+---------+----------------+
| cust_id      | int(11)  | NO   | PRI | NULL    | auto_increment |
| cust_name    | char(50) | NO   |     | NULL    |                |
| cust_sex     | int(1)   | NO   |     | 0       |                |
| cust_address | char(50) | YES  |     | NULL    |                |
| cust_contact | char(50) | YES  |     | NULL    |                |
+--------------+----------+------+-----+---------+----------------+
5 rows in set (2.56 sec)
```

三、索引定义

所谓索引，就是 DBMS 根据表中的一列或若干列按照一定顺序建立的列值与记录行之间的对应关系表，因而索引实质上是一张描述索引列的列值与原表中记录行之间一一对应关系的有序表。在列上创建了索引之后，查找数据时可以直接根据该列上的索引找到对应记录行的位置，从而快速地查找到数据。例如，图书管理员将图书名称与存放该图书的具体位置（如书架）写在一张小卡片上，并按照图书名称的拼音顺序将所有的卡片排序，如此一来，在查找一本书名为"数据库系统原理"的书籍时，就可以根据拼音的顺序迅速找到记录有该书名及其具体位置的小卡片，从而根据卡片上记载存放该书的具体位置快速地找到所要查找的书籍，而这些小卡片就是索引。如若没有索引，DBMS 则会通过表扫描方式逐个读取指定表中的数据记录来进行访问，这样的查找方式如同在图书馆里为查找一本书时将馆内所有的书籍都找寻一遍，如此查询的效率毫无疑问是非常低的。

由此可见，索引是提高数据文件访问效率的有效方法。目前，索引技术已经在各种数据库系统中得到了广泛应用。尽管索引可以大大加快数据查询的速度，但过多地使用索引也会增加系统的开销，这是因为索引存在着一些弊端。

1）索引是以文件的形式存储的，DBMS 会将一个表的所有索引保存在同一个索引文件中，索引文件需要占用磁盘空间。如果有大量的索引，索引文件可能会比数据文件更快地达到最大的文件尺寸。特别是如果在一个大表上创建了多种组合索引，索引文件会膨胀得非常快。

2）索引在提高查询速度的同时，却会降低更新表的速度。在更新表中索引列上的数据时，索引会被自动更新，以确保索引树与表中的内容保持一致，这可能需要重新组织一个索引。如果表中的索引很多，这会非常浪费时间，由此会降低 INSERT、UPDATE、DELETE 和其他写入操作的效率。表中的索引越多，则更新表的时间就会越长。

因此，如果数据库中存在大量的表，则需要认真研究建立更加优秀的索引，或者优化查询语句。根据具体用途，索引在逻辑上通常包含有如下几类。

（1）普通索引（INDEX）

这是最基本的索引类型，它没有任何限制。创建普通索引时，通常使用的关键字是 INDEX 或 KEY。

（2）唯一性索引（UNIQUE）

这类索引和普通索引基本相同，只是有一点区别，即索引列中的所有值都只能出现一次，必须是唯一的。创建唯一性索引时，通常使用的关键字 UNIQUE。

（3）主键（PRIMARY KEY）

主键是一种唯一性索引。创建主键时，必须指定关键字 PRIMARY KEY，且不能有空值。主键一般是在创建表的时候指定，也可以通过修改表的方式添加主键，并且每个表只能有一个主键。

在实际使用中，索引通常被创建成单列索引和组合索引。其中，单列索引就是一个索引只包含原表中的一个列；而组合索引也称复合索引或多列索引，就是原表中多个列共同组成一个索引。一个表可以有多个单列索引，但这些索引不是组合索引。按照最左边前缀的法则，一个组合索引实质上为表的查询提供了多个索引，以此来加快查询速度。例如，若在一个表上创建了一个组合索引（col1, col2, col3），那么在实际的查询中，可以被系统用来加快查询速度的索引实际上有这样三个，即单列索引（col1）、多列索引（col1, col2）和多列索引（col1, col2, col3）。

1．索引的创建

通过使用 SQL 语句，在 MySQL 数据库中，分别有三种方式来创建索引。

（1）使用 CREATE INDEX 语句创建索引

可以使用专门用于创建索引的 CREATE INDEX 语句在一个已有的表上创建索引，但该语句不能创建主键。这个 SQL 语句的常用语法格式是：

```
CREATE [UNIQUE] INDEX index_name
    ON tbl_name (index_col_name,…)
```

其中，index_col_name 的格式为：

```
col_name [(length)] [ASC | DESC]
```

在此语法中：可选项"UNIQUE"关键字用于指定创建唯一性索引；"index_name"用于指定索引名，一个表可以创建多个索引，但每个索引在该表中的名称必须是唯一的；"tbl_name"用于指定要建立索引的表名；"index_col_name"是关于索引列的描述。

其中，关于索引列的描述可包含这样三个语法要素："col_name"用于指定要创建索引的列名，通常可考虑将查询语句中在 WHERE 子句和 JION 子句里出现的列来作为索引列；可选项"length"，用于指定使用列的前 length 个字符来创建索引，使用列的一部分创建索引有利于减小索引文件的大小，节省磁盘空间；关键字"ASC"或"DESC"是可选项，用于指定索引按升序（ASC）还是降序（DESC）来排列，默认时为 ASC

例 4.15 在数据库 mysql_test 的表 customers 上，根据客户姓名列的前三个字符创建一个升序索引 index_customers。

在 MySQL 的命令行客户端上输入如下 SQL 语句：

```
mysql> CREATE INDEX index_customers
    -> ON mysql_test.customers(cust_name(3) ASC);
Query OK, 0 rows affected (0.20 sec)
Records: 0   Duplicates: 0   Warnings: 0
```

该语句成功执行后，接着输入语句 SHOW INDEX FROM mysql_test.customers 即可查看到已建立的索引。

例 4.16 在数据库 mysql_test 的表 customers 上，根据客户姓名列和客户 id 号创建一个组合索引 index_cust。

在 MySQL 的命令行客户端上输入如下 SQL 语句即可：

```
mysql> CREATE INDEX index_cust
    -> ON mysql_test.customers(cust_name,cust_id);
Query OK, 0 rows affected (0.20 sec)
Records: 0   Duplicates: 0   Warnings: 0
```

（2）使用 CREATE TABLE 语句创建索引

索引可以在创建表的同时一起被创建。具体使用方法是，可在 CREATE TABLE 语句语法中的表创建定义（create definition）部分添加以下语法成分中的某一项或几项：

i）语法项[CONSTRAINT [symbol]] PRIMARY KEY (index_col_name,…)，用于表示在创建新表的同时创建该表的主键；

ii）语法项{INDEX|KEY} [index_name] (index_col_name,…)，用于表示在创建新表的同时创建该表的索引；

iii）语法项[CONSTRAINT [symbol]] UNIQUE [INDEX|KEY] [index_name] (index_col_name,…)，用于表示在创建新表的同时创建该表的唯一性索引；

iv）语法项[CONSTRAINT [symbol]] FOREIGN KEY [index_name] (index_col_name, …)，用于表示在创建新表的同时创建该表的外键。

其中，关键字"KEY"是关键字 INDEX 的同义词；关键字"CONSTRAINT"用于为主键、UNIQUE 键、外键定义一个名字；在使用 CREATE TABLE 语句定义列选项的时候，可以通过直接在某个列定义后面添加关键字"PRIMARY KEY"的方式来创建主键，而当主键是由多个列组成的多列索引时，则不能使用这种方法，只能通过在语句最后加上一个 PRIMARY KEY(col_name, …)子句的方式来实现。

例 4.17 在已有数据库 mysql_test 上新建一个包含产品卖家 id 号、姓名、地址、联系方式、售卖产品类型、当月销量等内容的产品卖家信息表 seller，要求在创建表的同时，为该表添加由卖家 id 号和售卖产品类型组成的联合主键，并在当月销量上创建索引。

在 MySQL 的命令行客户端上输入如下 SQL 语句即可：

```
mysql> USE mysql_test;
Database changed
mysql> CREATE TABLE seller
    -> (
    -> seller_id int NOT NULL AUTO_INCREMENT,
    -> seller_name char(50) NOT NULL,
    -> seller_address char(50) NULL,
    -> seller_contact char(50) NULL,
    -> product_type int(5) NULL,
    -> sales int NULL,
    -> PRIMARY KEY(seller_id,product_type),
    -> INDEX index_seller(sales)
    -> );
Query OK, 0 rows affected (0.14 sec)
```

这个例子说明：MySQL 可以在一个表上同时创建多个索引，并且使用 PRIMARY KEY 的列必须是一个具有 NOT NULL 属性的列。

（3）使用 ALTER TABLE 语句创建索引

在使用 ALTER TABLE 语句修改表的同时，可以向已有的表中添加索引。具体使用方法是，可在 ALTER TABLE 语句语法中添加以下语法成分中的某一项或几项：

i）语法项 ADD {INDEX|KEY} [index_name](index_col_name,…)，用于表示在修改表的同时为该表添加索引；

ii）语法项 ADD [CONSTRAINT [symbol]] PRIMARY KEY (index_col_name,…)，用于表示在修改表的同时为该表添加主键；

iii）语法项 ADD [CONSTRAINT [symbol]]UNIQUE [INDEX|KEY] [index_name] (index_col_name,…)，用于表示在修改表的同时为该表添加唯一性索引；

iv）语法项 ADD [CONSTRAINT [symbol]]FOREIGN KEY [index_name] (index_col_name,…)，用于表示在修改表的同时为该表添加外键。

例 4.18 使用 ALTER TABLE 语句在数据库 mysql_test 中表 seller 的姓名列上添加一个非唯一的索引，取名为 index_seller_name。

在 MySQL 的命令行客户端上输入如下 SQL 语句即可：

```
mysql> ALTER TABLE mysql_test.seller
    -> ADD INDEX index_seller_name(seller_name);
Query OK, 0 rows affected (0.19 sec)
Records: 0  Duplicates: 0  Warnings: 0
```

2．索引的查看

如果需要查看表中创建的索引的情况，可以使用 SHOW INDEX 语句，其语法格式是：

```
SHOW {INDEX | INDEXES | KEYS}
    {FROM | IN} tbl_name
    [{FROM | IN} db_name]
    [WHERE expr]
```

这个语句的使用非常简单，只需在当前用户的命令行客户端输入该语句对应的 SQL 语句，系统就会返回一张结果列表。

3．索引的删除

当一个索引不再需要时，可以使用 DROP INDEX 语句或 ALTER TABLE 语句来进行删除。

（1）使用 DROP INDEX 语句删除索引

该语句的使用非常简单，其语法格式是：

```
DROP INDEX index_name ON tbl_name
```

其中，"index_name"用于指定要删除的索引名，"tbl_name"用于指定该索引所在的表。

例 4.19 删除例 4.16 中所创建的索引 index_cust。

在 MySQL 的命令行客户端上输入如下 SQL 语句即可：

```
mysql> DROP INDEX index_cust ON mysql_test.customers;
Query OK, 0 rows affected (0.13 sec)
Records: 0  Duplicates: 0  Warnings: 0
```

（2）使用 ALTER TABLE 语句删除索引

ALTER TABLE 语句也可以用于对索引的删除。其使用方法是，在 ALTER TABLE 语句中指定以下子句中的某一项：

ⅰ）选用 DROP PRIMARY KEY 子句用于删除表中的主键，由于一个表中只有一个主键，其也是一个索引；

ⅱ）选用 DROP INDEX 子句用于删除各种类型的索引；

ⅲ）选用 DROP FOREIGN KEY 子句用于删除外键。

例 4.20 使用 ALTER TABLE 语句删除数据库 mysql_test 中表 customers 的主键和索引 index_customers。

在 MySQL 的命令行客户端上输入如下 SQL 语句即可：

```
mysql> ALTER TABLE mysql_test.customers
    ->       DROP PRIMARY KEY,
    ->       DROP INDEX index_customers;
Query OK, 0 rows affected (0.20 sec)
Records: 0   Duplicates: 0   Warnings: 0
```

第四节 数 据 更 新

数据更新操作有三种：向表中添加若干行数据、修改表中的数据和删除表中的若干行数据。在 SQL 中有三类相应的语句，分别是插入数据（INSERT）、修改数据（UPDATE）和删除数据（DELETE）。

一、插入数据

在 MySQL 中，可以使用 INSERT 语句，向数据库中一个已有的表插入一行或多行元组数据。INSERT 语句有三种语法形式，分别对应的是 INSERT…VALUES 语句、INSERT…SET 语句和 INSERT…SELECT 语句。

1. 使用 INSERT…VALUES 语句插入单行或多行元组数据

在 MySQL 中，使用 INSERT…VALUES 语句插入单行或多行元组数据的语法格式是：

```
INSERT [INTO] tbl_name [(col_name,…)]
       {VALUES | VALUE} ({expr | DEFAULT},…),(…),…
```

在此语法中：

1）"tb1_name" 指定欲被插入数据的表名。

2）"col_name" 指定需要插入数据的列名列表。如果要向表中所有列插入数据，则全部列名均可省略，尽管这种不必指定所有列名的语法非常简单，但它却高度依赖于表中所有列的定义次序，因而在表的结构有可能发生改变时就会显得特别不安全，所以应尽量总是使用明确指定所有列名的列表。如果只是向表的部分列插入数据，则需要明确指定这些列的列名，而对于那些没有被指定的列，它们的值可根据列的默认值或相关属性来确定，通常 MySQL 是按照下列原则进行处理的：

ⅰ）对于具有标志（IDENTITY）属性的列，系统会自动生成序号值来唯一标志该列；

ⅱ）具有默认值的列，其值可通过在 INSERT 语句中指定关键字 "DEFAULT" 将其设为默认值；

ⅲ）没有默认值的列，若允许为空值，则其值可通过在 INSERT 语句中指定关键字 "NULL" 将其设为空值，若不允许为空值，则 INSERT 语句执行出错；

ⅳ）对于类型为 TIMESTAMP 的列，系统会为其自动赋值；

ⅴ）由于 AUTO_INCREMENT 属性列的值是在表中其他列被赋值之后生成的，所以在对表中其他列做任何赋值操作（如 INSERT 语句）时，对该 AUTO_INCREMENT 属性列的引用只会返回数字0。

3）通过关键字 "VALUES" 或 "VALUE" 引导的子句，其包含各列需要插入的数据清

单。数据清单中数据的顺序必须与列的顺序相对应,同时该子句中的值可以是:

i)"expr",表示一个常量、变量或一个表达式,也可以是空值 NULL,其值的数据类型要与列的数据类型一致,如果表达式的类型与列值不匹配,这样做会造成类型转化或插入语句出错,另外当列值为字符型时,需要用单引号括起;

ii)关键字"DEFAULT",即用于指定此列值为该列的默认值,前提是该列之前已经明确指定了默认值,否则插入语句会出错。

例 4.21 使用 INSERT…VALUES 语句向数据库 mysql_test 的表 customers 中插入这样一行完整数据:(901,张三,F,北京市,朝阳区)。

在 MySQL 的命令行客户端输入如下 SQL 语句即可:

```
mysql> INSERT INTO mysql_test.customers
    -> VALUES(901,'张三','F','北京市','朝阳区');
Query OK, 1 row affected (0.09 sec)
```

例 4.22 使用 INSERT…VALUES 语句向数据库 mysql_test 的表 customers 中插入一行数据,要求该数据目前只用明确给出 cust_name 列和 cust_address 列的信息,即分别为"李四"和"武汉市",而 cust_id 列的值由系统自动生成,cust_sex 列选用表中默认值,另外 cust_contact 列的值暂不确定,可不用指定。

在 MySQL 的命令行客户端输入如下 SQL 语句即可:

```
mysql> INSERT INTO mysql_test.customers
    -> VALUES(0,'李四',DEFAULT,'武汉市',NULL);
Query OK, 1 row affected (0.11 sec)
```

例 4.22 实现了将一个新客户的信息插入到表 customers 中的过程,它存储到表中每个列的数据分别是在 VALUES 子句中给出的,并且各个列必须以它们在表定义中出现的次序来填充,同时对每个列必须提供一个值,如果某个列没有值,比如 cust_contact 列,则须用 NULL 值来指定,前提是在表的定义中允许该列可为空值。然而,该例在 INSERT…VALUES 语句的使用中没有给出待插入表的列表清单,尽管这种方式的语法比较简单,但实际操作中并不安全,因而最好将其改为这样的 SQL 语句形式:

```
INSERT INTO mysql_test.customers(cust_id, cust_name, cust_sex, cust_address, cust_contact)
    VALUES(0,'李四',DEFAULT,'武汉市',NULL);
```

其中,第一个列 cust_id 指定为数字 0,也可设置为 NULL,这是因为每次插入一个新行时,该列会由 MySQL 在前一行该列值的基础上自动增量。

由此可见,为了编写更为安全的 INSERT…VALUES 语句,通常需要在表名后的括号中明确地给出列名清单。在插入行时,MySQL 将用 VALUES 列表中的相应值填入到列表中的对应项。由于提供了列名,VALUES 必须以其指定的次序匹配指定的列名,不一定按各个列出现在实际表中的次序,其优点是即时表的结构发生了改变,这条 INSERT 仍能正确执行。

2. 使用 INSERT…SET 语句插入部分列值数据

在 MySQL 中,可以使用 INSERT…SET 语句直接给表中的某(些)列指定对应的列值,即要插入数据的列名在 SET 子句中指定,这种方式会更加灵活,其语法格式是:

```
INSERT [INTO] tbl_name
    SET col_name={expr | DEFAULT}, …
```

在此语法中:"col_name"同样是指定列名,等号后面为指定数据,而对于未指定的列,列值则会指定为该列的默认值。

例 4.23 使用 INSERT…SET 语句来实现例 4.22 的数据插入需求。

在 MySQL 的命令行客户端输入如下 SQL 语句即可实现:

```
mysql> INSERT INTO mysql_test.customers
    -> SET cust_name='李四', cust_address='武汉市', cust_sex=DEFAULT;
Query OK, 1 row affected (0.14 sec)
```

3. 使用 INSERT…SELECT 语句插入子查询数据

子查询不仅可以嵌套在 SELECT 语句中,用于构造父查询的条件,也可以嵌套在 INSERT 语句中,用于生成要批量插入的数据。在 MySQL 中,可以使用 INSERT…SELECT 语句来实现,其语法格式是:

```
INSERT [INTO] tbl_name [(col_name,…)]
SELECT …
```

在此语法中:SELECT 子句用于快速地从一个或多个表中取出数据,并将这些数据作为行数据插入到另一个表中,SELECT 子句返回的是一个查询到的结果集,INSERT 语句将这个结果集插入到指定表中,其中结果集中每行数据的字段数、字段的数据类型必须与被操作的表完全一致。

注:有关 SELECT 语句的使用,请参阅 4.5 节。

二、删除数据

在 MySQL 中,可以使用 DELETE 语句删除表中的一行或多行数据,其语法格式是:

```
DELETE FROM tbl_name
    [WHERE where_condition]
    [ORDER BY …]
    [LIMIT row_count]
```

在此语法中:"tbl_name"指定要删除数据的表名;可选项 WHERE 子句表示为删除操作限定删除条件,从而删除特定的行,若省略 WHERE 子句,则表示删除该表中的所有行,但表的定义仍在数据字典中,即 DELETE 语句删除的是表中的数据,而不是关于表的定义;可选项 ORDER BY 子句表示各行将按照子句中指定的顺序进行删除;可选项 LIMIT 子句用于告知服务器在控制命令被返回到客户端前被删除的行的最大值。

例 4.24 使用 DELETE 语句删除数据库 mysql_test 的表 customers 中客户名为"王五"的客户信息。

在 MySQL 的命令行客户端输入如下 SQL 语句即可:

```
mysql> DELETE FROM mysql_test.customers
    ->     WHERE cust_name='王五';
Query OK, 1 row affected (0.09 sec)
```

三、修改数据

在 MySQL 中，可以使用 UPDATE 语句来修改更新一个表中的数据，实现对表中行的列数据进行修改，其语法格式是：

```
UPDATE tbl_name
    SET col_name1={expr1|DEFAULT} [, col_name2={expr2|DEFAULT}] …
    [WHERE where_condition]
    [ORDER BY …]
    [LIMIT row_count]
```

在此语法中："tbl_name"指定要修改的表的名称；SET 子句用于指定表中要修改的列名及其列值，其中每个指定的列值可以是表达式，也可以是该列所对应的默认值，如果指定的是默认值，则用关键字"DEFAULT"表示列值；可选项 WHERE 子句用于限定表中要修改的行，若不指定此子句，则 UPDATE 语句会修改表中所有的行；可选项 ORDER BY 子句用于限定表中的行被修改的次序；可选项 LIMIT 子句用于限定被修改的行数。

例 4.25 使用 UPDATE 语句将数据库 mysql_test 的表 customers 中姓名为"张三"的客户的地址更新为"武汉市"。

在 MySQL 的命令行客户端输入如下 SQL 语句即可实现：

```
mysql> UPDATE mysql_test.customers
    -> SET cust_address='武汉市'
    -> WHERE cust_name='张三';
Query OK, 1 row affected (2.80 sec)
Rows matched: 1  Changed: 1  Warnings: 0
```

此外，需要注意的是：使用 UPDATE 语句可同时修改数据行的多个列值，只需其彼此间用逗号分隔即可；如若删除表中某个列的值，在允许该列可为空值的前提下，可将它设置为 NULL 来实现。

第五节 数 据 查 询

数据查询是 SQL 语言的核心功能，也是数据库中使用得最多的操作，其用途是从数据库的一张或多张表（或视图）中检索出满足条件的数据信息。通常，查询的结果是由 0 行（没有满足条件的数据）或多行记录组成的一个记录集合，并允许选择一个或多个字段作为输出字段。

SQL 是提供 SELECT 语句进行数据查询，该功能强大、使用灵活，其数学理论基础是关系数据模型中对表对象的一组关系运算，即选择、投影和连接。

一、SELECT 语句

使用 SELECT 语句可以在需要时从数据库中快捷方便地检索、统计或输出数据。该语句的执行过程是从数据库中选取匹配的特定行和列,并将这些数据组织成一个结果集,然后以一张临时表的形式返回。在 MySQL 中,SELECT 语句的常用语法格式是:

```
SELECT
    [ALL | DISTINCT | DISTINCTROW ]
    select_expr [, select_expr …]
    FROM table_references
    [WHERE where_condition]
    [GROUP BY {col_name | expr | position}
        [ASC | DESC], … [WITH ROLLUP]]
    [HAVING where_condition]
    [ORDER BY {col_name | expr | position}
        [ASC | DESC], …]
    [LIMIT {[offset,] row_count | row_count OFFSET offset}]
```

在此语法结构中,SELECT 子句用于指定输出的字段;FROM 子句用于指定数据的来源;WHERE 子句用于指定数据的选择条件;GROUP BY 子句用于对检索到的记录进行分组;HAVING 子句用于指定组的选择条件;ORDER BY 子句用于对查询的结果进行排序。在这些子句中,SELECT 子句和 FROM 子句是必需的,其他子句都是可选的,并且在 SELECT 语句的使用中,所有被添加选用的子句必须依照 SELECT 语句的语法格式所罗列的顺序来使用,例如,一个 HAVING 子句必须位于 GROUP BY 子句之后,并位于 ORDER BY 子句之前,表 4.2 描述了在 SELECT 语句中使用这些子句应遵守的次序及说明。

表 4.2 SELECT 语句中各子句的使用次序及说明

子句	说明	是否必须使用
SELECT	要返回的列或表达式	是
FROM	从中检索数据的表	仅在从表选择数据时使用
WHERE	行级过滤	否
GROUP BY	分组说明	仅在按组计算聚合时使用
HAVING	组级过滤	否
ORDER BY	输出排序顺序	否
LIMIT	要检索的行数	否

此外,在 SELECT 语句的语法结构中,三个关键字 "ALL" "DISTINCT" "DISTINCTROW" 为可选项,用于指定是否应返回结果集中的重复行。若没有指定这些选项,则默认为 ALL,即 SELECT 操作中所有匹配的行,包括可能存在的重复行,都将被返回;若指定选项 DISTINCT 或 DISTINCTROW,则会消除结果集中的重复行,其中 DISTINCT 或 DISTINCTROW 为同义词,且这两个关键字应用于 SELECT 语句中所指定的所有列,而不仅仅是前置某个列。

二、列的选择与指定

在 SELECT 语句的使用中,最简单的形式是"SELECT select_expr"。使用这种最简单的 SELECT 语句,可以进行数据库系统所支持的任何运算,例如,执行语句"SELECT 1+1",系统会返回数值 2。

在 SELECT 语句中,语法项"select_expr"主要用于指定需要查询的内容,其指定方法通常有以下几种。

1. 选择指定的列

选择一个或多个表中的某个或某些列作为 SELECT 语句的查询列。若查询列有多个,则各个列名之间需要用逗号进行分隔,且查询结果返回时,结果集中各列的次序是依照 SELECT 语句中指定列的次序给出的;若查询一个表中的所有列,则可在 SELECT 语句指定列的位置上直接使用星号(*)通配符,而不必逐个列出所有列名,此时结果集中各列的次序一般是这些列在表定义中出现的次序。另外,列名的指定可以采用直接给出该列的名称的方式,也可以使用完全限定的列名方式,即"tbl_name.col_name"的列名格式。

例 4.26 查询数据库 mysql_test 的表 customers 中各个客户的姓名、性别和地址信息。

在 MySQL 的命令行客户端输入如下 SQL 语句:

```
mysql> SELECT cust_name,cust_sex,cust_address
    -> FROM mysql_test.customers;
```

这条语句成功执行后,系统会返回一个原始的、无格式的数据集。由于数据的格式化通常是一个表示问题,而非检索问题,因此数据的表示一般在显示该数据的应用程序中规定。

例 4.27 查询数据库 mysql_test 的表 customers 中各个客户的所有信息。

在 MySQL 的命令行客户端输入如下 SQL 语句即可:

```
mysql> SELECT * FROM mysql_test.customers;
```

2. 定义并使用列的别名

在系统输出查询结果集中某些列或所有列的名称时,若希望这些列的名称显示为自定义的列名,而非原表中的列名,则可以在 SELECT 语句中添加 AS 子句到指定的列名之后,以此来修改查询结果集中列的别名。其具体使用方法是将 SELECT 语句的语法项"select_expr"指定为如下语法格式:

```
column_name [AS] column_alias
```

例 4.28 查询数据库 mysql_test 的表 customers 中客户的 cust_name 列、cust_address 列和 cust_contact,要求将结果集中 cust_address 列的名称使用别名"地址"替代。

在 MySQL 的命令行客户端输入如下 SQL 语句即可:

```
mysql> SELECT cust_name, cust_address AS 地址, cust_contact
    -> FROM mysql_test.customers;
```

3. 替换查询结果集中的数据

在对表进行查询时,若希望得到对某些列的查询分析结果,而不是由查询得到的原始具体数据，则可以在 SELECT 语句中替换这些列，其中需要用到 CASE 表达式。其具体使用方法是可将 SELECT 语句的语法项"select_expr"指定为如下语法格式：

```
CASE
WHEN 条件 1 THEN 表达式 1
    WHEN 条件 2 THEN 表达式 2
    …
ELSE 表达式
END[AS] column_alias
```

例 4.29 查询数据库 mysql_test 的表 customers 中客户的 cust_name 列和 cust_sex 列，要求判断结果集中 cust_sex 列的值，如果该列的值为 M，则显示输出"男"，否则为"女"，同时在结果集的显示中将 cust_sex 列用别名"性别"标注。

在 MySQL 的命令行客户端输入如下 SQL 语句即可：

```
mysql> SELECT cust_name,
    ->       CASE
    ->           WHEN cust_sex='M' THEN '男'
    ->           ELSE '女'
    ->       END AS 性别
    -> FROM mysql_test.customers;
```

4．计算列值

使用 SELECT 语句对列进行查询时，在结果集中可以输出对列值计算后的值，其具体使用方法是将 SELECT 语句的语法项"select_expr"指定为对应列参与计算的表达式。

例 4.30 查询数据库 mysql_test 的表 customers 中每个客户的 cust_name 列、cust_sex 列，以及对 cust_id 列加上数字 100 后的值。

在 MySQL 的命令行客户端输入如下 SQL 语句即可：

```
mysql> SELECT cust_name, cust_sex, cust_id+100
    -> FROM mysql_test.customers;
```

5．聚合函数

SELECT 语句的语法项"select_expr"也可以指定为聚合函数。聚合函数通常是数据库系统中一类系统内置函数，常用于对一组值进行计算，然后返回单个值。它通常与 GROUP BY 子句一起使用，如果 SELECT 语句中有一个 GROUP BY 子句，则这个聚合函数对所有列起作用，如果没有，则 SELECT 语句只产生一行作为结果。另外，除 COUNT 函数外，聚合函数都会忽略空值。表 4.3 列出了 MySQL 中一些常用的聚合函数。

表 4.3　MySQL 中常用聚合函数表

函 数 名	说　　明
COUNT	求组中项数，返回 INT 类型整数
MAX	求最大值
MIN	求最小值

(续)

函 数 名	说 明
SUM	返回表达式中所有值的和
AVG	求组中值的平均值
STD 或 STDDEV	返回给定表达式中所有值的标准值
VARIANCE	返回给定表达式中所有值的方差
GROUP_CONCAT	返回由属于一组的列值连接组合而成的结果
BIT_AND	逻辑或
BIR_OR	逻辑与
BIT_XOR	逻辑异或

三、FROM 子句与多表连接查询

SELECT 语句的查询对象是由 FROM 子句指定的，其可根据用户的查询需求实现单表或多表查询。在 4.5.2 小节中介绍的实例都是针对一个表进行的，但在实际查询中往往需要从多个表中获取信息，此时的查询就会涉及多张表。若一个查询同时涉及两个或两个以上的表，则称之为多表连接查询，也称多表查询或连接查询。

在关系数据库的设计中，为了减少数据的冗余，以及增强数据库的稳定性和灵活性，通常会基于关系规范化原则，将物理世界中的数据信息分解成多个表，实现一类数据一个表，并且在表与表之间通过设置"键"（如主键、外键）的方式来保持多表之间的关联关系。与之相反，在关系数据库的应用中，需要通过对表对象的连接运算，实现数据库中数据信息的组合，而这种数据组合的需求，在 SQL 中正是通过多表连接查询来实现的。因此，这种分解与组合数据的方法，使得数据库系统能够更有效地存储数据，更方便地处理数据，且可获得更大的可伸缩性。

多表连接查询是关系数据库中最主要的查询。通过在 FROM 子句中指定多个表时，SELECT 操作会使用"连接"运算将不同表中需要查询的数据组合到一个结果集中，并同样以一个临时表的形式返回，其连接方式主要包括交叉连接、内连接和外连接。

1. 交叉连接

交叉连接，又称笛卡尔积。在 MySQL 中，它是通过在 FROM 子句中使用关键字"CROSS JOIN"来连接两张表，从而实现一张表的每一行与另一张表的每一行的笛卡尔乘积，并返回两张表的每一行相乘的所有可能的搭配结果，供 SELECT 语句中其他语法元素（如 WHERE 子句、GROUP BY 子句等）进行过滤和筛选操作。

例 4.31 假设数据库中有两张表，分别是 tbl1 和 tbl2，现要求输出这两张表执行交叉联接后的所有数据集。

在 MySQL 的命令行客户端输入如下 SQL 语句即可：

```
mysql> SELECT * FROM tbl1 CROSS JOIN tbl2;
```

在 FROM 子句中也可以省略关键字 CROSS JOIN，而使用逗号分隔交叉联接的两张表。由此，例 4.31 中的执行语句可改成下面等同的 SQL 语句形式：

```
mysql> SELECT * FROM tbl1, tbl2;
```

需要注意的是：交叉连接返回的查询结果集的记录行数，等于其所连接的两张表记录行数的乘积。例如，例 4.31 中表 tbl1 的记录行数为 100 条，表 tbl2 的记录行数为 200 条，则结果集的记录行数将是 100×200=20000 条。由此可见，倘若所连接的两张表的记录行数很多时，交叉联接的查询结果会非常庞大，且查询执行时间非常长，甚至有可能会因为返回的数据过多而造成系统的停滞不前。因而，对于存在大量数据的表，应该避免使用交叉连接。

2. 内连接

内连接是一种最常用的连接类型，它是通过在查询中设置连接条件的方式，来移除查询结果集中某些数据行之后的交叉连接。具体而言，内连接就是利用条件判断表达式中的比较运算符来组合两张表中的记录，其目的是为了消除交叉连接中的某些数据行。

在 MySQL 中，可以通过在 FROM 子句中使用关键字"INNER JOIN"连接两张表，并使用 ON 子句设置连接条件的方式来实现内连接，其语法格式是：

```
SELECT some_columns
FROM table1
INNER JOIN
    table2
ON some_conditions;
```

在此语法中："some_columns"用于指定需要检索的列的名称或列别名；"table1"和"table2"用于指定进行内连接的两张表的表名或表别名；ON 子句通过事先设定的连接条件"some_conditions"，来指定两张表按什么条件进行连接，且连接条件中可采用任何一种比较运算符。其中，连接条件"some_conditions"一般使用的语法格式是：

[<table1>.]<列名或列别名><比较运算符> [<table2>.]<列名或列别名>

例 4.32 根据第二章描述的学生基本信息登记表 tb_student 和学生成绩表 tb_score，使用内连接查询每个学生及其选课成绩的详细信息。

由于学生基本信息存储在 tb_student 表中，学生选课成绩信息存储在 tb_score 表中，所以这个查询涉及两张表，这两张表之间进行连接的连接条件是两个表中的 studentNo 相等，由此在 MySQL 的命令行客户端输入如下 SQL 语句即可实现该查询：

```
mysql> SELECT *
    -> FROM tb_student INNER JOINtb_score
    ->ON tb_student.studentNo = tb_score.studentNo;
```

由于内连接是系统默认的表连接，因而在 FROM 子句中可以省略关键字"INNER"，而只用关键字"JOIN"连接表。在 FROM 子句中，也可以在多个表之间连续使用关键字"INNER JOIN"或关键字"JOIN"，如此可以同时实现多个表的内连接。此外，关于内连接的使用，通常有如下三种情形。

（1）等值连接

在 FROM 子句中使用关键字"INNER JOIN"或"JOIN"连接两张表时，如若在 ON 子句的连接条件中使用运算符"="（即等号），即进行相等性测试，则此连接方式称为等值连接,也称为相等连接。通常,在等值连接的条件设置中会包含一个主键和一个外键。

(2) 非等值连接

在 FROM 子句中使用关键字"INNER JOIN"或"JOIN"连接两张表时,如若在 ON 子句的连接条件中使用除运算符"="之外的其他比较运算符(具体可参阅表 4.4),即进行不相等性测试,则此连接方式称为非等值连接,也称为不等连接。

(3) 自连接

在 FROM 子句中使用关键字"INNER JOIN"或"JOIN"连接表时,可以将一个表与它自身进行连接,这种连接方式称为自连接。自连接是一种特殊的内连接,若需要在一个表中查找具有相同列值的行,则可以考虑使用自连。使用自连接时,需要为表指定两个不同的别名,且对所有查询列的引用均必须使用表别名限定,否则 SELECT 操作会失败。

3. 外连接

内连接是在交叉连接的结果集上返回只满足条件的记录,但有时也会存在输出那些不满足连接条件的元组信息的查询需求,这种情况就需要使用外连接来实现。

外连接是首先将连接的两张表分为基表和参考表,然后再以基表为依据返回满足和不满足条件的记录。外连接可以在表中没有匹配记录的情况下仍返回记录。外连接要比内连接更加注重两张表之间的关系,其根据连接表的顺序,可分为左外连接和右外连接两种。

(1) 左外连接

左外连接,也称左连接,它的使用语法格式与内连接大致相同,区别仅在于它在 FROM 子句中使用关键字"LEFT OUTER JOIN"或关键字"LEFT JOIN"来连接两张表,而不是使用关键字"INNER JOIN"或"JOIN",如此可用于接收关键字"LEFT OUTER JOIN"或"LEFT JOIN"左边表(也称为基表)的所有行,并用这些行与该关键字右边表(也称为参考表)中的行进行匹配,即匹配左表中的每一行及右表中符合条件的行。

这种连接方式特别适合当左表与右表具有一对多关系的情形。在左外连接的结果集中除了匹配的行之外,还包括左表中有的,但在右表中不匹配的行,对于这样的行,从右表中被选择的列的值被设置为 NULL。也就是说,左外连接的结果集中的 NULL 值表示右表中没有找到与左表相符的记录。

(2) 右外连接

右外连接,也称右连接,它的使用语法格式与内连接大致相同,区别仅在于它在 FROM 子句中使用关键字"RIGHT OUTER JOIN"或关键字"RIGHT JOIN"来连接两张表,而不是使用关键字"INNER JOIN"或"JOIN"。

右外连接是以右表为基表,其连接方法与左外连接完全一样。在右外连接的结果集中除了匹配的行之外,还包括右表中有的,但在左表中不匹配的行,对于这样的行,从左表中被选择的列的值被设置为 NULL。

例 4.33 根据第二章描述的学生基本信息登记表 tb_student 和学生成绩表 tb_score,使用左外连接查询每个学生及其选课成绩的详细信息。

由于学生基本信息存储在 tb_student 表中,学生选课成绩信息存储在 tb_score 表中,所以这个查询同样涉及两张表,因为是使用左外连接进行查询,所以可将 tb_student 表作为基表(即左表),将 tb_score 表作为参考表(即右表),且这两张表之间进行连接的连接条件依然是两个表中的 studentNo 相等,由此在 MySQL 的命令行客户端输入如下 SQL 语句即可实

现该查询:

```
mysql> SELECT *
    -> FROM tb_studentLEFT JOINtb_score
    ->ON tb_student.studentNo = tb_score.studentNo;
```

在实际使用中,例 4.32 和例 4.33 的执行结果可能会存在如下两种情形。

i) 返回结果完全一样,这说明 tb_student 表中不存在未选修任何课程的学生。

ii) 返回结果不一样,即使用内连接只能查询到部分学生的基本登记信息,以及他们所选课程号和对应的成绩,而使用左外连接可以查询到全部学生的基本登记信息,以及部分学生的选课课程号和对应的成绩,且剩余学生的选课课程号和对应的成绩则为 NULL,这说明在 tb_student 表中存在有学生未选修任何课程。

因此,尽管有可能对两张表分别使用内连接和外连接之后,所返回的结果相同,但实质上这两类连接的操作语义是不同的,它们的差别在于外连接一定会在结果集中提供数据行,无论该行数据能否在另外一张表中找出相匹配的数据行。

此外,需要注意的是:在实际构建用于查询的数据源时,灵活运用上述这些连接方式,将有助于更有效地检索出所期望的目标数据信息,并且为获取相同的目标数据信息,可使用的连接方式也不会唯一,甚至还可以使用子查询的方法。

四、WHERE 子句与条件查询

在 SELECT 语句中,可以使用 WHERE 子句指定过滤条件(也称搜素条件或查询条件),从 FROM 子句的中间结果中选取适当的数据行,实现数据的过滤。下面介绍 WHERE 子句中设置过滤条件的几个常用方法。

1. 比较运算

比较运算用于比较两个表达式的值。其中,MySQL 支持表 4.4 列出的所有比较运算符。当两个表达式的值均不为 NULL 时,除了"<=>"运算符,其他比较运算返回逻辑值 TRUE(真)或 FALSE(假);而当两个表达式值中有一个为空值或都为空值时,则将返回 UNKNOWN。对于运算符"<=>",当两个表达式彼此相等或都等于空值时,比较的结果值为 TRUE,若其中有一个空值或者都是非空值但却不相等时,则为 FALSE,不会出现值为 UNKNOWN 的情况。

表 4.4 比较运算符

比较运算符	说 明
=	等于
<>	不等于
!=	不等于
<	小于
<=	小于等于
>	大于
>=	大于等于
<=>	不会返回 UNKNOWN

例 4.34 在数据库 mysql_test 的表 customers 中查找所有男性客户的信息。

在 MySQL 命令行客户端输入如下 SQL 语句即可实现：

```
mysql> SELECT * FROM mysql_test.customers
    -> WHERE cust_sex='M';
```

2．判定范围

在 WHERE 子句中，用于范围判定的关键字有"BETWEEN"和"IN"两个。

（1）BETWEEN…AND

当查询的过滤条件被限定在值的某个范围时，可以使用关键字"BETWEEN"。它的使用语法格式是：

```
expression [ NOT ] BETWEEN expression1 AND expression2
```

其中，表达式 expression1 的值不能大于表达式 expression2 的值。当不使用关键字"NOT"时，如果表达式 expression 的值在表达式 expression1 与 expression2 之间（包括这两个值），则返回 TRUE，否则返回 FALSE；如果使用关键字 NOT 时，其返回值正好相反。

例 4.35 在数据库 mysql_test 的表 customers 中，查询客户 id 号在 903 至 912 之间的十个客户的信息。

在 MySQL 命令行客户端输入如下 SQL 语句即可实现：

```
mysql> SELECT * FROM mysql_test.customers
    -> WHERE cust_id BETWEEN 903 AND 912;
```

（2）IN

使用关键字"IN"可以指定一个值的枚举表，该表中会列出所有可能的值，其使用语法格式是：

```
expression IN ( expression [,…n])
```

当要判定的值能与该表中任意一个值匹配时，会返回结果 TRUE，否则返回 FALSE。注意，尽管关键字"IN"可用于范围判定，但其最主要的作用是表达子查询。

例 4.36 在数据库 mysql_test 的表 customers 中，查询客户 id 号分别为 903、906 和 908 三个客户的信息。

在 MySQL 命令行客户端输入如下 SQL 语句即可实现：

```
mysql> SELECT * FROM mysql_test.customers
    -> WHERE cust_id IN (903,906,908);
```

3．判定空值

当需要判定一个表达式的值是否为空值时，可以使用关键字"IS NULL"来实现，其使用语法格式是：

```
expression IS [ NOT ] NULL
```

其中，当不使用关键字"NOT"时，如果表达式 expression 的值为空值，则返回 TRUE，否则返回 FALSE；而当使用关键字"NOT"时，其结果正好相反。

例 4.37 在数据库 mysql_test 的表 customers 中，查询是否存在没有填写客户联系方式的客户。

在 MySQL 命令行客户端输入如下 SQL 语句即可实现：

```
mysql> SELECT cust_name FROM mysql_test.customers
    -> WHERE cust_contact IS NULL;
```

4. 子查询

通常，可以使用 SELECT 语句创建子查询，即可嵌套在其他 SELECT 查询中的 SELECT 查询。在 MySQL 中，区分如下四类子查询。

ⅰ) 表子查询，即子查询返回的结果集是一个表。

ⅱ) 行子查询，即子查询返回的结果集是带有一个或多个值的一行数据。

ⅲ) 列子查询，即子查询返回的结果集是一列数据，该列可以有一行或多行，但每行只有一个值。

ⅳ) 标量子查询，即子查询返回的结果集仅仅是一个值。

在指定查询条件的 WHERE 子句中，可以使用子查询的结果集作为过滤条件的一部分，并且子查询通常会与关键字"IN""EXIST"和比较运算符结合使用。

(1) 结合关键字"IN"使用的子查询

结合关键字"IN"所使用的子查询主要用于判定一个给定值是否存在于在子查询的结果集中，其使用语法格式是：

expression [NOT] IN (subquery)

在此语法中：subquery 用于指定子查，通常这里的子查询只能返回一列数据，而对于比较复杂的查询要求，则可以使用 SELECT 语句实现子查询的多层嵌套；expression 用于指定表达式，当表达式与子查询返回的结果集中某个值相等时，过滤条件返回 TRUE，否则返回 FALSE，若使用了关键字"NOT"，则返回的值正好相反。

例 4.38 根据第 2 章描述的学生基本信息登记表 tb_student 和学生成绩表 tb_score，使用子查询的方式查询任意所选课程成绩高于 80 分的学生的学号和姓名信息。

在 MySQL 的命令行客户端输入如下 SQL 语句即可实现该查询：

```
mysql> SELECT studentNo, studentName
    -> FROM tb_student
    ->WHERE studentNo IN (SELECT studentNo FROM tb_score WHERE score>80);
```

(2) 结合比较运算符使用的子查询

结合比较运算符所使用的子查询主要用于将表达式的值与子查询的结果进行比较运算，其使用语法格式是：

expression { = | < | <= | > | >= | <=> | <> | != } { ALL | SOME | ANY } (subquery)

在此语法中：三个关键字"ALL""SOME"或"ANY"为选择项，用于指定对比较运算的限制。其中，关键字"ALL"用于指定表达式需要与子查询结果集中的每个值都进行比较，当表达式与每个值都满足比较关系时，会返回 TRUE，否则返回 FALSE；关键字"SOME"和"ANY"是同义词，表示表达式只要与子查询结果集中的某个值满足比较关系时，就返回 TRUE，否则返回 FALSE。

（3）结合关键字"EXIST"使用的子查询

结合关键字"EXIST"所使用的子查询主要用于判定子查询的结果集是否为空。它的使用语法格式是：

> EXIST (subquery)

其中，如果子查询的结果集不为空，则返回 TRUE，否则返回 FALSE。

需要注意的是，在实际应用中，子查询通常可以改写成通过表的连接方式来实现，只是两者的执行性能会有所差异。

五、GROUP BY 子句与分组数据

在 SELECT 语句中，允许使用 GROUP BY 子句，将结果集中的数据行根据选择列的值进行逻辑分组，以便能汇总表内容的子集，即实现对每个组的聚集计算。因而，GROUP BY 子句可指示 DBMS 分组数据，然后对每个组而不是对整个结果集进行聚合。

GROUP BY 子句的使用语法格式是：

> GROUP BY {col_name | expr | position}[ASC | DESC], … [WITH ROLLUP]

在此语法格式中：

i）col_name：指定用于分组的选择列。可以指定多个列，彼此间用逗号分隔。注意，GROUP BY 子句中的各选择列必须也是 SELECT 语句的选择列表清单中的一项。

ii）expr：指定用于分组的表达式。该表达式通常与聚合函数一块使用，例如可将表达式"COUNT(*) AS '人数'"作为 SELECT 语句的选择列表清单中的一项。

iii）position：指定用于分组的选择列在 SELECT 语句结果集中的位置，通常是一个正整数。例如，使用 GROUP BY 3 表示根据 SELECT 语句中列清单上的第 3 列的值进行逻辑分组。

iv）ASC | DESC：关键字"ASC"表示按升序分组；关键字"DESC"表示按降序分组。其中，默认值为 ASC。这两个关键字必须位于对应的列名、表达式、列的位置之后。

v）WITH ROLLUP：此关键字为可选项，用于指定在结果集中不仅包含由 GROUP BY 子句分组后的数据行，还包含各分组的汇总行，以及所有分组的整体汇总行。因此，使用该关键字，可以得到每个分组以及每个分组汇总级别的值。

例 4.39 在数据库 mysql_test 的表 customers 中获取一个数据结果集，要求该结果集中分别包含每个相同地址的男性客户人数和女性客户人数。

在 MySQL 命令行客户端输入如下 SQL 语句即可实现：

```
mysql> SELECT cust_address,cust_sex,COUNT(*) AS '人数'
    -> FROM mysql_test.customers
    -> GROUP BY cust_address,cust_sex;
+--------------+----------+------+
| cust_address | cust_sex | 人数 |
+--------------+----------+------+
| 北京市       | F        |    1 |
| 上海市       | M        |    4 |
| 武汉市       | F        |    1 |
| 芙蓉区       | F        |    1 |
| 芙蓉区       | M        |    1 |
+--------------+----------+------+
5 rows in set (2.59 sec)
```

例 4.40 在数据库 mysql_test 的表 customers 中获取一个数据结果集，要求该结果集中包含每个相同地址的男性客户人数、女性客户人数、总人数以及客户的总人数。

在 MySQL 命令行客户端输入如下 SQL 语句即可实现：

```
mysql> SELECT cust_address,cust_sex,COUNT(*) AS '人数'
    -> FROM mysql_test.customers
    -> GROUP BY cust_address,cust_sex
    -> WITH ROLLUP;
+--------------+----------+------+
| cust_address | cust_sex | 人数 |
+--------------+----------+------+
| 北京市       | F        |    1 |
| 北京市       | NULL     |    1 |
| 上海市       | M        |    4 |
| 上海市       | NULL     |    4 |
| 武汉市       | F        |    1 |
| 武汉市       | NULL     |    1 |
| 芙蓉区       | F        |    1 |
| 芙蓉区       | M        |    1 |
| 芙蓉区       | NULL     |    2 |
| NULL         | NULL     |    8 |
+--------------+----------+------+
10 rows in set (0.00 sec)
```

由上述两个例子的执行结果可以看出，在 GROUP BY 子句中添加了可选项 "WITH ROLLUP" 后，将对 GROUP BY 子句中所指定的各列再次生成汇总行，其汇总规则是：按列的排列的逆序依次进行汇总，并且在生成的同一逻辑组的汇总行中，对于具有不同列值的字段值将被设置为 NULL。

此外，对于 GROUP BY 子句的使用，需要注意以下几点。

ⅰ）GROUP BY 子句可以包含任意数目的列，使得其可对分组进行嵌套，为数据分组提供更加细致的控制。

ⅱ）如果在 GROUP BY 子句中嵌套了分组，那么将按 GROUP BY 子句中列的排列顺序的逆序方式依次进行汇总，并将在最后规定的分组上进行一个完全汇总。

ⅲ）GROUP BY 子句中列出的每个列都必须是检索列或有效的表达式，但不能是聚合函数。如果在 SELECT 语句中使用表达式，则必须在 GROUP BY 子句中指定相同的表达式。注意，不能使用别名。

ⅳ）除聚合函数之外，SELECT 语句中的每个列都必须在 GROUP BY 子句中给出。

ⅴ）如果用于分组的列中含有 NULL 值，则 NULL 将作为一个单独的分组返回；如果该列中存在多个 NULL 值，则将这些 NULL 值所在的行分为一组。

六、HAVING 子句

在 SELECT 语句中，除了能使用 GROUP BY 子句分组数据之外，还可以使用 HAVING

子句来过滤分组,即在结果集中规定包含哪些分组和排除哪些分组。

HAVING 子句的使用语法格式是:

```
HAVING where_condition
```

其中,where_condition 用于指定过滤条件。

HAVING 子句与 WHERE 子句非常相似,HAVING 子句支持 WHERE 子句中所有的操作符和句法,但两者之间仍存在以下几点差异。

ⅰ) WHERE 子句主要用于过滤数据行,而 HAVING 子句主要用于过滤分组,即 HAVING 子句可基于分组的聚合值而不是特定行的值来过滤数据。

ⅱ) HAVING 子句中的条件可以包含聚合函数,而 WHERE 子句中则不可以。

ⅲ) WHERE 子句会在数据分组前进行过滤,HAVING 子句则会在数据分组后进行过滤。因而,WHERE 子句排除的行不包含在分组中,这就会可能改变计算值,从而影响 HAVING 子句基于这些值过滤掉的分组。

例 4.41 在数据库 mysql_test 的表 customers 中查找这样一类客户信息:要求在返回的结果集中,列出相同客户地址中满足客户人数少于 3 的所有客户姓名及其对应地址。

在 MySQL 命令行客户端输入如下 SQL 语句即可实现:

```
mysql> SELECT cust_name,cust_address
    -> FROM mysql_test.customers
    -> GROUP BY cust_address,cust_name
    -> HAVING COUNT(*)<=3;
+-----------+--------------+
| cust_name | cust_address |
+-----------+--------------+
| 王五      | 北京市       |
| 张三      | 武汉市       |
| 万华      | 芙蓉区       |
| 曾伟      | 芙蓉区       |
+-----------+--------------+
4 rows in set (0.00 sec)
```

七、ORDER BY 子句

在 SELECT 语句中,可以使用 ORDER BY 子句将结果集中的数据行按一定的顺序进行排列,否则结果集中数据行的顺序是不可预料的。

ORDER BY 子句的使用语法格式是:

```
ORDER BY {col_name | expr | position}[ASC | DESC], …
```

在此语法格式中:

ⅰ) col_name:指定用于排序的列。可以同时指定多个列,列名彼此间用逗号分隔。

ⅱ) expr:指定用于排序的表达式。

ⅲ) position:指定用于排序的列在 SELECT 语句结果集中的位置,通常是一个正整数。例如,使用 ORDER BY 2 表示对 SELECT 语句中列清单上的第 2 列进行排序。

ⅳ) ASC | DESC:关键字"ASC"表示按升序排列;关键字"DESC"表示按降序排列。其中,默认值为 ASC。这两个关键字必须位于对应的列名、表达式、列的位置之后。

例 4.42 在数据库 mysql_test 的表 customers 中依次按照客户姓名和地址的降序方式，输出客户的姓名和性别。

在 MySQL 命令行客户端输入如下 SQL 语句即可实现：

```
mysql> SELECT cust_name,cust_sex FROM mysql_test.customers
    -> ORDER BY cust_name DESC,cust_address DESC;
```

此外，关于 ORDER BY 子句的使用，需要注意以下几点。

i）ORDER BY 子句中可以包含子查询。

ii）当对空值进行排序时，ORDER BY 子句会将该空值作为最小值来对待。即，若按升序排列结果集，则 ORDER BY 子句会将该空值所在的数据行置于结果集的最上方；若是使用降序排序，则会将其置于结果集的最下方。

iii）若在 ORDER BY 子句中指定多个列进行排序，则在 MySQL 中会按照这些列从左至右所罗列的次序依次进行排序。

iv）在使用 GROUP BY 子句时，通常也会同时使用 ORDER BY 子句，其中表 4.5 汇总了 ORDER BY 子句与 GROUP BY 子句的差别。

表 4.5　ORDER BY 子句与 GROUP BY 子句的差别汇总

ORDER BY 子句	GROUP BY 子句
排序产生的输出	分组行，但输出可能不是分组的排序
任意列都可以使用	只可能使用选择列或表达式列
不一定需要	若与聚合函数一起使用列或表达式，则必须使用

八、LIMIT 子句

当使用 SELECT 语句返回的结果集中行数很多时，为了便于用户对结果数据的浏览和操作，可以使用 LIMIT 子句来限制被 SELECT 语句返回的行数。

LIMIT 子句的使用语法格式是：

```
LIMIT {[offset,] row_count | row_count OFFSET offset}
```

在此语法格式中：

i）offset：为可选项，默认为数字 0，用于指定返回数据的第一行在 SELECT 语句结果集中的偏移量，其必须是非负的整数常量。注意，SELECT 语句结果集中第一行（初始行）的偏移量为 0 而不是 1。

ii）row_count：用于指定返回数据的行数，其也必须是非负的整数常量。若这个指定行数大于实际能返回的行数时，在 MySQL 中将只返回它能返回的数据行。

iii）row_count OFFSET offset：从第 offset+1 行开始，取 row_count 行。

例 4.43 在数据库 mysql_test 的表 customers 中查找从第 5 位客户开始的 3 位客户的 id 号和姓名信息。

在 MySQL 命令行客户端输入如下 SQL 语句即可实现：

```
mysql> SELECT cust_id,cust_name FROM mysql_test.customers
    ->    ORDER BY cust_id
    ->    LIMIT 4,3;
+---------+-----------+
| cust_id | cust_name |
+---------+-----------+
|     907 | 张三      |
|     908 | 王五      |
|     909 | 万华      |
+---------+-----------+
3 rows in set (0.00 sec)
```

这个例子中的 SQL 语句也可写成：

```
mysql> SELECT cust_id,cust_name FROM mysql_test.customers
    ->    ORDER BY cust_id
    ->    LIMIT 3 OFFSET 4;
+---------+-----------+
| cust_id | cust_name |
+---------+-----------+
|     907 | 张三      |
|     908 | 王五      |
|     909 | 万华      |
+---------+-----------+
3 rows in set (0.00 sec)
```

第六节 视 图

从数据库的三级模式中，可以看到模式（对应到基本表）是数据库中全体数据的逻辑结构，当不同的用户需要基本表中不同的数据时，可以为这些不同的用户建立不同的外模式。外模式中的内容来自于模式，它是模式的部分数据或重构的数据。外模式对应到数据库中的概念就是视图（View）。

视图是数据库中的一个对象，它是数据库管理系统提供给用户的以多种角度观察数据库中数据的一种重要机制。视图是从一个或多个表或者其他视图中通过查询语句导出的表，它也包含一系列带有名称的数据列和若干条数据行，并有自己的视图名，由此可见视图与基本表十分类似。然而，视图仍不同于数据库中真实存在的基本表，它们存在以下区别。

i）视图不是数据库中真实的表，而是一张虚拟表，其结构和数据是建立在对数据库中真实表的查询基础上的。

ii）视图的内容是由存储在数据库中进行查询操作的 SQL 语句来定义的，它的列数据与行数据均来自于定义视图的查询所引用的真实表，并且这些数据是在引用视图时动态生成的。

iii）视图不是以数据集的形式存储在数据库中，它所对应的数据实际上是存储在视图所引用的真实表（基本表）中。

iv）视图是用来查看存储在别处的数据的一种虚拟表，而其自身并不存储数据。

尽管视图与数据库中的基本表存在着本质上的不同，但视图一经定义后，可以如同使用基本表一样，对视图进行查询、修改、删除和更新等操作，并且使用视图还具有如下一些优点。

i）集中分散数据。当用户所需的数据分散在数据库多个表中时，通过定义视图可以将这些数据集中在一起，以方便用户对分散数据的集中查询与处理。

ii）简化查询语句。通过定义视图可为用户屏蔽数据库的复杂性，使其不必详细了解数据库中复杂的表结构和表连接，因而能简化用户对数据库的查询语句。例如，即便是底层数据库表发生了更改，也不会影响到上层用户对数据库的正常使用，只需数据库编程人员重新定义视图的内容即可。

iii）重用 SQL 语句。视图提供的是一种对查询操作的封装，它本身不包含数据，其所呈现的数据是根据视图的定义从基本表中检索出来的，如若基本表中的数据被新增或更改，视图所呈现的则是更新后的数据。因此，通过定义视图，编写完所需查询后，可以方便地重用该视图，而不必了解它的具体查询细节。

iv）保护数据安全。通过只授予用户使用视图的权限，而不具体指定使用表的权限，来保护基础数据的安全性。

v）共享所需数据。通过使用视图，每个用户不必都定义和存储自己所需的数据，可以共享数据库中的数据，从而同样的数据只需存储一次。

vi）更改数据格式。通过使用视图，可以重新格式化检索出的数据，并组织输出到其他应用程序中去。

一、创建视图

在 MySQL 中，可以使用 CREATEVIEW 语句来创建视图，其常用的语法格式是：

```
CREATEVIEW view_name [(column_list)]
    AS select_statement
    [WITH [CASCADED | LOCAL] CHECK OPTION]
```

在此语法结构中：

i）view_name 用于指定视图的名称，且该名称在数据库中必须是唯一的，不能与其他表或视图同名。

ii）column_list 是可选项，用于为视图中的每个列指定明确的名称，且列名的数目必须等于 SELECT 语句检索出的结果数据集的列数，同时每个列名间用逗号分隔。如若省略column_list，则新建视图使用与基本表或源视图中相同的列名。

iii）select_statement 用于指定创建视图的 SELECT 语句。这个 SELECT 语句给出了视图的定义，它可用于查询多个基本表或源视图。

iv）WITH CHECK OPTION 是可选项，用于指定在可更新视图上所进行的修改都需要符合 select_statement 中所指定的限制条件，这样可以确保数据修改后，仍可以通过视图看到修改后的数据。当视图是根据另一个视图定义时，关键字"WITH CHECK OPTION"给出两个参数，即 CASCADED 和 LOCAL，它们决定检查测试的范围。其中，关键字"CASCADED"为选项默认值，它会对所有视图进行检查，而关键字"LOCAL"则使 CHECK OPTION 只对定义的视图进行检查。

例 4.44 在数据库 mysql_test 中创建视图 customers_view，要求该视图包含客户信息表 customers 中所有男客户的信息，并且要求保证今后对该视图数据的修改都必须符合客户性别为男性这个条件。

在 MySQL 的命令行客户端输入如下 SQL 语句，即可创建所需视图 customers_view：

```
mysql> CREATE OR REPLACE VIEW mysql_test.customers_view
    ->     AS
    ->     SELECT * FROM mysql_test.customers
    ->        WHERE cust_sex='M'
    -> WITH CHECK OPTION;
Query OK, 0 rows affected (2.81 sec)
```

二、删除视图

在 MySQL 中，可以使用 DROP VIEW 语句来删除视图，其语法格式是：

```
DROP VIEW [IF EXISTS]
    view_name [, view_name] …
    [RESTRICT | CASCADE]
```

使用 DROP VIEW 语句可以一次删除多个视图，但必须在每个视图上拥有 DROP 权限。同时，为防止因删除不存在的视图而出错，需要在 DROP VIEW 语句中添加关键字"IF EXISTS"。

三、修改视图定义

在 MySQL 中，可以使用 ALTER VIEW 语句来对已有视图的定义（结构）进行修改，其常用的语法格式是：

```
ALTERVIEW view_name [(column_list)]
    AS select_statement
    [WITH [CASCADED | LOCAL] CHECK OPTION]
```

由此可见，ALTER VIEW 语句与 CREATE VIEW 语句的使用语法相似。此外，修改视图的定义，也可以通过先使用 DROPVIEW 语句，再使用 CREATE VIEW 语句的过程来实现。

四、查看视图定义

在 MySQL 中，可以使用 SHOW CREATE VIEW 语句来查看已有视图的定义（结构），其语法格式是：

```
SHOW CREATE VIEW view_name
```

其中，view_name 指定要查看视图的名称。

五、更新视图数据

由于视图是一个虚拟表，所以通过插入、修改和删除等操作方式来更新视图中的数据，实质上是在更新视图所引用的基本表中的数据。然而，视图的更新操作是受一定限制的，并非所有的视图都可以进行 INSERT、UPDATE 或 DELETE 等更新操作，只有满足可更新条件的视图才能进行更新，否则可能会导致系统出现不可预期的结果。对于可更新的视图，需要该视图中的行和基本表中的行之间具有一对一的关系。

1. 使用 INSERT 语句通过视图向基本表插入数据

例 4.45 在数据库 mysql_test 中，向视图 customers_view 插入下面一条记录：

（909, '周明', 'M', '武汉市', '洪山区'）。

这里，使用 INSERT 语句在 MySQL 的命令行客户端输入如下 SQL 语句即可插入数据：

```
mysql> INSERT INTO mysql_test.customers_view
    -> VALUES(909, '周明', 'M', '武汉市', '洪山区');
Query OK, 1 row affected (0.20 sec)
```

这条插入语句能够成功执行，是因为在创建视图 customers_view 的语句中添加了 WITH CHECK OPTION 子句（如例 4.44 所示）。WITH CHECK OPTION 子句会在更新数据时，检查新数据是否符合视图定义中 WHERE 子句的条件，并且 WITH CHECK OPTION 子句只能和可更新视图一起使用。若插入的新数据不符合 WHERE 子句的条件，则数据插入操作无法成功，因而此时视图的数据插入操作受限了。另外，当视图所依赖的基本表有多个时，也不能向该视图插入数据，这是因为在 MySQL 中不能正确地确定要被更新的基本表。

2. 使用 UPDATE 语句通过视图修改基本表的数据

例 4.46 将视图 customers_view 中所有客户的 cust_address 列更新为"上海市"。

使用 UPDATE 语句在 MySQL 的命令行客户端输入如下 SQL 语句进行数据更新：

```
mysql> UPDATE mysql_test.customers_view
    -> SET cust_address='上海市';
Query OK, 5 rows affected (0.09 sec)
Rows matched: 5  Changed: 5  Warnings: 0
```

注意，若一个视图依赖于多个基本表，则一次视图数据修改操作只能改变一个基本表中的数据。

3. 使用 DELETE 语句通过视图删除基本表的数据

例 4.47 删除视图 customers_view 中姓名为"周明"的客户信息。

使用 DELETE 语句在 MySQL 的命令行客户端输入如下 SQL 语句删除指定数据：

```
mysql> DELETE FROM mysql_test.customers_view
    -> WHERE cust_name='周明';
Query OK, 1 row affected (0.08 sec)
```

注意，对于依赖多个基本表的视图，也是不能使用 DELETE 语句的。

六、查询视图数据

视图一经定义后，就可以如同查询数据库中的真实表一样，对视图进行数据查询检索，这也是对视图使用最多的一种操作。视图用于查询检索，主要体现在这样一些应用：利用视图简化复杂的表连接；使用视图重新格式化检索出的数据；使用视图过滤不想要的数据。

例 4.48 在视图 customers_view 中查找客户 id 号为 905 的客户姓名及其地址信息。

在 MySQL 的命令行客户端输入如下 SQL 语句即可：

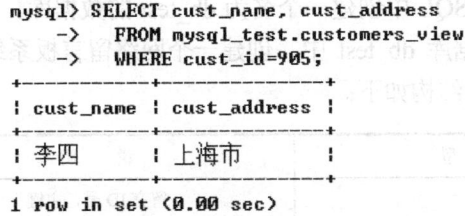

本章小结

本章首先概述了 SQL 的发展历程、特点和语言组成，然后简单介绍了 MySQL 的使用基础，并说明了 MySQL 中 SQL 的组成要素与扩展，最后结合 MySQL 的使用，详细地介绍了实现关系数据库各种基本操作的 SQL 语句，主要包括数据的定义、数据的更新、数据的查询和视图的使用等内容。

熟练掌握本章所介绍的使用 SQL 实现数据定义、数据更新和数据查询三类数据库基本操作的具体方法，能够进一步加深理解关系数据库的基本概念和技术方法，有助于将来从事实际应用研究和开发，这也是本课程学习的重点。

思考与练习

一、单项选择题

1. 可用于从表或视图中检索数据的 SQL 语句是（   ）。
   A）SELECT 语句   B）INSERT 语句
   C）UPDATE 语句   D）DELETE 语句
2. SQL 又称为（   ）。
   A）结构化定义语言   B）结构化控制语言
   C）结构化查询语言   D）结构化操纵语言
3. 在 MySQL 中，通常用来指定一个已有数据库作为当前工作数据库的语句是（   ）。
   A）USING   B）USED   C）USES   D）USE

二、填空题

1. MySQL 数据库所支持的 SQL 主要包含_____、_____、_____和 MySQL 扩展增加的语言要素几个部分。
2. 在 MySQL 中，通常使用值_____来表示一个列值没有值或缺值的情形。
3. 在 CREATE TABLE 语句中，通常使用关键字_____来指定主键。

三、简答题

1. 请解释 SQL 是何种类型的语言。
2. 请简述什么是子查询。
3. 请简述视图与基本表的区别。

四、操作题

1. 请使用 MySQL 命令行客户端在 MySQL 中创建一个名为 db_test 的数据库。

2. 请使用 MySQL 命令行客户端在数据库 db_test 中，创建一个网络留言板系统中用于描述网络留言内容的数据表 content，该表的结构如下：

字 段 名 称	数 据 类 型	说　　明
content_id	INT	留言 ID 号，主键
subject	VARCHAR(200)	留言标题
words	VARCHAR(1000)	留言内容
username	VARCHAR(50)	留言人姓名
face	VARCHAR(50)	脸谱图标文件名
email	VARCHAR(50)	电子邮件
createtime	DATETIME	创建日期和时间

（注：本书后续部分思考与练习题也会基于此处创建的数据库 db_test 和表 content）

3. 请使用 INSERT 语句向数据库 db_test 的表 content 中，插入一行描述了下列留言信息的数据：留言 ID 号由系统自动生成；留言标题为"MySQL 问题请教"；留言内容为"MySQL 中对表数据的基本操作有哪些？"；留言人姓名为"MySQL 初学者"；脸谱图标文件名为"face.jpg"；电子邮件为"tom@gmail.com"；留言创建日期和时间为系统当前时间。

4. 请使用 UPDATE 语句将数据库 db_test 的表 content 中留言人姓名为"MySQL 初学者"的留言内容修改为"如何使用 INSERT 语句？"。

5. 请使用 DELETE 语句将数据库 db_test 的表 content 中留言人姓名为"MySQL 初学者"的留言信息删除。

第五章 数据库编程

前一章节中介绍的 SQL 语句大多都是针对一个或多个表使用的单条语句，而在数据库的实际操作中，并非所有操作都这么简单，经常会有一个完整的操作需要多条语句来处理多个表才能完成。例如，为了处理某个商品的订单，需要核对以保证库存中有相应的商品，此时就需要多条 SQL 语句来针对几个数据表完成这个处理要求，而这个要求可以通过数据库编程来实现。

本章将结合 MySQL 数据库的使用，介绍常用的两种数据库编程技术，即存储过程与存储函数。本章学习的重点是在 MySQL 数据库中使用 SQL 语句实现存储过程和存储函数的编程方法。本章的难点是 MySQL 数据库中存储过程的编写。

第一节 存储过程

在数据库系统中，随着功能不断丰富，系统变得越来越复杂，数据库开发人员会花费大量的时间和精力在 SQL 代码和应用程序的编写上。在多数情况下，许多代码会被重复使用多次，且每次都会输入相同的代码，这样既烦琐又会降低系统的运行效率。因此，需要提供一种方法，它可以将一些固定的操作集合起来，由数据库服务器来完成，实现某个特定任务，这就是存储过程。

一、存储过程的基本概念

存储过程是一组为了完成某项特定功能的 SQL 语句集，其实质上就是一段存储在数据库中的代码，它可以由声明式的 SQL 语句（如 CREATE、UPDATE 和 SELECT 等语句）和过程式 SQL 语句（如 IF…THEN…ELSE 控制结构语句）组成。这组语句集经过编译后会存储在数据库中，用户只需通过指定存储过程的名字并给定参数（如果该存储过程带有参数），即可随时调用并执行它，而不必重新编译，因此这种通过定义一段程序存储在数据库中的方式，可加大数据库操作语句的执行效率。

一个存储过程是一个可编程的函数，同时可看作是在数据库编程中对面向对象方法的模拟，它允许控制数据的访问方式。因而，当希望在不同的应用程序或平台上执行相同的特定功能时，存储过程尤为适合。使用存储过程通常具有以下一些好处。

（1）可增强 SQL 语言的功能和灵活性

存储过程可以用流控制语句编写，有很强的灵活性，可以完成复杂的判断和较复杂的运算。

（2）良好的封装性

存储过程被创建后，可以在程序中被多次调用，而不必重新编写该存储过程的 SQL 语句，并且数据库专业人员可以随时对存储过程进行修改，而不会影响到调用它的应用程序源代码。

（3）高性能

存储过程执行一次后，其执行规划就驻留在高速缓冲存储器中，在以后的操作中，只需从高速缓冲存储器中调用已编译好的二进制代码执行即可，从而提高了系统性能。

（4）可减少网络流量

由于存储过程是在服务器端运行，且执行速度快，那么当在客户计算机上调用该存储过程时，网络中传送的只是该调用语句，从而可降低网络负载。

（5）存储过程可作为一种安全机制来确保数据库的安全性和数据的完整性

使用存储过程可以完成所有数据库操作，并可通过编程方式控制这些数据库操作对数据库信息访问的权限。

二、创建存储过程

在 MySQL 数据库中通过命令行的方式来创建存储过程时，经常会用到一个十分重要的命令，即 DELIMITER 命令。因为在 MySQL 中，服务器处理 SQL 语句默认是以分号作为语句结束标志，然而在创建存储过程时，存储过程体中可能包含有多条 SQL 语句，这些 SQL 语句如果仍以分号作为语句结束符，那么 MySQL 服务器在处理时会以遇到的第一条 SQL 语句结尾处的分号作为整个程序的结束符，而不再去处理存储过程体中后面的 SQL 语句，这样显然不行。为解决这个问题，通常可使用 DELIMITER 命令，将 MySQL 语句的结束标志临时修改为其他符号，从而使得 MySQL 服务器可以完整地处理存储过程体中所有的 SQL 语句，而后可通过 DELIMITER 命令再将 MySQL 语句的结束标志改回为 MySQL 的默认结束标志，即分号 (;)。

DELIMITER 命令的使用语法格式是：

```
DELIMITER $$
```

其中，$$是用户定义的结束符，通常这个符号可以是一些特殊的符号，例如两个"#"，或两个"￥"等；另外，当使用 DELIMITER 命令时，应该避免使用反斜杠（"\"）字符，因为它是 MySQL 的转义字符。

例 5.1 将 MySQL 结束符修改为两个感叹号"!!"。

在 MySQL 命令行客户端输入如下 SQL 语句：

```
mysql> DELIMITER !!
```

成功执行这条 SQL 语句后，任何命令、语句或程序的结束标志就换为两个感叹号"!!"了。若希望换回默认的分号";"作为结束标志，只需再在 MySQL 命令行客户端输入如下 SQL 语句即可：

```
mysql> DELIMITER ;
```

在 MySQL 中，是使用 CREATE PROCEDURE 语句来创建存储过程，其常用的语法格式是：

```
CREATE PROCEDURE sp_name ([proc_parameter[,…]])
```

routine_body

其中，语法项"proc_parameter"的语法格式是：

[IN	OUT	INOUT] param_name type

在此语法格式中：

ⅰ）语法项"sp_name"用于指定存储过程的名称，且默认在当前数据库中创建。

ⅱ）语法项"proc_parameter"用于指定存储过程的参数列表。其中，语法项"param_name"为参数名，语法项"type"为参数的类型（其可以是任何有效的 MySQL 数据类型）。当有多个参数时，参数列表中彼此间用逗号分隔。存储过程可以没有参数（此时存储过程的名称后仍须加上一对括号），也可以有一个或多个参数。MySQL 存储过程支持三种类型的参数，即输入参数、输出参数和输入/输出参数，分别用"IN""OUT"和"INOUT"三个关键字标识。其中，输入参数是使数据可以传递给一个存储过程；输出参数用于存储过程需要返回一个操作结果的情形；而输入/输出参数既可以充当输入参数也可以充当输出参数。需要注意的是，参数的取名不要与数据表的列名相同，否则尽管不会返回出错消息，但是存储过程中的 SQL 语句会将参数名看作是列名，从而引发不可预知的结果。

ⅲ）语法项"routine_body"表示存储过程的主体部分，也称为存储过程体，其包含了在过程调用的时候必须执行的 SQL 语句。这个部分是以关键字"BEGIN"开始，以关键字"END"结束。如若存储过程体中只有一条 SQL 语句时，可以省略 BEGIN…END 标志。另外，在存储过程体中，BEGIN…END 复合语句还可以嵌套使用。

例 5.2 在数据库 mysql_test 中创建一个存储过程，用于实现给定表 customers 中一个客户 id 号即可修改表 customers 中该客户的性别为一个指定的性别。

在 MySQL 命令行客户端输入如下 SQL 语句即可创建这个存储过程：

```
mysql> USE mysql_test;
Database changed
mysql> DELIMITER $$
mysql> CREATE PROCEDURE sp_update_sex(IN cid INT,IN csex CHAR(1))
    -> BEGIN
    ->     UPDATE customers SET cust_sex=csex WHERE cust_id=cid;
    -> END $$
Query OK, 0 rows affected (0.11 sec)
```

三、存储过程体

在存储过程体中可以使用各种 SQL 语句与过程式语句的组合，来封装数据库应用中复杂的业务逻辑和处理规则，以实现数据库应用的灵活编程。本小节主要介绍几个在 MySQL 数据库中用于构造存储过程体的常用语法元素。

1. 局部变量

在存储过程体中可以声明局部变量，用来存储存储过程体中的临时结果。在 MySQL 中，可以使用 DECLARE 语句来声明局部变量，并且同时还可以对该局部变量赋予一个初始值，其使用的语法格式是：

```
DECLARE var_name[,…] type [DEFAULT value]
```

其中，语法项"var_name"用于指定局部变量的名称；语法项"type"用于声明局部变量的数据类型；DEFAULT 子句用于为局部变量指定一个默认值，若没有指定，则默认为 NULL。

例 5.3　声明一个整型局部变量 cid。

在存储过程中可使用如下语句来实现：

```
DECLARE cid INT(10);
```

此外，需要注意的事项如下。

i）局部变量只能在存储过程体的 BEGIN…END 语句块中声明。

ii）局部变量必须在存储过程体的开头处声明。

iii）局部变量的作用范围仅限于声明它的 BEGIN…END 语句块，其他语句块中的语句不可以使用它。

iv）局部变量不同于用户变量，两者间的区别是：局部变量声明时，在其前面没有使用@符号，并且它只能被声明它的 BEGIN…END 语句块中的语句所使用；而用户变量在声明时，会在其名称前面使用@符号，同时已声明的用户变量存在于整个会话之中。

2. SET 语句

在 MySQL 中，可以使用 SET 语句为局部变量赋值，其使用的语法格式是：

```
SET var_name = expr [, var_name = expr] …
```

例 5.4　为例 5.3 中声明的局部变量 cid 赋予一个整数值 910。

在存储过程中可使用如下语句来实现：

```
SET cid=910;
```

3. SELECT…INTO 语句

在 MySQL 中，可以使用 SELECT…INTO 语句把选定列的值直接存储到局部变量中，其使用的语法格式是：

```
SELECT col_name[,…] INTO var_name[,…]    table_expr
```

在此语法格式中：语法项"col_name"用于指定列名；语法项"var_name"用于指定要赋值的变量名；语法项"table_expr"表示 SELECT 语句中的 FROM 子句及后面的语法部分。

此外，需要注意的是：存储过程体中的 SELECT…INTO 语句返回的结果集只能有一行数据。

4. 流程控制语句

在 MySQL 中，可以在存储过程体中，使用条件判断语句和循环语句这样两类用于控制语句流程的过程式 SQL 语句。

（1）条件判断语句

常用的条件判断语句有 IF…THEN…ELSE 语句和 CASE 语句。它们的使用语法及方式类似于高级程序设计语言。

(2) 循环语句

常用的循环语句有 WHILE 语句、REPEAT 语句和 LOOP 语句。它们的使用语法及方式同样类似于高级程序设计语言。此外，循环语句中还可以使用 ITERATE 语句，但它只能出现在循环语句的 LOOP、REPEAT 和 WHILE 子句中，用于表示退出当前循环，且重新开始一个循环。

5. 游标

在 MySQL 中，一条 SELECT…INTO 语句成功执行后，会返回带有值的一行数据，这行数据可以被读取到存储过程中进行处理。然而，在使用 SELECT 语句进行数据检索时，若该语句成功被执行，则会返回一组称为结果集的数据行，该结果集中可能拥有多行数据，这些数据无法直接被一行一行地进行处理，此时就需要使用游标。

游标是一个被 SELECT 语句检索出来的结果集。在存储了游标后，应用程序或用户就可以根据需要滚动或浏览其中的数据。在 MySQL 中，使用游标的具体步骤如下。

(1) 声明游标

在能够使用游标之前，必须先声明（定义）它。这个过程实际上没有检索数据，只是定义要使用的 SELECT 语句。在 MySQL 中，可以使用 DECLARE CURSOR 语句创建游标，其使用的语法格式是：

DECLARE cursor_name CURSOR FOR select_statement

其中，语法项"cursor_name"用于指定要创建的游标的名称，其命名规则与表名相同；语法项"select_statement"用于指定一个 SELECT 语句，其会返回一行或多行的数据，且需注意此处的 SELECT 语句不能有 INTO 子句。

(2) 打开游标

在定义游标之后，必须打开该游标，才能使用。这个过程实际上是将游标连接到由 SELECT 语句返回的结果集中。在 MySQL 中，可以使用 OPEN 语句打开游标，其使用的语法格式是：

OPEN cursor_name

其中，语法项"cursor_name"用于指定要打开的游标。

在实际应用中，一个游标可以被多次打开，由于其他用户或应用程序可能随时更新了数据表，因此每次打开游标的结果集可能会不同。

(3) 读取数据

对于填有数据的游标，可根据需要取出数据。在 MySQL 中，可以使用 FETCH…INTO 语句从中读取数据，其使用的语法格式是：

FETCH cursor_name INTO var_name [, var_name] …

其中，语法项"cursor_name"用于指定已打开的游标；语法项"var_name"用于指定存放数据的变量名。

FETCH…INTO 语句与 SELECT…INTO 语句具有相同的意义，FETCH 语句是将游标指向的一行数据赋给一些变量,这些变量的数目必须等于声明游标时 SELECT 子句中选择列的数目。游标相当于一个指针,它指向当前的一行数据。

(4) 关闭游标

在结束游标使用时,必须关闭游标。在 MySQL 中,可以使用 CLOSE 语句关闭游标,其使用的语法格式是:

```
CLOSE cursor_name
```

其中,语法项"cursor_name"用于要关闭的游标。

每个游标不再需要时都应该被关闭,使用 CLOSE 语句将会释放游标所使用的全部资源。在一个游标被关闭后,如果没有重新被打开,则不能被使用。对于声明过的游标,则不需要再次声明,可直接使用 OPEN 语句打开。另外,如果没有明确关闭游标,MySQL 将会在到达 END 语句时自动关闭它。

例 5.5 在数据库 mysql_test 中创建一个存储过程,用于计算表 customers 中数据行的行数。

首先,在 MySQL 命令行客户端输入如下 SQL 语句创建存储过程 sp_sumofrow:

```
mysql> USE mysql_test;
Database changed
mysql> DELIMITER $$
mysql> CREATE PROCEDURE sp_sumofrow(OUT ROWS INT)
    -> BEGIN
    ->    DECLARE cid INT;
    ->    DECLARE FOUND BOOLEAN DEFAULT TRUE;
    ->    DECLARE cur_cid CURSOR FOR
    ->      SELECT cust_id FROM customers;
    ->    DECLARE CONTINUE HANDLER FOR NOT FOUND
    ->      SET FOUND=FALSE;
    ->    SET ROWS=0;
    ->    OPEN cur_cid;
    ->    FETCH cur_cid INTO cid;
    ->    WHILE FOUND DO
    ->      SET ROWS=ROWS+1;
    ->      FETCH cur_cid INTO cid;
    ->    END WHILE;
    ->    CLOSE cur_cid;
    -> END$$
Query OK, 0 rows affected (0.00 sec)
```

然后,在 MySQL 命令行客户端输入如下 SQL 语句对存储过程 sp_sumofrow 进行调用:

```
mysql> CALL sp_sumofrow(@rows);
Query OK, 0 rows affected, 1 warning (0.00 sec)
```

最后,在 MySQL 命令行客户端输入如下 SQL 语句,并查看调用存储过程 sp_sumofrow 后的结果:

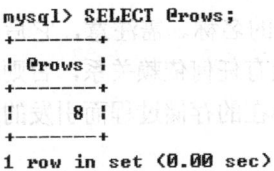

由此例可以看出：定义了一个 CONTINUE HANDLER 句柄，它是在条件出现时被执行的代码，用于控制循环语句，以实现游标的下移；DECLARE 语句的使用存在特定的次序，即用 DECLARE 语句定义的局部变量必须在定义任意游标或句柄之前定义，而句柄必须在游标之后定义，否则系统会出现错误消息。

此外，在使用游标的过程中，需要注意以下几点。

ⅰ）游标只能用于存储过程或存储函数中，不能单独在查询操作中使用。

ⅱ）在存储过程或存储函数（在 5.2 节中介绍）中可以定义多个游标，但是在一个 BEGIN…END 语句块中每一个游标的名字必须是唯一的。

ⅲ）游标不是一条 SELECT 语句，是被 SELECT 语句检索出来的结果集。

四、调用存储过程

创建好存储过程后，可以使用 CALL 语句在程序或者其他存储过程中调用它，其使用的语法格式是：

> CALL sp_name([parameter[,…]])
> CALL sp_name[()]

在此语法格式中：

ⅰ）语法项"sp_name"用于指定被调用的存储过程的名称。如果要调用某个特定数据库的存储过程，则需要在前面加上该数据库的名称。

ⅱ）语法项"parameter"用于指定调用存储过程所要使用的参数。调用语句中参数的个数必须等于存储过程的参数个数。

ⅲ）当调用没有参数的存储过程时，使用 CALL sp_name()语句与使用 CALL sp_name 语句是相同的。

例 5.6 调用数据库 mysql_test 中的存储过程 sp_update_sex，将客户 id 号为 909 的客户性别修改为男性"M"。

在 MySQL 命令行客户端输入如下 SQL 语句即可实现：

> mysql> CALL sp_update_sex(909,'M');
> Query OK, 1 row affected (0.11 sec)

五、删除存储过程

存储过程在被创建后，会被保存在服务器上以供使用，直至被删除。在 MySQL 中，可以使用 DROP PROCEDURE 语句删除数据库中已创建的存储过程，其使用的语法格式是：

> DROPPROCEDURE[IF EXISTS] sp_name

其中，语法项"sp_name"用于指定要删除的存储过程的名称。需注意，它后面没有参数列表，也没有括号。在删除之前，必须确认该存储过程没有任何依赖关系，否则会导致其他与之关联的存储过程无法运行。此外，为防止因删除不存在的存储过程而引发的错误，可在 DROP PROCEDURE 语句中添加关键字"IF EXISTS"。

例5.7 删除数据库 mysql_test 中的存储过程 sp_update_sex。

在 MySQL 命令行客户端输入如下 SQL 语句即可实现：

```
mysql> DROP PROCEDURE sp_update_sex;
Query OK, 0 rows affected (0.02 sec)
```

第二节 存储函数

存储函数与存储过程一样，都是由 SQL 语句和过程式语句所组成的代码片断，并且可以被应用程序和其他 SQL 语句调用。然而，它们之间存在如下几点区别。

i）存储函数不能拥有输出参数，这是因为存储函数自身就是输出参数；而存储过程可以拥有输出参数。

ii）可以直接对存储函数进行调用，且不需要使用 CALL 语句；而对存储过程的调用，需要使用 CALL 语句。

iii）存储函数中必须包含一条 RETURN 语句，而这条特殊的 SQL 语句不允许包含于存储过程中。

一、创建存储函数

在 MySQL 中，可以使用 CREATE FUNCTION 语句创建存储函数，其常用的语法格式是：

```
CREATEFUNCTION sp_name ([func_parameter[,…]])
    RETURNS type
    routine_body
```

其中，语法项"func_parameter"的语法格式是：

```
param_name type
```

在此语法格式中：

i）语法项"sp_name"用于指定存储函数的名称，需注意，存储函数不能与存储过程具有相同的名字。

ii）语法项"func_parameter"用于指定存储函数的参数，这里的参数只有名称和类型，不能指定关键字"IN""OUT"和"INOUT"。

iii）RETURNS 子句用于声明存储函数返回值的数据类型，其中 type 用于指定返回值的数据类型。

iv）语法项"routine_body"用于指定存储函数的主体部分，也称为存储函数体。所有在存储过程中使用的 SQL 语句在存储函数中同样也适用，包括前面所介绍的局部变量、SET

语句、流程控制语句、游标等。但是，存储函数体中还必须包含一个 RETURN value 语句，其中 value 用于指定存储函数的返回值。

例 5.8 在数据库 mysql_test 中创建一个存储函数，要求该函数能根据给定的客户 id 号返回客户的性别，如果数据库中没有给定的客户 id 号，则返回"没有该客户"。

在 MySQL 命令行客户端输入如下 SQL 语句即可实现这个存储函数：

```
mysql> USE mysql_test;
Database changed
mysql> DELIMITER $$
mysql> CREATE FUNCTION fn_search(cid INT)
    -> RETURNS CHAR(2)
    -> DETERMINISTIC
    -> BEGIN
    ->   DECLARE SEX CHAR(2);
    ->   SELECT cust_sex INTO SEX FROM customers
    ->     WHERE cust_id=cid;
    ->   IF SEX IS NULL THEN
    ->     RETURN(SELECT '没有该客户');
    ->   ELSE IF SEX='F' THEN
    ->     RETURN(SELECT '女');
    ->     ELSE RETURN(SELECT '男');
    ->     END IF;
    ->   END IF;
    -> END $$
Query OK, 0 rows affected (0.00 sec)
```

二、调用存储函数

成功创建存储函数后，就可以如同调用系统内置函数一样，使用关键字 SELECT 对其进行调用，其使用的语法格式是：

SELECT sp_name ([func_parameter[,…]])

例 5.9 调用数据库 mysql_test 中的存储函数 fn_search。

在 MySQL 命令行客户端输入如下 SQL 语句即可实现：

```
mysql> SELECT fn_search(904);
+----------------+
| fn_search(904) |
+----------------+
| 男             |
+----------------+
1 row in set (2.59 sec)
```

三、删除存储函数

存储函数在被创建后，会被保存在服务器上以供使用，直至被删除。删除存储函数的方法与删除存储过程的方法基本一样。在 MySQL 中，可以使用 DROP FUNCTION 语句来实

现,其使用的语法格式是:

```
DROP FUNCTION [IF EXISTS] sp_name
```

其中,语法项"sp_name"指定要删除的存储函数的名称。注意,它后面没有参数列表,也没有括号。在删除之前,必须确认该存储函数没有任何依赖关系,否则会导致其他与之关联的存储函数无法运行。同样,为防止因删除不存在的存储函数而引发的错误,可在 DROP FUNCTION 语句中添加关键字"IF EXISTS"。

例 5.10 删除数据库 mysql_test 中的存储函数 fn_search。

在 MySQL 命令行客户端输入如下 SQL 语句即可实现:

```
mysql> DROP FUNCTION IF EXISTS fn_search;
Query OK, 0 rows affected (0.00 sec)
```

本 章 小 结

本章结合 MySQL 数据库的使用,具体介绍了常用的两种数据库编程技术,即存储过程与存储函数,特别是详细介绍了在存储过程的编写过程中常用的几个构造存储过程体的语法元素。

思考与练习

一、简答题

1. 请简述存储过程的概念。
2. 请简述在数据库的操作中使用存储过程的优点。
3. 请简述存储过程与存储函数的区别。

二、操作题

在数据库 db_test 中创建一个存储过程,用于实现在给定 content 表中一个留言人的姓名时,即可修改 content 表中该留言人的电子邮件地址为一个新的地址值。

第六章 数据库安全与保护

数据库是重要的共享信息资源，必须加以保护。通常，DBMS 对数据库的安全保护功能是通过完整性控制、安全性控制、并发控制和数据库的备份与恢复四个方面来实现的。相应地，本章将结合 MySQL 数据库的使用，介绍这四种常用的数据库安全与保护机制，即完整性约束（包括触发器）、访问控制、事务与并发控制以及备份与恢复。

本章学习的重点是理解这四种数据库安全与保护机制的概念与作用，且能够在 MySQL 数据库中使用 SQL 语句实现相应的数据库保护，以保证数据库中数据的完整性、安全性、一致性和可靠性。本章的难点是 MySQL 数据库中触发器的编写与使用以及对事务及其相关技术的理解。

第一节 数据库完整性

数据库完整性是指数据库中数据的正确性和相容性。例如，人的性别只能是"男"或"女"，人的年龄应该在 0 到 150 岁之间（假设人现在最多能活到 150 岁）的数字，每个人的身份证号必须唯一等。

数据完整性约束是为了防止数据库中存在不符合语义的数据，为了维护数据的完整性，DBMS 必须提供一种机制来检查数据库中的数据，以判断其是否满足语义规定的条件。这些加在数据库数据之上的语义约束条件就是数据完整性约束，而 DBMS 检查数据是否满足完整性约束条件的机制就称为完整性检查。

在 MySQL 中，各种完整性约束是作为数据库关系模式定义的一部分，其可通过 CREATE TABLE 或 ALTER TABLE 语句来定义。一旦定义了完整性约束，数据库服务器会随时检测处于更新状态的数据库内容是否符合相关的完整性约束，从而保障数据的一致性与正确性。如此，既能有效地防止对数据库的意外破坏，又能提高完整性检测的效率，还能减轻数据库编程人员的工作负担。

一、完整性约束条件的作用对象

完整性检查是围绕完整性约束条件进行的，因而完整性约束条件是完整性控制机制的核心。完整性约束条件的作用对象可以是列、元组和表。

（1）列级约束

列级约束主要指对列的类型、取值范围、精度等的约束，具体包括如下内容。

i）对数据类型的约束，其包括数据类型、长度、精度等。例如，在 customers 表中将客户地址的数据类型设定为定长字符型，且长度为 50。

ii）对数据格式的约束。例如，在学生信息表 tb_student 表中可将学号 studentNo 字段的前四位规定为学生的入学年份，第 5 位规定为院系的编号等。

iii）对取值范围或取值集合的约束。例如，在学生成绩表 tb_score 表中规定成绩 score 字段的取值范围为 0 到 100。

iv）对空值的约束。例如，在定义列时规定该列是否允许取空值。

（2）元组约束

元组约束指元组中各个字段之间的相互约束，例如某个活动的开始日期小于结束日期。

（3）表级约束

表级约束指若干元组之间、关系之间的联系的约束。例如，在学生成绩表 tb_score 表中学号 studentNo 字段的取值受学生信息表 tb_student 表中学号 studentNo 字段取值的约束。

二、定义与实现完整性约束

关系模型的完整性规则是对关系的某种约束条件，关系模型中可以有三类完整性约束，分别是实体完整性、参照完整性和用户定义的完整性。除了用户定义的完整性中的触发器，它们基本上都是在定义表时所声明的数据完整性。

下面分别介绍 MySQL 中这三类不同的完整性约束，它们分别采取了不同的设置和实现方式。

1. 实体完整性

在 MySQL 中，实体完整性是通过主键约束和候选键约束来实现的。

（1）主键约束

主键可以是表中的某一列，也可以是表中多个列所构成的一个组合。其中，由多个列组合而成的主键也称为复合主键。在 MySQL 中，主键列必须遵守如下一些规则。

i）每一个表只能定义一个主键。

ii）主键的值，也称为键值，必须能够唯一标志表中的每一行记录，且不能为 NULL。也就是说，表中两个不同的行在主键上不能具有相同的值。这是唯一性原则。

iii）复合主键不能包含不必要的多余列。也就是说，当从一个复合主键中删除一列后，如果剩下的列构成主键仍能满足唯一性原则，那么这个复合主键是不正确的。这是最小化规则。

iv）一个列名在复合主键的列表中只能出现一次。

主键约束可以在 CREATE TABLE 或 ALTER TABLE 语句中使用关键字 "PRIMARY KEY" 来实现，其方式有两种。

i）一种是作为列的完整性约束，此时只需在表中某个列的属性定义后加上关键字 "PRIMARY KEY" 即可。

ii）一种是作为表的完整性约束，需要在表中所有列的属性定义后添加一条 PRIMARY KEY(index_col_name,…)格式的子句。

需要注意的是：如果主键仅由一个表中的某一列所构成，上述两种方法均可以定义主键约束；如果主键是由表中多个列所构成的一个组合，则只能用上述第二种方法定义主键约束。定义主键约束后，MySQL 会自动为主键创建一个唯一性索引，用于在查询中使用主键对数据进行快速检索，该索引名默认为 PRIMARY，也可以重新自定义命名。

（2）候选键约束

与主键一样，候选键可以是表中的某一列，也可以是表中多个列所构成的一个组合。任何时候，候选键的值必须是唯一的，且不能为 NULL。候选键可以在 CREATE TABLE 或 ALTER TABLE 语句中使用关键字"UNIQUE"来定义，其实现方法与主键约束相似，同样可作为列或者表（关系）的完整性约束两种方式。

MySQL 中候选键与主键之间存在以下几点区别。

i）一个表中只能创建一个主键，但可以定义若干个候选键。

ii）定义主键约束时，系统会自动产生 PRIMARY KEY 索引，而定义候选键约束时，系统自动产生 UNIQUE 索引。

2. 参照完整性

在 MySQL 中，参照完整性是通过在创建表（CREATE TABLE）或更新表（ALTER TABLE）的同时定义一个外键声明来实现的。其中，外键声明有下列两种方式。

i）在表中某个列的属性定义后直接加上"reference_definition"语法项。

ii）在表中所有列的属性定义后添加"FOREIGN KEY (index_col_name,…) reference_definition"子句的语法项。

这里列出 CREATE TABLE 语句和 ALTER TABLE 语句中"reference_definition"语法项的定义：

```
REFERENCES tbl_name (index_col_name, …)
    [ON DELETE reference_option]
    [ON UPDATE reference_option]
```

其中，index_col_name 的语法格式是：

```
col_name [(length)] [ASC | DESC]
```

reference_option 的语法格式是：

```
RESTRICT | CASCADE | SET NULL | NO ACTION
```

由此可见，语法项"reference_definition"的语法定义主要包含外键所参照的表和列，以及参照动作的声明和实施策略等四部分内容。其中，相关语法说明如下。

i）语法项"tbl_name"指定外键所参照的表名。这个表称为被参照表（或父表），而外键所在的表称作参照表（或子表）。

ii）语法项"col_name"指定被参照的列名。外键可以引用被参照表中的主键或候选键，也可以引用被参照表中某些列的一个组合，但这个组合不能是被参照表中随机的一组列，必须保证该组合的取值在被参照表中是唯一的。外键中的所有列值在被参照表的列中必须全部存在，也就是通过外键来对参照表中某些列（外键）的取值进行限定与约束。

iii）关键字"ON DELETE"或"ON UPDATE"指定参照动作相关的 SQL 语句。这里可为每个外键指定的参照动作分别对应于 DELETE 语句和 UPDATE 语句。

iv）语法项"reference_option"指定参照完整性约束的实现策略。其中，当没有明确指定参照完整性的实现策略时，两个参照动作会默认使用 RESTRICT。具体策略如下：关键字"RESTRICT"表示限制策略，即当要删除或更新被参照表中被参照列上，并在外键中出现的值时，系统拒绝对被参照表的删除或更新操作；关键字"CASCADE"表示级联策略，即从被参照表中删除或更新记录行时，自动删除或更新参照表中匹配的记录行；关键字"SET NULL"表示置空策略，即当从被参照表中删除或更新记录行时，设置参照表中与之对应的外键列的值为 NULL，这个策略需要被参照表中的外键列没有声明限定词 NOT NULL；关键字"NO ACTION"表示不采取实施策略，即当一个相关的外键值在被参照表中时，删除或更新被参照表中键值的动作不被允许，该策略的动作语义与 RESTRICT 相同。

例 6.1 在数据库 mysql_test 中创建一个商品订单表 orders，该表包含的订单信息有：订单号 oder_id、订购商品名 order_product、订购商品类型 order_product_type、订购客户 id 号 cust_id、订购时间 order_date、订购价格 order_price、订购数量 order_amount。要求商品订单表 orders 中的所有订购客户信息均已在表 customers 中记录在册。

只需在 MySQL 的命令行客户端输入如下 SQL 语句即可：

```
mysql> USE mysql_test;
Database changed
mysql> CREATE TABLE orders
    -> (
    ->     order_id INT NOT NULL AUTO_INCREMENT,
    ->     order_product CHAR(50) NOT NULL,
    ->     order_product_type CHAR(50) NOT NULL,
    ->     cust_id INT NOT NULL,
    ->     order_date DATETIME NOT NULL,
    ->     order_price DOUBLE NOT NULL,
    ->     order_amount INT NOT NULL,
    ->     PRIMARY KEY(order_id),
    ->     FOREIGN KEY(cust_id)
    ->         REFERENCES customers(cust_id)
    ->         ON DELETE RESTRICT
    ->         ON UPDATE RESTRICT
    -> );
Query OK, 0 rows affected (0.39 sec)
```

从例 6.1 可以看到，其通过使用关键字"PRIMARY KEY"定义了一个主键约束，与此同时，它还通过定义外键创建了一个参照完整性约束，其作用是确保 MySQL 随时检测插入到外键中的每一个非空值是否都已经在被参照表中作为主键出现了，具体而言就是，对于插入表 orders 中的每一个订购客户 id 号都执行一次检测，查看这个订购客户 id 号是否已经出现在表 customers 的客户 id 号列（主键）中。如若没有，数据将无法正常插入，且系统会返回如下错误提示：ERROR 1452 (23000): Cannot add or update a child row: a foreign key constraint fails。这个过程也适用于使用 UPDATE 语句更新表 orders 中的 cust_id 列，即由 MySQL 确保表 orders 中 cust_id 列的内容总是表 customers 中 cust_id 列的内容的一个子集。

此外，当指定一个外键时，需要遵守下列规则。

i）被参照表必须已经用一条 CREATE TABLE 语句创建了，或者必须是当前正在创建的表。如若是后一种情形，则被参照表与参照表是同一个表，这样的表称为自参照表（self-referencing table），这种结构称为自参照完整性（self-referential integrity）。

ii）必须为被参照表定义主键。

ⅲ）必须在被参照表的表名后面指定列名或列名的组合。这个列或列组合必须是这个被参照表的主键或候选键。

ⅳ）尽管主键是不能够包含空值的，但允许在外键中出现一个空值。这意味着，只要外键的每个非空值出现在指定的主键中，这个外键的内容就是正确的。

ⅴ）外键中的列的数目必须和被参照表的主键中的列的数目相同。

ⅵ）外键中的列的数据类型必须和被参照表的主键中的对应列的数据类型相同。

3．用户定义的完整性

MySQL 支持几种用户自定义完整性约束，分别是非空约束、CHECK 约束和触发器。这里先介绍非空约束与 CHECK 约束，触发器将在 6.2 小节中介绍。

（1）非空约束

在 MySQL 中，非空约束可以通过在 CRETE TABLE 或 ALTER TABLE 语句中的某个列定义后面，加上关键字"NOT NULL"作为限定词，来约束该列的取值不能空。例如，在例 6.1 创建表 orders 的语句中对 order_id 列添加了一个非空约束，以确保该列的取值不可以是 NULL 值。

（2）CHECK 约束

与非空约束一样，CHECK 约束也是在创建表（CREATE TABLE）或更新表（ALTER TABLE）的同时，根据用户的实际完整性要求来定义的。它可以分别对列或表实施 CHECK 约束，其使用的语法格式是：

> CHECK (expr)

其中，语法项"expr"是一个 SQL 表达式，用于指定需要检查的限定条件。在更新表数据时，MySQL 会检查更新后的数据行是否满足 CHECK 约束中的限定条件。MySQL 可以使用简单的表达式来实现 CHECK 约束，也允许使用复杂的表达式作为限定条件，例如，在限定条件中加入子查询。若将 CHECK 约束子句置于表中某个列的定义之后，则这种约束也称为基于列的 CHECK 约束；若将 CHECK 约束子句置于表中所有列的定义以及主键约束和外键定义之后，则这种约束也称为基于表的 CHECK 约束，该约束可以同时对表中多个列设置限定条件。

三、命名完整性约束

与数据库中的表和视图一样，可以对完整性约束进行添加、删除和修改等操作。其中，为了删除和修改完整性约束，首先需要在定义约束的同时对其进行命名。命名完整性约束的方法是在各种完整性约束的定义说明之前加上关键字"CONSTRAINT"和该约束的名字，其使用的语法格式是：

> CONSTRAINT [symbol]

其中，语法项"symbol"是指定的约束名字，这个名字是在完整性约束说明的前面被定义，其在数据库里必须是唯一的。倘若没有明确给出约束的名字，则 MySQL 自动创建一个约束名字。

在定义完整性约束时，应当尽可能地为其指定名字，以便在需要对完整性约束进行修改或删除操作时，可以更加容易地引用它们。需要注意的是，只能给基于表的完整性约束指定名字，而无法给基于列的完整性约束指定名字。因此，基于表的完整性约束比基于列的完整性约束更受欢迎。

四、更新完整性约束

当对各种约束进行命名后，就可以使用 ALTER TABLE 语句来更新与列或表有关的各种约束。例如，若要添加约束，可在 ALTER TABLE 语句中使用 ADD CONSTRAINT 子句，实际上这也是定义约束的一种形式。此外，需要注意以下两点。

ⅰ）完整性约束不能直接被修改。若要修改某个约束，实际上是用 ALTER TABLE 语句先删除该约束，然后再增加一个与该约束同名的新约束。

ⅱ）使用 ALTER TABLE 语句，可以独立地删除完整性约束，而不会删除表本身。若使用 DROP TABLE 语句删除一个表，则表中所有的完整性约束都会自动被删除。

第二节 触 发 器

触发器（Trigger）是用户定义在关系表上的一类由事件驱动的数据库对象，也是一种保证数据完整性的方法。触发器一旦定义，无须用户调用，任何对表的修改操作均由数据库服务器自动激活相应的触发器。例如，每当客户订购一个产品时，都从产品库存量中减去可订购的数量；每当删除客户基本信息表中一个客户的全部基本信息数据时，该客户所订购的未完成订单信息也应该被自动删除。

触发器与表的关系十分密切，其主要作用是实现主键和外键不能保证的复杂的参照完整性和数据的一致性，从而有效地保护表中的数据。

一、创建触发器

在 MySQL 中，可以使用 CREATE TRIGGER 语句创建触发器，其常用的语法格式是：

```
CREATE TRIGGER trigger_name trigger_time trigger_event
    ON tbl_name FOR EACH ROW trigger_body
```

在此语法格式中：

ⅰ）语法项"trigger_name"用于指定触发器的名称，触发器在当前数据库中必须具有唯一的名称。如果要在某个特定数据库中创建，名称前面应该加上数据库的名称。

ⅱ）语法项"trigger_time"用于指定触发器被触发的时刻，它有两个选项，即关键字"BEFORE"和关键字"AFTER"，用于表示触发器是在激活它的语句之前或者之后触发。如果希望验证新数据是否满足使用的限制，则使用 BEFORE 选项；如果希望在激活触发器的语句执行之后完成几个或更多的改变，通常使用 AFTER 选项。

ⅲ）语法项"trigger_event"用于指定触发事件，即指定激活触发器的语句的种类，其可以是下述值之一：关键字"INSERT"，表示将新的数据行插入到表时激活触发器；关键字"UPDATE"，表示更改表中某一行数据时激活触发器；关键字"DELETE"，表示从表中删除某一行数据时激活触发器。

ⅳ）语法项 "tbl_name" 用于指定与触发器相关联的表名，必须引用永久性表，不能将触发器与临时表或视图关联起来，且同一个表不能拥有两个具有相同触发时刻和事件的触发器。

ⅴ）关键字 "FOR EACH ROW" 用于指定对于受触发事件影响的每一行都要激活触发器的动作。例如，使用一条 INSERT 语句向一个表中插入多行数据时，触发器会对每一行数据的插入都执行相应触发器动作。

ⅵ）语法项 "trigger_body" 用于指定触发器动作主体，即包含触发器激活时将要执行的 MySQL 语句。如果要执行多个语句，可使用 BEGIN…END 复合语句结构。

此外，需要注意的是，在触发器的创建中，每个表每个事件每次只允许一个触发器。因此，每个表最多支持 6 个触发器，即每条 INSERT、UPDATE 和 DELETE 的 "之前" 与 "之后"。单一触发器不能与多个事件或多个表关联，例如，需要一个对 INSERT 和 UPDATE 操作执行的触发器，则应该定义两个触发器。

例 6.2 在数据库 mysql_test 的表 customers 中创建一个触发器 customers_insert_trigger，用于每次向表 customers 插入一行数据时，将用户变量 str 的值设置为 "one customer added!"。

首先，在 MySQL 命令行客户端输入如下 SQL 语句：

```
mysql> CREATE TRIGGER mysql_test.customers_insert_trigger AFTER INSERT
    -> ON mysql_test.customers FOR EACH ROW SET @str='one customer added!';
Query OK, 0 rows affected (0.13 sec)
```

然后，在 MySQL 命令行客户端使用 INSERT 语句向表 customers 插入如下一行数据：

```
mysql> INSERT INTO mysql_test.customers
    -> VALUES(NULL,'万华','F','长沙市','芙蓉区');
Query OK, 1 row affected (0.13 sec)
```

最后，在 MySQL 命令行客户端输入如下 SQL 语句验证触发器：

```
mysql> SELECT @str;
+---------------------+
| @str                |
+---------------------+
| one customer added! |
+---------------------+
1 row in set (0.00 sec)
```

二、删除触发器

与其他数据库对象一样，同样可以使用 DROP 语句将触发器从数据库中删除，其使用的语法格式是：

```
DROP TRIGGER [IF EXISTS] [schema_name.]trigger_name
```

其中，关键字 "IF EXISTS" 用于避免在没有触发器的情况下删除触发器；语法项 "schema_name" 用于指定触发器所在的数据库的名称，若没有指定，则为当前默认数据库；语法项 "trigger_name" 指定要删除的触发器名称。

例 6.3 删除数据库 mysql_test 中的触发器 customers_insert_trigger。

在 MySQL 命令行客户端输入如下 SQL 语句即可删除该触发器：

```
mysql> DROP TRIGGER IF EXISTS mysql_test.customers_insert_trigger;
Query OK, 0 rows affected (0.00 sec)
```

此外，需要注意的是：当删除一个表的同时，也会自动地删除该表上的触发器，且触发器不能更新或覆盖，为了修改一个触发器，必须先删除它，然后再重新创建。

三、使用触发器

在实际使用中，MySQL 所支持的触发器有三种，分别是 INSERT 触发器、DELETE 触发器和 UPDATE 触发器。

1. INSERT 触发器

INSERT 触发器可在 INSERT 语句执行之前或之后执行。使用该触发器时，需要注意以下几点。

i）在 INSERT 触发器代码内，可引用一个名为 NEW（不区分大小写）的虚拟表，来访问被插入的行。

ii）在 BEFORE INSERT 触发器中，NEW 中的值也可以被更新，即允许更改被插入的值（只要具有对应的操作权限）。

iii）对于 AUTO_INCREMENT 列，NEW 在 INSERT 执行之前包含的是 0 值，在 INSERT 执行之后将包含新的自动生成值。

例 6.4 在数据库 mysql_test 的表 customers 中重新创建触发器 customers_insert_trigger，用于每次向表 customers 插入一行数据时，将用户变量 str 的值设置为新插入客户的 id 号。

首先，在 MySQL 命令行客户端输入如下 SQL 语句：

```
mysql> CREATE TRIGGER mysql_test.customers_insert_trigger AFTER INSERT
    -> ON mysql_test.customers FOR EACH ROW SET @str=NEW.cust_id;
Query OK, 0 rows affected (0.34 sec)
```

然后，在 MySQL 命令行客户端使用 INSERT 语句向表 customers 插入如下一行数据：

```
mysql> INSERT INTO mysql_test.customers
    -> VALUES(NULL,'曾伟','F','长沙市','芙蓉区');
Query OK, 1 row affected (0.11 sec)
```

最后，在 MySQL 命令行客户端输入如下 SQL 语句验证触发器：

```
mysql> SELECT @str;
+------+
| @str |
+------+
| 910  |
+------+
1 row in set (0.00 sec)
```

2. DELETE 触发器

DELETE 触发器可在 DELETE 语句执行之前或之后执行。使用该触发器时，需要注意以下几点。

i）在 DELETE 触发器代码内，可以引用一个名为 OLD（不区分大小写）的虚拟表，来访问被删除的行。

ii）OLD 中的值全部是只读的，不能被更新。

3. UPDATE 触发器

UPDATE 触发器在 UPDATE 语句执行之前或之后执行。使用该触发器时，需要注意如下几点。

i）在 UPDATE 触发器代码内，可以引用一个名为 OLD（不区分大小写）的虚拟表访问以前（UPDATE 语句执行前）的值，也可以引用一个名为 NEW（不区分大小写）的虚拟表访问新更新的值。

ii）在 BEFORE UPDATE 触发器中，NEW 中的值可能也被更新，即允许更改将要用于 UPDATE 语句 中的值（只要具有对应的操作权限）。

iii）OLD 中的值全部是只读的，不能被更新。

iv）当触发器涉及对触发表自身的更新操作时，只能使用 BEFORE UPDATE 触发器，而 AFTER UPDATE 触发器将不被允许。

例 6.5 在数据库 mysql_test 的表 customers 中创建一个触发器 customers_update_trigger，用于每次更新表 customers 时，将该表中 cust_address 列的值设置为 cust_contact 列的值。

首先，在 MySQL 命令行客户端输入如下 SQL 语句：

```
mysql> CREATE TRIGGER mysql_test.customers_update_trigger BEFORE UPDATE
    -> ON mysql_test.customers FOR EACH ROW
    -> SET NEW.cust_address=OLD.cust_contact;
Query OK, 0 rows affected (0.33 sec)
```

然后，在 MySQL 命令行客户端使用 UPDATE 语句更新表 customers 中客户名为"曾伟"的 cust_address 列的值为"武汉市"：

```
mysql> UPDATE mysql_test.customers SET cust_address='武汉市'
    -> WHERE cust_name='曾伟';
Query OK, 1 row affected (0.11 sec)
Rows matched: 1   Changed: 1   Warnings: 0
```

最后，在 MySQL 命令行客户端输入如下 SQL 语句，会发现"曾伟"的 cust_address 列的值并非是"武汉市"，而是被触发器更新为了原表中 cust_contace 列对应的值，即"芙蓉区"：

```
mysql> SELECT cust_address FROM mysql_test.customers
    -> WHERE cust_name='曾伟';
+--------------+
| cust_address |
+--------------+
| 芙蓉区       |
+--------------+
1 row in set (0.00 sec)
```

第三节　安全性与访问控制

数据库的安全性是指保护数据库以防止不合法的使用而造成数据泄露、更改或破坏，所以安全性对于任何一个 DBMS 来说都是至关重要的。在实际使用中，数据库通常存储了大量的数据，这些数据可能是个人信息、客户清单或其他机密资料，如若有人未经授权而非法侵入了数据库，并窃取了查看和修改数据的权限，将会造成极大的危害，特别是在银行、金融等系统中更是如此。

因此，数据库系统只允许合法的用户进行合法的操作，首先数据库会对用户进行标识，系统内部记录所有合法用户的标识，每次用户要求进入系统时，系统都将对该用户进行鉴定以确定用户的合法性，只有合法的用户才能进入到下一步的操作；对合法的用户，当其要进行数据库操作时，DBMS 还要验证此用户是否具有这种操作权限，如果有此操作权限，则进行操作，否则拒绝执行用户的操作。

在 MySQL 数据库中，数据库系统对数据的安全管理是使用身份验证、数据库用户权限确认等访问控制措施，来保护数据库中的信息资源，以防止这些数据遭受破坏。本节则主要介绍 MySQL 访问控制的用户身份验证与用户权限管理技术。

一、用户账号管理

MySQL 的用户账号及相关信息都存储在一个名为 mysql 的 MySQL 数据库中，这个数据库里有一个名为 user 的数据表，包含了所有用户账号，并且它用一个名为 user 的列存储用户的登录名。可以使用下面的 SQL 语句查看 MySQL 数据库的使用者账号。

```
mysql> select user from mysql.user;
+------+
| user |
+------+
| root |
+------+
1 row in set (0.00 sec)
```

可以看到，作为一个新安装的系统，当前只有一个名为 root 的用户。这个用户是在成功安装 MySQL 服务器后，由系统创建的，并且被赋予了操作和管理 MySQL 的所有权限。因此，root 用户拥有对整个 MySQL 服务器完全控制的能力。

在 MySQL 的日常管理和实际操作中，为了避免恶意用户冒名使用 root 账号操控数据库，通常需要创建一系列具备适当权限的账号，而尽可能地不用或少用 root 账号登录系统，以此来确保数据的安全访问。

1. 创建用户账号

可以使用 CREATE USER 语句来创建一个或多个 MySQL 账户，并设置相应的口令，其常用的语法格式是：

```
CREATE USER user[IDENTIFIED BY [PASSWORD] 'password']
```

在此语法格式介绍如下。

ⅰ）语法项"user"指定创建用户账号，其格式为'user_name'@'host_name'。其中，

user_name 表示用户名，host_name 表示主机名，即用户连接 MySQL 时所在主机的名字。如果在创建的过程中，只给出了账户中的用户名，而没指定主机名，则主机名会默认为是"%"，其表示一组主机。

ii）语法项"IDENTIFIED BY 子句"是可选项，用于指定用户账号对应的口令，若该用户账号无口令，则可省略此子句。

iii）关键字"PASSWORD"是可选项，用于指定散列口令，即若使用明文设置口令时，需忽略 PASSWORD 关键字；如果不想以明文设置口令，且知道 PASSWORD()函数返回给密码的散列值，则可以在此口令设置语句中指定此该散列值，但需要加上关键字 PASSWORD。

iv) 语法项"password"指定用户账号的口令，其在 IDENTIFIED BY 关键字或 PASSWORD 关键字之后。设定的口令值可以是只由字母和数字组成的明文，也可以是通过 PASSWORD()函数得到散列值。

例 6.6 在 MySQL 服务器中添加两个新的用户，其用户名分别为 zhangsan 和 lisi，他们的主机名均为 localhost，用户 zhangsan 的口令设置为明文 123，用户 lisi 的口令设置为对明文 456 使用 PASSWORD()函数加密返回的散列值。

首先，在 MySQL 的命令行客户端输入下面的 SQL 语句，得到明文 456 所对应的 PASSWORD()函数返回的散列值：

```
mysql> SELECT PASSWORD(456);
+-------------------------------------------+
| PASSWORD(456)                             |
+-------------------------------------------+
| *531E182E2F72080AB0740FE2F2D689DBE0146E04 |
+-------------------------------------------+
1 row in set (0.02 sec)
```

接着，使用 CREATE USER 语句创建这两个新用户：

```
mysql> CREATE USER 'zhangsan'@'localhost' IDENTIFIED BY '123',
    ->             'lisi'@'localhost' IDENTIFIED BY PASSWORD
    ->             '*531E182E2F72080AB0740FE2F2D689DBE0146E04';
Query OK, 0 rows affected (0.00 sec)
```

此外，在 CREATE USER 语句的使用中，需要注意以下几点。

i）要使用 CREATE USER 语句，必须拥有 MySQL 中 mysql 数据库的 INSERT 权限或全局 CREATE USER 权限。

ii）使用 CREATE USER 语句创建一个用户账号后，会在系统自身的 mysql 数据库的 user 表中添加一条新记录。如果创建的账户已经存在，则语句执行会出现错误。

iii）如果两个用户具有相同的用户名和不同的主机名，MySQL 会将他们视为不同的用户，并允许为这两个用户分配不同的权限集合。

iv）如果在 CREATE USER 语句的使用中，没有为用户指定口令，那么 MySQL 允许该用户可以不使用口令登录系统，然而从安全的角度而言，不推荐这种做法。

v）新创建的用户拥有的权限很少。他们可以登录到 MySQL，只允许进行不需要权限的操作，比如使用 SHOW 语句查询所有存储引擎和字符集的列表等，不能使用 USE 语句来让其他用户已经创建了的任何数据库成为当前数据库，因而无法访问那些数据库的表。

2. 删除用户

为了删除一个或多个用户账号以及相关的权限，可以使用 DROP USER 语句，其使用的语法格式是：

> DROP USER user [, user]…

例 6.7 删除前面例子中的 lisi 用户。
在 MySQL 的命令行客户端输入如下 SQL 语句：

```
mysql> DROP USER lisi;
ERROR 1396 (HY000): Operation DROP USER failed for 'lisi'@'%'
```

可以看到，该语句不能成功执行，并给出一个错误提示。原因在于在 DROP USER 语句中，只给出了用户名 lisi，没有明确给出该账号的主机名，系统则默认这个用户账号是 'lisi'@'%'，而该账户不存在，所以语句执行出错。这里，只需在 MySQL 的命令行客户端重新输入下面 SQL 语句即可成功执行：

```
mysql> DROP USER lisi@localhost;
Query OK, 0 rows affected (0.00 sec)
```

此外，在 DROP USER 语句的使用中，需要注意以下几点。

ⅰ）DROP USER 语句可用于删除一个或多个 MySQL 账户，并消除其权限。

ⅱ）要使用 DROP USER 语句，必须拥有 MySQL 中 mysql 数据库的 DELETE 权限或全局 CREATE USER 权限。

ⅲ）在 DROP USER 语句的使用中，如果没有明确地给出账户的主机名，则该主机名会默认为是%。

ⅳ）用户的删除不会影响到他们之前所创建的表、索引或其他数据库对象，这是因为 MySQL 并没有记录是谁创建了这些对象。

3. 修改用户账号

可以使用 RENAME USER 语句修改一个或多个已经存在的 MySQL 用户账号，其使用的语法格式是：

> RENAME USER old_user TO new_user [, old_user TO new_user] …

其中，语法项 "old_user" 指定系统中已经存在的 MySQL 用户账号；语法项 "new_user" 指定新的 MySQL 用户账号。

例 6.8 将前面例子中用户 zhangsan 的名字修改成 wangwu。
在 MySQL 的命令行客户端输入如下 SQL 语句：

```
mysql> RENAME USER 'zhangsan'@'localhost' TO 'wangwu'@'localhost';
Query OK, 0 rows affected (0.00 sec)
```

此外，在 RENAME USER 语句的使用中，需要注意以下几点。

ⅰ）RENAME USER 语句用于对原有 MySQL 账户进行重命名。

ⅱ）要使用 RENAME USER 语句，必须拥有 MySQL 中 mysql 数据库的 UPDATE 权限或

全局 CREATE USER 权限。

iii）倘若系统中旧账户不存在或者新账户已存在，则语句执行会出现错误。

4. 修改用户口令

可以使用 SET PASSWORD 语句修改一个用户的登录口令，其使用的语法格式是：

```
SET PASSWORD [FOR user] =
    {
        PASSWORD('new_password')
      | 'encrypted password'
    }
```

其中，语法项"FOR 子句"为可选项，用于指定欲修改口令的用户；语法项"PASSWORD('new_password')"表示使用函数 PASSWORD()设置新口令 new_password，即新口令必须传递到函数 PASSWORD()中进行加密；语法项"encrypted password"表示已被函数 PASSWORD()加密的口令值。

例 6.9 将前面例子中用户 wangwu 的口令修改成明文 hello 对应的散列值。

首先，在 MySQL 的命令行客户端输入下面的 SQL 语句，得到明文 hello 所对应的 PASSWORD()函数返回的散列值：

```
mysql> SELECT PASSWORD('hello');
+-------------------------------------------+
| PASSWORD('hello')                         |
+-------------------------------------------+
| *6B4F89A54E2D27ECD7E8DA05B4AB8FD9D1D8B119 |
+-------------------------------------------+
1 row in set (0.00 sec)
```

接着，使用 SET PASSWORD 语句修改用户 wangwu 的口令为明文 hello 对应的散列值：

```
mysql> SET PASSWORD FOR 'wangwu'@'localhost'
    -> = '*6B4F89A54E2D27ECD7E8DA05B4AB8FD9D1D8B119';
Query OK, 0 rows affected (0.00 sec)
```

此外，在 SET PASSWORD 语句的使用中，需要注意以下几点。

i）若不加上 FOR 子句，表示修改当前用户的口令；若加上 FOR 子句，表示修改账户为 user 的用户口令，其中 user 的格式必须以'user_name'@'host_name'的格式给定，user_name 为账户的用户名，host_name 为账户所在的主机名。该账户必须在系统中存在，否则语句执行会出现错误。

ii）只能使用选项"PASSWORD('new_password')"和"encrypted password"中的一项，且必须使用其中的某一项。

二、账户权限管理

成功创建用户账号后，需要为该用户分配访问适当的权限，因为新创建的用户账号没有访问权限，只能登录 MySQL 服务器，不能执行任何数据库操作。例如，使用 SHOW GRANTS FOR 语句就可以查看前面新创建的用户 zhangsan 的如下授权表：

```
mysql> SHOW GRANTS FOR 'zhangsan'@'localhost';
+---------------------------------------------------------------+
| Grants for zhangsan@localhost                                 |
+---------------------------------------------------------------+
| GRANT USAGE ON *.* TO 'zhangsan'@'localhost'                  |
+---------------------------------------------------------------+
1 row in set (0.00 sec)
```

根据语句执行后的输出结果，可以看到用户 zhangsan 仅有一个权限 USAGE ON *.*，其实质上表示该用户在任何数据库和任何表上对任何内容没有权限。

1. 权限的授予

新建的 MySQL 用户必须被授权，可以使用 GRANT 语句来实现，其常用的语法格式是：

```
GRANT
    priv_type [(column_list)]
      [, priv_type [(column_list)]] …
    ON [object_type] priv_level
    TO user_specification [, user_specification] …
    [WITH GRANT OPTION]
```

在此语法格式中：

i）语法项"priv_type"用于指定权限的名称，例如 SELECT、UPDATE、DELETE 等数据库操作。

ii）可选语法项"column_list"用于指定权限要授予给表中哪些具体的列。

iii）语法项"ON 子句"用于指定权限授予的对象和级别，例如可在关键字"ON"后面给出要授予权限的数据库名或表名等。

iv）可选项"object_type"用于指定权限授予的对象类型，包括表、函数和存储过程，分别用关键字"TABLE""FUNCTION"和"PROCEDURE"标识。

v）语法项"priv_level"：用于指定权限的级别，其可以授予的权限有这样几个：列权限、表权限、数据库权限和用户权限。相应地，在 GRANT 语句中可用于指定权限级别的值有这样几类格式："*"表示当前数据库中的所有表；"*.*"表示所有数据库中的所有表；"db_name.*"表示某个数据库中的所有表，db_name 指定数据库名；"db_name.tbl_name"表示某个数据库中的某个表或视图，db_name 指定数据库名，tbl_name 指定表名或视图名；"tbl_name"表示某个表或视图，tbl_name 指定表名或视图名；"db_name.routine_name"表示某个数据库中的某个存储过程或函数，routine_name 指定存储过程名或函数名。

vi）语法项"TO 子句"用来设定用户的口令，以及指定被授予权限的用户 user。若在 TO 子句中给系统中存在的用户指定口令，则新密码会将原密码覆盖；如果权限被授予给一个不存在的用户，MySQL 会自动执行一条 CREATE USER 语句来创建这个用户，但同时必须为该用户指定口令。由此可见，GRANT 语句亦可以用于创建用户账号。

vii）语法项"user_specification"是 TO 子句中的具体描述部分，其常用的语法格式是：

```
user[IDENTIFIED BY [PASSWORD] 'password']
```

viii）语法项"WITH 子句"为可选项，用于实现权限的转移或限制。

例 6.10 授予用户 zhangsan 在数据库 mysql_test 的表 customers 上拥有对列 cust_id 和列 cust_name 的 SELECT 权限。

使用 root 登录 MySQL 服务器，并在 MySQL 的命令行客户端输入下面的 SQL 语句：

```
mysql> GRANT SELECT (cust_id,cust_name)
    -> ON mysql_test.customers
    -> TO 'zhangsan'@'localhost';
Query OK, 0 rows affected (0.02 sec)
```

这条权限授予语句成功执行后，使用用户 zhangsan 的账户登录 MySQL 服务器，可以使用 SELECT 语句来查看表 customers 中列 cust_id 和列 cust_name 的数据了，而且目前仅能执行这项操作，如果执行其他的数据库操作，则会出现错误，例如，

```
mysql> select * from mysql_test.customers;
ERROR 1142 (42000): SELECT command denied to user 'zhangsan'@'localhost' for table 'customers'
```

例 6.11 当前系统中不存在用户 liming 和用户 huang，要求创建这两个用户，并设置对应的系统登录口令，同时授予他们在数据库 mysql_test 的表 customers 上拥有 SELECT 和 UPDATE 的权限。

使用 root 登录 MySQL 服务器，并在 MySQL 的命令行客户端输入下面的 SQL 语句：

```
mysql> GRANT SELECT,UPDATE
    -> ON mysql_test.customers
    -> TO 'liming'@'localhost' IDENTIFIED BY '123',
    -> 'huang'@'localhost' IDENTIFIED BY '789';
Query OK, 0 rows affected (0.06 sec)
```

该语句成功执行后，即可分别使用 liming 和 huang 的账户登录 MySQL 服务器，验证这两个用户是否具有了对表 customers 可以执行 SELECT 和 UPDATE 操作的权限。

例 6.12 授予系统中已存在用户 wangwu 可以在数据库 mysql_test 中执行所有数据库操作的权限。

使用 root 登录 MySQL 服务器，并在 MySQL 的命令行客户端输入下面的 SQL 语句即可：

```
mysql> GRANT ALL
    -> ON mysql_test.*
    -> TO 'wangwu'@'localhost';
Query OK, 0 rows affected (0.00 sec)
```

例 6.13 授予系统中已存在用户 wangwu 拥有创建用户的权限。

使用 root 登录 MySQL 服务器，并在 MySQL 的命令行客户端输入下面的 SQL 语句即可：

```
mysql> GRANT CREATE USER
    -> ON *.*
    -> TO 'wangwu'@'localhost';
Query OK, 0 rows affected (0.00 sec)
```

此外，关于 GRANT 语句中语法项"priv_type"的使用，需要注意以下几点。

1）授予表权限时，语法项"priv_type"可以指定为以下值。
- SELECT：表示授予用户可以使用 SELECT 语句访问特定表的权限。
- INSERT：表示授予用户使用 INSERT 语句向一个特定表中添加数据行的权限。
- DELETE：表示授予用户可以使用 DELETE 语句向一个特定表中删除数据行的权限。
- UPDATE：表示授予用户可以使用 UPDATE 语句修改特定数据表中值的权限。
- REFERENCES：表示授予用户可以创建一个外键来参照特定数据表的权限。
- CREATE：表示授予用户可以使用特定的名字创建一个数据表的权限。
- ALTER：表示授予用户可以使用 ALTER TABLE 语句修改数据表的权限。
- INDEX：表示授予用户可以在表上定义索引的权限。
- DROP：表示授予用户可以删除数据表的权限。
- ALL 或 ALL PRIVILEGES：表示所有的权限名。

2）授予列权限时，语法项"priv_type"的值只能指定为 SELECT、INSERT 和 UPDATE，同时权限的后面需要加上列名列表 column_list。

3）授予数据库权限时，语法项"priv_type"可以指定为以下值。
- SELECT：表示授予用户可以使用 SELECT 语句访问特定数据库中所有表和视图的权限。
- INSERT：表示授予用户可以使用 INSERT 语句向特定数据库中所有表添加数据行的权限。
- DELETE：表示授予用户可以使用 DELETE 语句删除特定数据库中所有表的数据行的权限。
- UPDATE：表示授予用户可以使用 UPDATE 语句更新特定数据库中所有数据表的值的权限。
- REFERENCES：表示授予用户可以创建指向特定的数据库中的表外键的权限。
- CREATE：表示授予用户可以使用 CREATE TABLE 语句在特定数据库中创建新表的权限。
- ALTER：表示授予用户可以使用 ALTER TABLE 语句修改特定数据库中所有数据表的权限。
- INDEX：表示授予用户可以在特定数据库中的所有数据表上定义和删除索引的权限。
- DROP：表示授予用户可以删除特定数据库中所有表和视图的权限。
- CREATE TEMPORARY TABLES：表示授予用户可以在特定数据库中创建临时表的权限。
- CREATE VIEW：表示授予用户可以在特定数据库中创建新的视图的权限。
- SHOW VIEW：表示授予用户可以查看特定数据库中已有视图的视图定义的权限。
- CREATE ROUTINE：表示授予用户可以为特定的数据库创建存储过程和存储函数等权限。
- ALTER ROUTINE：表示授予用户可以更新和删除数据库中已有的存储过程和存储函数等权限。

- EXECUTE ROUTINE：表示授予用户可以调用特定数据库的存储过程和存储函数的权限。
- LOCK TABLES：表示授予用户可以锁定特定数据库的已有数据表的权限。
- ALL 或 ALL PRIVILEGES：表示以上所有的权限名。

4）最有效率的权限是用户权限。授予用户权限时，语法项"priv_type"除了可以指定为授予数据库权限时的所有值之外，还可以是下面这些值。

- CREATE USER：表示授予用户可以创建和删除新用户的权限。
- SHOW DATABASES：表示授予用户可以使用 SHOW DATABASES 语句查看所有已有的数据库的定义的权限。

2. 权限的转移

权限的转移可以通过在 GRANT 语句中使用 WITH 子句来实现。如果将 WITH 子句指定为关键字"WITH GRANT OPTION"，则表示 TO 子句中所指定的所有用户都具有把自己所拥有的权限授予给其他用户的权利，而无论那些其他用户是否拥有该权限。

例 6.14 授予当前系统中一个不存在的用户 zhou 在数据库 mysql_test 的表 customers 上拥有 SELECT 和 UPDATE 的权限，并允许其可以将自身的这个权限授予给其他用户。

首先，使用 root 登录 MySQL 服务器，并在 MySQL 的命令行客户端输入下面的 SQL 语句：

```
mysql> GRANT SELECT,UPDATE
    ->     ON mysql_test.customers
    ->     TO 'zhou'@'localhost' IDENTIFIED BY '123'
    ->     WITH GRANT OPTION;
Query OK, 0 rows affected (0.01 sec)
```

这条语句成功执行之后，会在系统中创建一个新的用户账号 zhou，其口令为 123。接着，以该账户登录 MySQL 服务器即可根据需要将其自身的权限授予给其他指定的用户。

3. 权限的撤销

当需要撤销一个用户的权限、而又不希望将该用户从系统中删除时，可以使用 REVOKE 语句来实现。其中，当需要回收某些特定的权限时，可使用的语法格式是：

```
REVOKE
    priv_type [(column_list)]
      [, priv_type [(column_list)]] ···
    ON [object_type] priv_level
    FROM user [, user] ···
```

而当需要回收特定用户的所有权限时，可使用的语法格式是：

```
REVOKE ALL PRIVILEGES, GRANT OPTION FROM user [, user] ···
```

例 6.15 回收系统中已存在的用户 zhou 在数据库 mysql_test 的表 customers 上的 SELECT 权限。

使用 root 登录 MySQL 服务器，并在 MySQL 的命令行客户端输入下面的 SQL 语句即可：

```
mysql> REVOKE SELECT
    -> ON mysql_test.customers
    -> FROM 'zhou'@'localhost';
Query OK, 0 rows affected (0.00 sec)
```

此外，需要注意的是：REVOKE 语句和 GRANT 语句的语法格式相似，但具有相反的效果；要使用 REVOKE 语句，必须拥有 mysql 数据库的全局 CREATE USER 权限或 UPDATE 权限。

第四节 事务与并发控制

数据库中的数据是共享的资源，因此数据库系统通常都是多用户系统，即支持多个不同程序或同一程序的多个独立执行同时（或称并发地）存取数据库中相同的数据。当多个用户同时操作相同的数据时，如果不采取任何措施，则会造成数据的异常现象。

因此，DBMS 必须对这种并发操作提供一定的控制，以防止它们彼此干扰，从而保证数据库的正确性不被破坏，避免数据库的不一致性，这种机制就称为"并发控制"。其中，事务就是为保证数据的一致性而产生的一个概念和基本手段。

一、事务的概念

所谓事务是用户定义的一个数据操作序列，这些操作可作为一个完整的工作单元，要么全部执行，要么全部不执行，是一个不可分割的工作单位。例如，在关系数据库中，一个事务可以是一条 SQL 语句、一组 SQL 语句或整个程序。

事务与程序很相似，但它们是两个彼此相联而又不同的概念：程序是静止的，事务是动态的，是程序的执行而不是程序本身；同一程序的多个独立执行可以同时进行，而每一步执行则是一个不同的事务。

要让 DBMS 知道哪些动作属于一个事务，而不是单纯的数据库操作或程序，必须要显式地告诉数据库系统，这可以通过标记事务的开始与结束来实现。在 SQL 中，用户显式定义事务的语句一般有这样三条：BEGIN TRANSACTION、COMMIT 和 ROLLBACK，且事务通常是以 BEGIN TRANSACTION 语句开始，以 COMMIT 语句或 ROLLBACK 语句结束。其中，COMMIT 语句表示提交，即提交事务的所有操作，具体地说就是将事务中所有对数据库的更新写回到磁盘上的物理数据库中去，事务正常结束；ROLLBACK 语句表示回滚，即在事务运行的过程中若发生了某种故障，事务不能继续执行，系统将事务中对数据库的所有已完成的操作全部撤销，回滚到事务开始时的状态。事务中的操作一般是对数据的更新操作，包括增、删、改。

二、事务的特征

为了保证数据的一致性和正确性，数据库系统必须保证事务具有四个特征，即原子性（Atomicity）、一致性（Consistency）、隔离性（Isolation）和持续性（Durability）。这四个特性也简称为事务的 ACID 特征。

(1) 原子性

事务的原子性保证事务包含的一组更新操作是原子不可分的，即事务是不可分割的最小工作单位，所包含的这些操作是一个整体。事务在执行时，要求遵守"要么全做，要么全不做"的原则。即使在系统崩溃之后，也能通过撤销系统崩溃时所处于活动状态的事务对数据库的影响，从而保证事务的原子性。

(2) 一致性

一致性要求事务必须满足数据库的完整性约束，且事务执行完毕后将数据库由一个一致性状态转变到另一个一致性状态。其中，数据库的一致性状态是一种以一致性规则为基础的逻辑属性。例如一个典型实例：在银行数据库系统中，通常有这样一个事务"从账户 A 转账 S 金额资金到账户 B"，此事务包含两个操作，即从账户 A 减去 S 金额资金，和在账户 B 中增加 S 金额资金，如果只执行其中一个操作，则数据库会处于不一致状态，那么就需要这两个操作成为一个整体，要么全做，要么全不做，否则不能成为事务。由此可见，一致性和原子性密切相关。

(3) 隔离性

隔离性要求事务是彼此独立的、隔离的，即一个事务的执行不能被其他事务所干扰，一个事务对数据库变更的结果必须在它 COMMIT 后，另一个事务才能存取。多个事务并发执行时，其结果应等价于它们的一种顺序执行的结果，就如同串行调度执行事务一般。这一特性也称为可串行性，即系统执行的任何交错操作调度实质上是一个串行调度，而串行调度是指每当调度一个事务，在该事务的所有操作没有结束之前其他的事务不能被执行。

(4) 持续性

持续性也称为永久性（Permanence），是指一个事务一旦提交，它对数据库中数据的改变就应该是永久性的，且接下来的其他操作或故障不应该对其执行结果有任何影响。

例 6.16 依据事务的 ACID 特征，分析并编写银行数据库系统中的转账事务 T：从账户 A 转账 S 金额资金到账户 B。

首先，考虑到此事务应包含如下操作：

```
read(A);
A=A-S;
write(A);
read(B);
B=B+S;
write(B);
```

然后，基于事务的 ACID 特征，经分析：

i) 在数据库执行上述所有操作执行的过程中，若某一时刻账户 A 已减去 S 金额的资金，而账户 B 尚未增加，这显然就会出现一种不一致的状态，因此需要将所有操作当作一个不可分割的整体，遵守"要么全做，要么全不做"的原则，保证事务的原子性。

ii) 在数据库上述所有操作执行的过程中，要求数据库中账户 A 减去 S 金额资金的同时，账户 B 增加 S 金额资金，即账户 A 和账户 B 之和不变，维系数据库的一致性状态，保证事务的一致性。

iii) 在数据库上述所有操作执行的过程中，如若有其他操作插入进来修改账户 A 或账户

B 的金额，会导致错误数据的产生，因此需要隔离上述所有操作，保证事务的隔离性。

iv）在数据库上述所有操作成功执行完毕后，系统需要确保以后任何故障都不会再引起与这次转账相关的数据的丢失，保证事务的持久性。

最后，编写该转账事务 T，如下：

```
BEGIN TRANSACTION
    read(A);
    A=A-S;
    write(A);
    if (A<0) ROLLBACK;
    else { read(B);
        B=B+S
        write(B);
        COMMIT; }
```

其中，ROLLBACK 语句表示在账户 A 扣款透支时拒绝该转账操作，执行回滚操作，数据库中相关数据的值恢复到这个事务的初始状态；COMMIT 语句表示转账操作顺利结束，数据库处于新的一致性状态。

三、并发操作问题

事务是并发控制的基本单位，保证事务的 ACID 特征是事务处理的重要任务，而事务的 ACID 特征可能遭到破坏的原因之一是多个事务对数据库的并发操作造成的。为了保证事务的隔离性和一致性，DBMS 需要对并发操作进行正确调度。其中，完整性检验可以保证一个事务单独执行时，若输入的数据库状态是正确的，则其输出的数据库状态也是正确的。但当多个事务交错执行时，可能出现不一致问题，这也称为并发操作问题，典型的有如下三种：丢失更新、不可重复读和读"脏"数据。

（1）丢失更新

设有两个事务 T1 和 T2，当它们同时读入同一数据并加以修改时，事务 T2 的提交结果会破坏事务 T1 提交的结果，由此导致事务 T1 的修改被丢失。这就是一种由于对数据的并发操作而带来的数据不一致性。

（2）不可重复读

设有两个事务 T1 和 T2，不可重复读是指事务 T1 读取数据后，事务 T2 执行更新操作，使事务 T1 无法再现前一次读取结果。通常，不可重复读包括三种情况。

i）事务 T1 读取某一数据后，事务 T2 对其做了修改，当事务 T1 再次读该数据时，得到与前一次不同的值。

ii）事务 T1 按一定条件从数据库中读取了某些数据记录后，事务 T2 删除了其中部分记录，当事务 T1 再次按相同条件读取数据时，发现某些记录神秘地消失了。

iii）事务 T1 按一定条件从数据库中读取某些数据记录后，事务 T2 插入了一些记录，当事务 T1 再次按相同条件读取数据时，发现多了一些记录。

（3）读"脏"数据

设有两个事务 T1 和 T2，读"脏"数据是指，事务 T1 修改某一数据，并将其写回磁盘，事务 T2 读取同一数据后，事务 T1 由于某种原因被撤销，这时事务 T1 已修改过的数据恢复原值，事务 T2 读到的数据就与数据库中的数据不一致，则事务 T2 读到的数据就为"脏"数据，即不正确的数据。

产生上述三类数据不一致的主要原因是并发操作破坏了事务的隔离性。并发控制机制就是要用正确的方式调度并发操作，使一个用户事务的执行不受其他事务的干扰，从而避免造成数据的不一致性。

解决并发操作所带来的数据不一致性问题的方法有封锁、时间戳、乐观控制法和多版本并发控制等。本节接下来主要介绍封锁方法，这也是众多数据库产品采用的基本方法。

四、封锁

封锁是最常用的并发控制技术，它的基本思想是：需要时，事务通过向系统请求对它所希望的数据对象（如数据库中的记录）加锁，以确保它不被非预期改变。

1. 锁

一个锁实质上就是允许或阻止一个事务对一个数据对象的存取特权。一个事务对一个对象加锁的结果是将别的事务"封锁"在该对象之外，特别是防止了其他事务对该对象的变更，而加锁的事务则可执行它所希望的处理并维持该对象的正确状态。

确切的控制由封锁的类型决定。基本的封锁类型有两种：排他锁（Exclusive Lock，X 锁）和共享锁（Shared Lock，S 锁）。一般地，写操作要求 X 锁，读操作要求 S 锁。

2. 用封锁进行并发控制

封锁的工作原理如下。

1）若事务 T 对数据 D 加了 X 锁，则所有别的事务对数据 D 的锁请求都必须等待直到事务 T 释放锁。

2）若事务 T 对数据 D 加了 S 锁，则别的事务还可对数据 D 请求 S 锁，而对数据 D 的 X 锁请求必须等待直到事务 T 释放锁。

3）事务执行数据库操作时都要先请求相应的锁，即对读请求 S 锁，对更新（插入、删除、修改）请求 X 锁。这个过程一般是由 DBMS 在执行操作时自动隐含地进行。

4）事务一直占有获得的锁直到结束（COMMIT 或 ROLLBACK）时释放。

因此，利用封锁机制可以解决上述并发操作所带来的三个不一致性问题。

3. 封锁的粒度

通常以粒度来描述封锁的数据单元的大小。DBMS 可以决定不同粒度的锁。由最底层的数据元素到最高层的整个数据库，粒度越细，并发性就越大，但软件复杂性和系统开销也就越大。锁住整个数据库，DBMS 的管理与控制最简单，只需设置和测试一个锁，故系统开销也最小。然而对数据的存取则只能顺序进行，因而系统的总体性能大大下降。反之，数据元素层锁将提供最高的并发性，但 DBMS 要设置大量的锁装置来标识那些当前被封锁的数据元素，同时还要大量的锁检测，影响了每一事务的服务性能，系统总体性能也因此而下降。所以，大多数高性能系统都选择折中的锁粒度，至于哪一层最合适，则与应用环境下事务量、数据量及数据的易变性特征等都紧密相关。

4. 封锁的级别

封锁的级别又称为一致性级别或隔离度。首先，它与封锁的期限有关，依应用的不同要求,封锁的期限可能不一样,有的只需要单个数据单元的存取期,有的则可能要求整个事务处理期。然后,由各种锁的类型与其封锁期限组合可形成不同的封锁级别。

(1) 0 级封锁

封锁的事务不重写其他非 0 级封锁事务的未提交的更新数据。这种状态实际上实用价值不大。

(2) 1 级封锁

被封锁的事务不允许重写未提交的更新数据。这防止了丢失更新的发生。

(3) 2 级封锁

被封锁的事务既不重写也不读未提交的更新数据。这除了 1 级封锁的效果外还防止了读脏数据。

(4) 3 级封锁

被封锁的事务不读未提交的更新数据,不写任何(包括读操作的)未提交数据。显然,这除了包含 2 级封锁外,还不写未提交的读数据,因而防止了不可重读的问题。这是严格的封锁,它保证了多个事务并发执行的"可串行化"。

5. 活锁与死锁

封锁带来的一个重要问题是可能引起"活锁"与"死锁"。在并发事务处理过程中,由于锁会使一事务处于等待状态而调度其他事务处理,因而该事务可能会因优先级低而永远等待下去,这种现象称为"活锁"。活锁问题的解决与调度算法有关,一种最简单的办法是"先来先服务"。

两个以上事务循环等待被同组中另一事务锁住的数据单元的情形,称为"死锁"。在任何一个多任务程序设计系统中,死锁总是潜在的,所以在这种环境下的 DBMS 需要提供死锁预防、死锁检测和死锁发生后的处理技术与方法。预防死锁的办法在操作系统中已普遍讨论,其中主要有如下几种。

(1) 一次性锁请求

每一事务在处理时一次提出所有的锁请求,仅当这些请求全部满足时事务处理才进行,否则让其等待,这样则不会出现死锁的情况。这种方法实现简单,但因系统的并行性降低,事务处理的等待时间加长,所以系统性能将下降。

(2) 锁请求排序

将每个数据单元标以线性顺序,然后要求每一事务都按此顺序提出锁请求。这种方法也能防止死锁发生,但同样会降低系统的并行性。

(3) 序列化处理

通过应用设计为每一数据单元建立一个"主人"程序,对给定数据单元的所有请求都发送给"主人",而"主人"以单道的形式运行。这样系统可以是多道运行,但由于任何两道都不请求相同的数据单元,因而可避免死锁发生,但系统性能、数据的完整性可能受到影响。

(4) 资源剥夺

每当事务因锁请求不能满足而受阻时,强行令两个冲突的事务中的一个 ROLLBACK,释放所有的锁,以后再重新运行。使用这个方法必须注意防止活锁的发生。

对待死锁的另一种办法是不去防止,而让其发生并随时进行检测,一旦检测到系统已发生了死锁再进行解除处理。死锁检测可以用图论的方法实现,并以正在执行的事务为结点。

6. 可串行性

一组事务的一个调度就是它们的基本操作的一种排序。若在一个调度中，对于任意两个事务 T1 和 T2，要么 T1 的所有操作都在 T2 所有操作之前，要么反之，则该调度是串行的，因而是正确的。若一个调度等价于某一串行高度，即它所产生的结果与某一串行调度的结果一样，则说调度是可串行化的（Serializable）。其中，需要指出的是："可串行化的"不是调度本身"已串行化了"，只是其结果与某个串行调度一样；另外，一组事务的串行调度不是唯一的，因而可串行化的调度也不是唯一的。

通常，在数据库系统中，可串行性就是并发执行的正确性准则，即当且仅当一组事务的并发执行调度是可串行化的，才认为它们是正确的。

7. 两段封锁法

封锁是一种并发控制技术，而可串行性是并发控制（调度）的正确性标准。其中，采用两段封锁法（Two-Phase Locking，2PL）是一种最简单而有效的保障封锁其调度是可串行性的方法。

两段封锁法是事务遵循两段锁协议的调度方法。所谓协议，就是所有事务都必须遵循的关于基本操作执行顺序的一种限制。两段锁协议规定在任何一个事务中，所有加锁操作都必须在所有释放锁操作之前。其中，事务划分成如下两个阶段。

（1）发展（Growing）或加锁阶段

在此段期间，对任一数据对象进行任何操作之前，事务都要获得对该对象的一个相应的锁。

（2）收缩（Shrinking）或释放锁阶段

一旦事务释放了一个锁，则标明它已进入了此阶段，此后它就不能再请求任何另外的锁。

例如，事务 T1：S(x), a=R(x), X(y), W(y,a), UL(x), UL(y), C

事务 T2：S(x), a=R(x), UL(x), X(y), W(y,a), UL(y), C

以上两个事务中 T1 是遵循 2PL 的，而 T2 则不是。其中，S(x)、X(y)、UL(x)分别表示对 x 加 S 锁、对 y 加 X 锁、释放 x 的锁；R(x)、W(y,a)、C 分别表示读 x、用 a 写 y、提交（COMMIT）。

此外，关于两段锁协议有如下定理成立。

定理 6.1：遵循两段锁协议的事务的任何并发调度都是可串行化的。

依据此定理，所有遵循 2PL 事务的任何并发执行的结果都是一致性的。需要指出的是，2PL 是可串行化的充分条件，不是必要条件，即存在不全是 2PL 的事务的可串行化调度。

第五节　备份与恢复

为保证数据库的可靠性和完整性，DBMS 通常会采取各种有效的措施来进行维护。尽管如此，在数据库的实际使用过程中，仍然存在着一些不可预估的因素，会造成数据库运行事务的异常中断，从而影响数据的正确性，甚至会破坏数据库，使数据库中的数据部分或全部丢失。这些因素可能是：

i）计算机硬件故障。由于用户使用的不当，或者硬件产品自身的质量问题等原因，计算机硬件可能会出现故障，甚至不能使用，例如硬盘损坏会使得存储于其上的数据丢失。

ii）计算机软件故障。由于用户使用的不当，或者软件设计上的缺陷，计算机软件系统可能会误操作数据，从而引起数据破坏。

ⅲ）病毒。破坏性病毒会破坏计算机硬件、系统软件和数据。

ⅳ）人为误操作。例如，用户误使用了 DELETE、UPDATE 等命令而引起数据丢失或破坏；一个简单的 DROP TABLE 或者 DROP DATABASE 的语句，就会让数据表化为乌有；更危险的是 DELETE * FROM table_name，能轻易地清空数据表，这些人为的误操作是很容易发生的。

ⅴ）自然灾害。火灾、洪水、地震等这些不可抵挡的自然灾害，会对人类生活造成极大的破坏，也会毁坏计算机系统及其数据。

ⅵ）盗窃。一些重要数据可能会被窃或人为破坏。

面对这些可能的因素会造成数据丢失或被破坏的风险，数据库系统提供了备份和恢复策略来保证数据库中数据的可靠性和完整性。

数据库备份是指通过导出数据或者复制表文件的方式来制作数据库的复本；数据库恢复则是当数据库出现故障或遭到破坏时，将备份的数据库加载到系统，从而使数据库从错误状态恢复到备份时的正确状态。

数据库的恢复是以备份为基础的，它是与备份相对应的系统维护和管理操作。系统进行恢复操作时，先执行一些系统安全性的检查，包括检查所要恢复的数据库是否存在、数据库是否变化及数据库文件是否兼容等，然后根据所采用的数据库备份类型采取相应的恢复措施。另外，通过备份和恢复数据库，也可以实现将数据库从一个服务器移动或复制到另一个服务器的目的。

下面介绍在 MySQL 中使用 SQL 语句备份与恢复数据库中表数据的方法。需要注意的是，这种方法有一点不足，就是只能导出或导入数据的内容，而不包括表的结构，如果表的结构文件损坏，则必须先设法恢复原来表的结构。

1. 使用 SELECT INTO…OUTFILE 语句备份数据

在 MySQL 中，导出备份语句 SELECT INTO…OUTFILE 是通过 SELECT 语句将表中所有数据行写入到一个文件中，其常用语法格式是：

```
SELECT *INTO OUTFILE 'file_name' export_options
    | INTO DUMPFILE 'file_name'
```

其中，语法项"export_options"的格式是：

```
[FIELDS
    [TERMINATED BY 'string']
    [[OPTIONALLY] ENCLOSED BY 'char']
    [ESCAPED BY 'char' ]
]
[LINES TERMINATED BY 'string' ]
```

在此语法格式中：

ⅰ）语法项"file_name"指定数据备份文件的名称。文件默认在服务器主机上创建，并且文件名不能是已经存在的，否则可能会将原文件覆盖。如果要将该文件写入到一个特定的位置，则要在文件名前加上具体的路径。在文件中，导出的数据行会以一定的形式存储，其中空值是用"\N"表示。

ii）导出语句中使用关键字"OUTFILE"时，可以在语法项"export_options"中加入以下两个自选的子句，即 FIELDS 子句和 LINES 子句，它们的作用是决定数据行在备份文件中存储的格式。如果 FIELDS 和 LINES 子句都不指定，则默认声明的是子句"FIELDS TERMINATED BY '\t' ENCLOSED BY '' ESCAPED BY '\\'LINES TERMINATED BY '\n'"。

iii）语法项"FIELDS 子句"中有三个亚子句，分别是"TERMINATED BY 子句""[OPTIONALLY] ENCLOSED BY 子句"和"ESCAPED BY 子句"。如果指定了 FIELDS 子句，则这三个亚子句中至少要求指定一个。其中，TERMINATED BY 子句用来指定字段值之间的符号，例如"TERMINATED BY ','"指定逗号作为两个字段值之间的标志；ENCLOSED BY 子句用来指定包裹文件中字符值的符号，例如"ENCLOSED BY ' " '"表示文件中字符值放在双引号之间，若加上关键字"OPTIONALLY"则表示所有的值都放在双引号之间；ESCAPED BY 子句用来指定转义字符，例如"ESCAPED BY '*'"将"*"指定为转义字符，取代"\"，如空格将表示为"*N"。

iv）在 LINES 子句中使用关键字"TERMINATED BY"指定一个数据行结束的标志，如"LINES TERMINATED BY '?'"表示一个数据行以"?"作为结束标志。

v）导出语句中使用的是关键字"DUMPFILE"，而非"OUTFILE"时，导出的备份文件里面所有的数据行都会彼此紧挨着放置，即值和行之间没有任何标记。

2. 使用 LOAD DATA…INFILE 语句恢复数据

在 MySQL 中，导入恢复语句 LOAD DATA…INFILE 的常用语法格式是：

```
LOAD DATA INFILE 'file_name.txt'
    INTO TABLE tbl_name
    [FIELDS
        [TERMINATED BY 'string']
        [[OPTIONALLY] ENCLOSED BY 'char']
        [ESCAPED BY 'char' ]
    ]
    [LINES
        [STARTING BY 'string']
        [TERMINATED BY 'string']
    ]
```

在此语法格式中：

i）语法项"file_name"指定待导入的数据库备份文件名，文件中保存了待载入数据库的所有数据行。输入文件可以手动创建，也可以使用其他的程序创建。导入文件时可以指定文件的绝对路径，则服务器会根据该路径搜索文件；若不指定路径，则服务器在默认数据库的数据库目录中读取。

ii）语法项"tb_name"指定需要导入数据的表名，该表在数据库中必须存在，表结构必须与导入文件的数据行一致。

iii）此处的 FIELDS 子句和 SELECT…INTO OUTFILE 语句中的 FIELDS 子句类似，用于判断字段之间和数据行之间的符号。

iv）语法项"LINES 子句"中的 TERMINATED BY 亚子句用来指定一行结束的标志；STARTING BY 亚子句则指定一个前缀，导入数据行时，忽略数据行中的该前缀和前缀之前的内容。如果某行不包括该前缀,则整个数据行被跳过。

例 6.17 备份数据库 mysql_test 中表 customers 的全部数据到 C 盘的 BACKUP 目录下一个名为 backupfile.txt 的文件中,要求字段值如果是字符则用双引号标注,字段值之间用逗号隔开,每行以问号为结束标志。然后,将备份后的数据导入到一个和 customers 表结构相同的空表 customers_copy 中。

首先,使用下面语句导出数据:

```
mysql> SELECT * FROM mysql_test.customers
    -> INTO OUTFILE 'C:/BACKUP/backupfile.txt'
    -> FIELDS TERMINATED BY ','
    -> OPTIONALLY ENCLOSED BY '"'
    -> LINES TERMINATED BY '?';
Query OK, 3 rows affected (0.00 sec)
```

导出成功后,可以使用 Windows 记事本查看 C 盘 BACKUP 文件夹下的 backupfile.txt 文件,文件内容如图 6.1 所示。

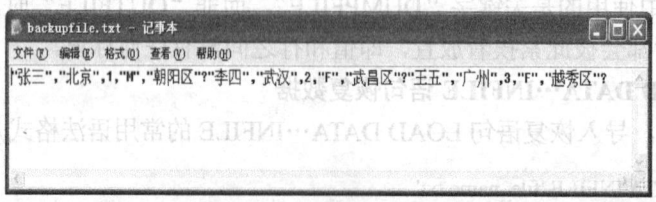

图 6.1 备份数据文件的内容

然后,使用下面的语句将备份数据导入到数据库 mysql_test 中一个和 customers 表结构相同的空表 customers_copy 中:

```
mysql> LOAD DATA INFILE 'C:/BACKUP/backupfile.txt'
    -> INTO TABLE mysql_test.customers_copy
    -> FIELDS TERMINATED BY ','
    -> OPTIONALLY ENCLOSED BY '"'
    -> LINES TERMINATED BY '?';
Query OK, 3 rows affected (2.80 sec)
Records: 3  Deleted: 0  Skipped: 0  Warnings: 0
```

在导入数据时需要特别注意,必须根据数据备份文件中数据行的格式来指定判断的符号。例如,在 backupfile.txt 文件中字段值是以逗号隔开的,导入数据时就一定要使用 "TERMINATED BY ','" 子句指定逗号为字段值之间的分隔符,即与 SELECT…INTO OUTFILE 语句相对应。

另外需要注意的是,在多个用户同时使用 MySQL 数据库的情况下,为了得到一个一致的备份,需要在指定的表上使用 LOCK TABLES table_name READ 语句做一个读锁定,以防止在备份过程中表被其他用户更新;而当恢复数据时,则需要使用 LOCK TABLES table_name WRITE 语句做一个写锁定,以避免发生数据冲突。在数据库备份或恢复完毕之后需要使用 UNLOCK TABLES 语句对该表进行解锁。

本章小结

数据库的主要目标是数据集成以提供共享。由数据的集成共享引出了数据安全和数据保护问题，即保护数据不受各种可能（有意或无意）的威胁和伤害，保证数据库中数据的完整性、安全性、一致性和可靠性。本章结合 MySQL 数据库的使用，介绍了四种常用的数据库安全与保护机制，即完整性约束（包括触发器）、访问控制、事务与并发控制以及备份与恢复。

思考与练习

一、单项选择题

1. 下列数据库对象中，不能施加完整性约束条件的是（　　）。
   A）触发器　　　　B）列　　　　　　C）元组　　　　　　D）表
2. 下列触发器中，MySQL 不支持的触发器种类是（　　）。
   A）INSERT 触发器　　　　　　　　B）DELETE 触发器
   C）UPDATE 触发器　　　　　　　　D）SELECT 触发器
3. 当某个事务对某段数据加了 S 锁之后，在此事务释放锁之前，其他事务可以对此段数据加的锁是（　　）。
   A）T 锁　　　　　B）D 锁　　　　　C）U 锁　　　　　　D）S 锁

二、填空题

1. MySQL 支持关系模型中_____、_____和_____三种不同的完整性约束。
2. 在 MySQL 中，可以使用_____语句来为指定数据库添加用户。
3. 在 MySQL 中，可以使用_____语句来实现权限的撤销。

三、简答题

1. 请简述实体完整性的含义。
2. 请简述事务的概念与 ACID 特性。
3. 请简述三种典型的并发操作问题。
4. 请简述数据库备份的作用。
5. 设有如下三个事务，分别是 T1:B=A+1、T2: B=B×2 和 T3: A=B+1，请回答：
   i）设 A 的初值为 2，B 的初值为 1，如果这三个事务并发执行，则可能的正确执行结果有哪些？
   ii）给出一种遵守两段锁协议的并发调度策略。

四、操作题

1. 在数据库 db_test 的 content 表中创建一个触发器 content_delete_trigger，用于每次当删除 content 表中一行数据时，可将用户变量 str 的值设置为"old content deleted!"。
2. 假定当前系统中不存在用户 wanming，请设计一段 SQL 语句，要求创建这个新用户，并为其设置对应的系统登录口令"123"，同时授予该用户在数据库 db_test 的表 content 上拥有 SELECT 和 UPDATE 的权限。

第七章 数据库应用设计与开发实例

目前,几乎所有的应用领域都已采用数据库技术来构建数据库应用系统,用于存储和处理信息资源。本章结合 MySQL 数据库的使用,通过一个具体的简单示例来说明数据库应用系统的设计与实现过程,以使读者对数据库及其应用开发有一个更真切的理解。

以数据库的生命周期为演化主线,数据库应用软件的设计与开发过程可由需求分析、系统功能与数据库的设计、系统功能与数据库的实现、测试与维护等阶段构成。本章以简化的个性化课程在线选课系统为例,介绍这些阶段的工作。

第一节 需求描述与分析

近几年,高等院校学分制改革已经得到全面普及,学生可以根据专业培养计划自主选择所修课程。其中,为了丰富学生的知识体系,越来越多的高校开设了个性化选修课程。为能给学生提供时效性强、准确性高的选课方法,并方便教师和教务管理人员的工作,通常会使用信息化程度较高的在线选课系统,这也是加快高校数字化校园建设的重要组成部分。在此,结合某高校个性化课程在线选课的实际需求,给出一个简化的需求分析。

一、功能性需求

经过调研,得知选课系统的用户类型有教务管理员、学生和教师。下面,可将系统的功能依据用户类型进行模块化划分。

1. 管理员后台模块

管理员后台是专门为教务管理员使用的,主要用于系统的数据管理,包括学生管理、教师管理、班级管理和课程管理,其具体的功能需求如下。

(1)学生信息管理

用于对学生进行管理。例如,若有学生信息发生变化时,管理员可及时补充或更正学生信息。

(2)教师信息管理

用于对教师进行管理。例如,当教师出现工作部门调动或职称变动等情况时,教务管理员需要及时修正教师信息。

(3)课程信息管理

用于管理个性化课程。每一门个性化课程的信息都会在此模块中显示,如果遇到课程安排发生变动时,则要求管理员及时更正课程信息,以方便学生选课。

(4)班级信息管理

用于对班级进行管理。从建立一个班级开始,其信息已经基本固定下来,唯一有可能变化的就是班级人数。当有一名新学生加入班级时,学生人数自动加1;相反,当有一名学生转专业、留级、休学或退学时，班级人数自动减1。

2. 学生使用模块

学生是使用个性课程选课系统的主体，学生使用学号和初始密码登录，在主页可以浏览到所有的课程信息并进行选课。学生使用模块包含三个功能，具体功能需求如下。

（1）查询课程

根据学生输入的检索条件和值，模糊查询满足条件的课程。

（2）浏览所选课程

显示该学生选的所有课程。

（3）查询成绩

学生可以查看本人所选课程的最终成绩。

3. 教师使用模块

此模块主要完成教师登分和查询本人开设课程的操作。教师使用工号和初始密码登录系统，在教师主页可以查看所有的课程。教师使用模块有两个功能，其功能需求如下。

（1）我的课程

负责显示教师本人开设的所有课程。

（2）登分

通过此功能，每位教师可以为所有的选择自己开设课程的学生录入分数到本系统中，以供学生查询和教务管理员统计分数。

二、非功能性需求

作为一个基于网络的在线选课系统，本系统采用浏览器/服务器（B/S）结构，即一种基于 Web 应用的客户/服务器结构，因而对于客户端和服务器端，分别有不同的软、硬件环境需求。客户端要能在支持 IE 的浏览器上运行，并在客户机上安装了网卡；服务器要求部署 WAMP 环境，即使用 Windows 作为操作系统，Apache 作为 Web 服务器，MySQL 作为数据库管理系统，PHP 语言作为服务器端脚本解释器，同时要求具有 8 GB 内存、2 TB 磁盘容量、千兆带宽。

此外，还需要考虑质量要求。有关选课系统质量需求描述如表 7.1 所示。

表 7.1 选课系统质量需求表

质量需求名称	质量需求的详细要求
可靠性	不在选课期间，系统每个月最多出现一次由外界因素造成的系统故障；而在选课期间，除非遇到特殊情况，否则要保证正常使用
正确性	需要保证数据库中的数据正确和系统各个功能模块的业务逻辑正确
兼容性	可以在与 IE 内核兼容的任一主流浏览器上运行
健壮性	要经常进行健壮性测试，不断加强对非格式化操作的应变能力

第二节 系 统 设 计

根据需求描述与分析，可通过自顶向下的设计方法，将在线选课系统设计成图 7.1 所示的功能模块结构图。

一、功能模块设计

如图 7.1 所示，本系统设计如下几个功能模块。

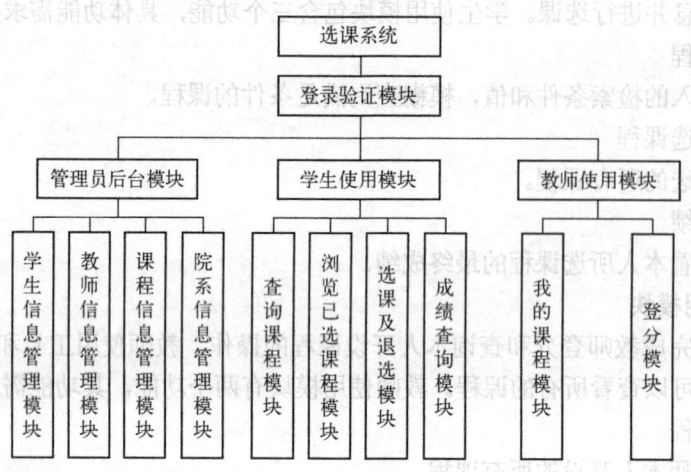

图 7.1　系统的功能模块结构图

1. 登录验证模块

此模块用于用户登录系统，只有当用户的身份信息被检验成功后，才可以进入系统，否则要重新登录。

2. 管理员后台模块

此模块有学生信息管理、教师信息管理、课程信息管理、班级信息管理的功能，主要用于教务管理员对系统数据的日常维护，向学生和教师提供数据支撑，如图 7.2 所示。

3. 学生使用模块

学生模块可以查询课程、浏览已选课程、查询成绩和选/退课程，如图 7.3 所示。

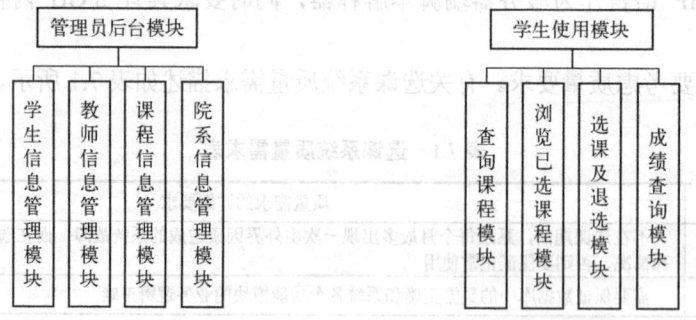

图 7.2　管理员后台模块功能图　　　图 7.3　学生使用模块功能图

此模块主要用于学生自主选课，学生单击下拉菜单并选择课程类别、学分、教师、上课时间、上课地点、课程编号、课程名称等检索项并输入关键字来查询课程。例如，单击系统主页的课程编码可以查看课程细节并进行选课，如果想退选，则进入浏览已选课程模块单击课程编码进行退选，且当考试结束后，可查询成绩。

4. 教师使用模块

如图 7.4 所示，教师可以在所有课程中浏览到自己的课程，并能知道每门课程的上课时间和上课地点等相关课程信息。此模块还用于教师给学生登分，教师进入登分模块单击下拉菜单中的某门课程，依次把所有学生的分数输入到系统中，以便学生可以查询成绩。

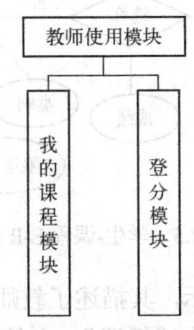

图 7.4 教师使用模块功能图

二、数据库设计

根据系统的功能模块设计结果，以及前期的需求分析，可首先明确本系统的数据库范围，然后可通过使用 E-R 图作为数据库概念设计的描述工具，建立本系统所涉及的局部信息结构，再将各个局部信息结构合并成为一个优化的全局信息结构，最后将全局信息结构的 E-R 图转换为关系模型，并依据关系数据库规范化理论进行优化。

1. 确定实体

首先，根据前期的需求分析和功能模块设计，确定本系统涉及的实体有：学生、教师、课程、院系、班级和系统管理员。它们所包含的属性信息设计如下。

i）学生实体用于描述学生的基本信息，包括学号、姓名、性别、密码等信息。

ii）教师实体用于描述教师的基本信息，包括教师工号、姓名、性别、年龄、职称、密码等信息。

iii）课程实体用于描述课程的基本信息，包括课程号、课程名、学分、时间、地点、类别、开课学院、限选人数等信息。

iv）院系实体用于描述院系的基本信息，包括院系名称、办公地点、教师人数等信息。

v）系统管理员实体用于描述系统管理员的基本信息，包括姓名、ID 号、密码等信息。

需要注意的是：在数据库设计时，实体的描述信息可根据实际需求进行增加或删减，如果实体的属性较多，在构建 E-R 模型时不一定需要把所有的属性都标识在 E-R 模型上，可以另外用文字说明，这样也使得 E-R 模型简明清晰，便于分析。

2. 局部信息结构

经分析，这些实体彼此间存在的相互联系可由如下几个通过 E-R 图所描述的局部信息结构来表达。

i）学生-课程 E-R 图如图 7.5 所示，其描述了学生实体与课程实体之间的联系。其中，学生实体与课程实体之间的联系命名为"选修"，它是一个多对多的联系（M:N），即每个学生可以选修多门个性化课程，同时每门个性化课程也可以被多名学生所选修。

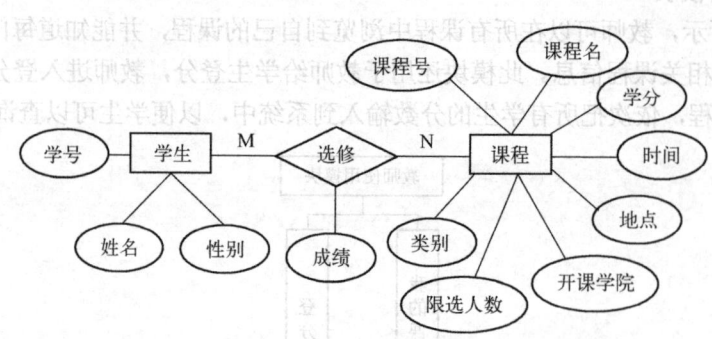

图 7.5 学生-课程 E-R 图

ii）教师-课程 E-R 图如图 7.6 所示，其描述了教师实体与课程实体之间的联系。其中，教师实体与课程实体之间的联系命名为"授课"，它是一个一对多的联系（1:N），即每位教师可以教授多门个性化课程，但每门个性化课程只能由一名教师来教授。

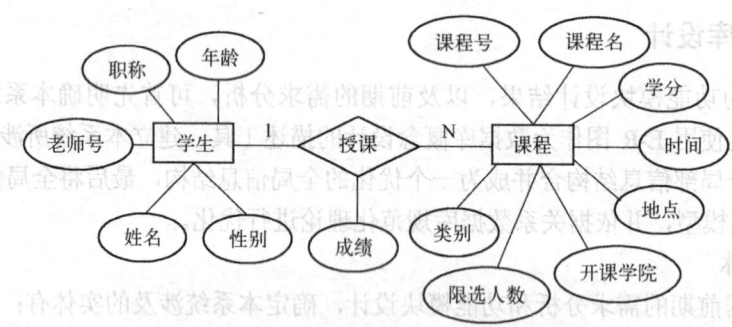

图 7.6 教师-课程 E-R 图

iii）教师-院系 E-R 图如图 7.7 所示，其描述了教师实体与院系实体之间的联系。其中，院系实体与教师实体之间的联系命名为"属于"，它是一个一对多的联系（1:N），即每个院系可以拥有多位教师，但每位教师只能在一个院系里任职。

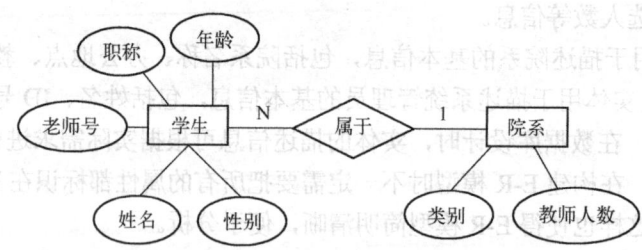

图 7.7 教师-院系 E-R 图

iv）学生-院系 E-R 图如图 7.8 所示，其描述了学生实体与院系实体之间的联系。其中，院系实体与学生实体之间的联系命名为"属于"，它是一个一对多的联系（1:N），即每个院系可以包含多名学生，但每名学生只能在一个院系里就读。

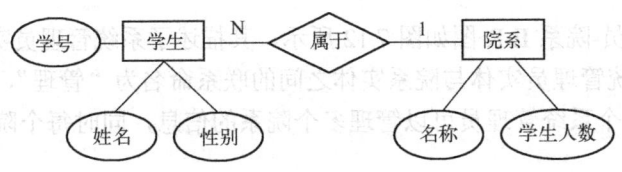

图 7.8 学生-院系 E-R 图

v）系统管理员-学生 E-R 图如图 7.9 所示，其描述了系统管理员实体与学生实体之间的联系。其中，系统管理员实体与学生实体之间的联系命名为"管理"，它是一个多对多的联系（M:N），即每个系统管理员可以管理多名学生的信息，同时每名学生的信息可以被多个系统管理员管理。

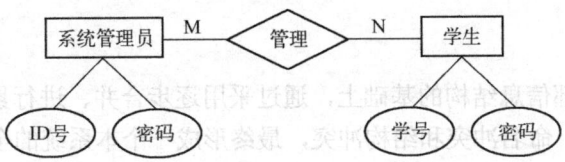

图 7.9 系统管理员-学生 E-R 图

vi）系统管理员-教师 E-R 图如图 7.10 所示，其描述了系统管理员实体与教师实体之间的联系。其中，系统管理员实体与教师实体之间的联系命名为"管理"，它是一个多对多的联系（M:N），即每个系统管理员可以管理多位教师的信息，同时每位教师的信息可以被多个系统管理员管理。

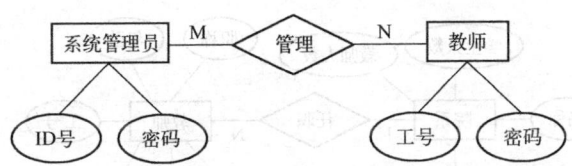

图 7.10 系统管理员-教师 E-R 图

vii）系统管理员-课程 E-R 图如图 7.11 所示，其描述了系统管理员实体与课程实体之间的联系。其中，系统管理员实体与课程实体之间的联系命名为"管理"，它是一个多对多的联系（M:N），即每个系统管理员可以管理多门课程的信息，同时每门课程的信息可以被多个系统管理员管理。

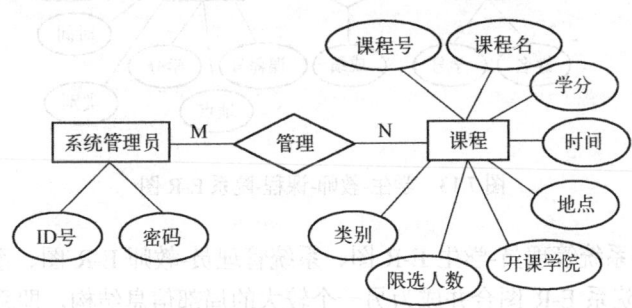

图 7.11 系统管理员-课程 E-R 图

viii）系统管理员-院系 E-R 图如图 7.12 所示，其描述了系统管理员实体与院系实体之间的联系。其中，系统管理员实体与院系实体之间的联系命名为"管理"，它是一个多对多的联系（M:N），即每个系统管理员可以管理多个院系的信息，同时每个院系的信息可以被多个系统管理员管理。

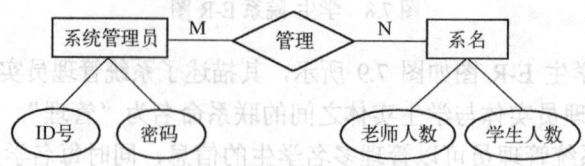

图 7.12　系统管理员-院系 E-R 图

3. 全局信息结构

在构建出上述局部信息结构的基础上，通过采用逐步合并、进行累加的方式，以及消除可能存在的属性冲突、命名冲突和结构冲突，最终形成一个本系统的全局信息结构。具体步骤如下。

ⅰ）首先将学生-课程 E-R 图、教师-课程 E-R 图、教师-院系 E-R 图、学生-院系 E-R 图合并成为一个较大的局部信息结构，即学生-教师-课程-院系 E-R 图，用于描述学生、教师、课程及院系四个实体之间的联系，如图 7.13 所示。其中，在教师-院系 E-R 图和学生-院系 E-R 图中均有同名的联系"属于"，但其实质内容是不同的，因而在合并这两个 E-R 图时，应当为这两个同名的联系重新命名，分别是："任职"和"从属"。

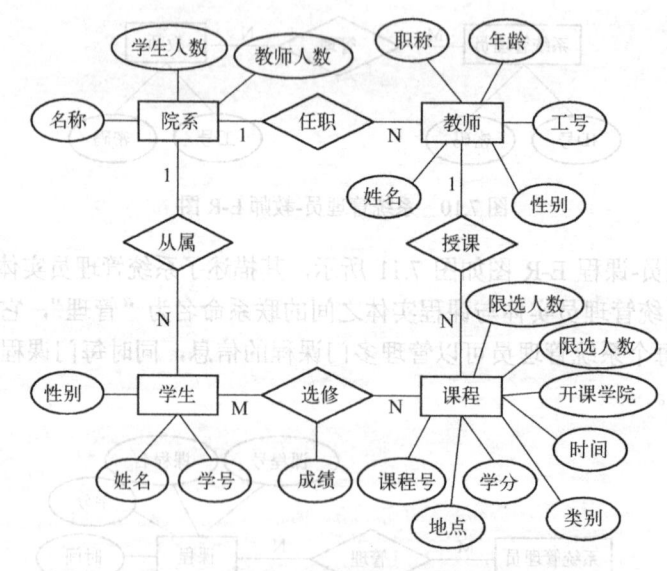

图 7.13　学生-教师-课程-院系 E-R 图

ⅱ）同样，再将系统管理员-学生 E-R 图、系统管理员-教师 E-R 图、系统管理员-课程 E-R 图、系统管理员-院系 E-R 图合并成为另一个较大的局部信息结构，即系统管理员-学生-教师-课程-院系 E-R 图，用于描述系统管理员实体与学生、教师、课程及院系四个实体之间的联系，如图 7.14 所示。其中，在系统管理员-学生 E-R 图、系统管理员-教师 E-R 图、系统管理员-课程 E-R 图、系统管理员-院系 E-R 图中均有同名的联系"管理"，但其实质内容是不同的，因而在合并这 4 个 E-R 图时，应当为这 4 个同名的联系重新命名，分别是："管理学生""管理教师""管理课程""管理院系"。

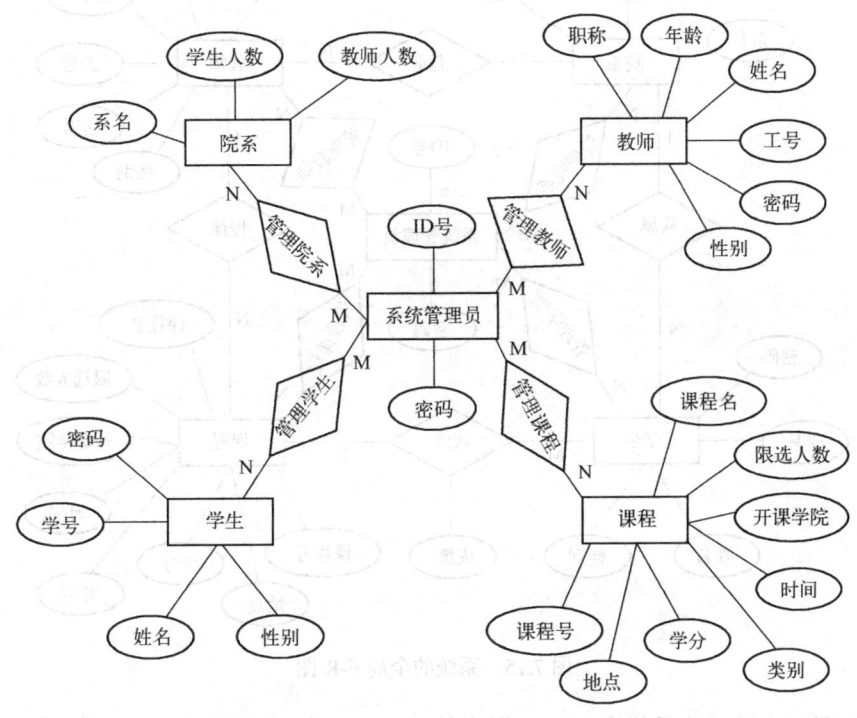

图 7.14 系统管理员-学生-教师-课程-院系 E-R 图

iii) 最后，将学生-教师-课程-院系 E-R 图和系统管理员-学生-教师-课程-院系 E-R 图合并成为一个本系统的全局 E-R 图，如图 7.15 所示。

4. 逻辑结构与规范化设计

形成本系统的全局 E-R 模型之后，即可开展关系数据库的逻辑结构设计了，也就是设计本数据库应用软件的基本关系模式。根据第三章介绍的 E-R 图向关系模型转换的原则，可将图 7.15 所示的全局 E-R 图转换为如下一些关系模式，其中主码用下划线标识。

- 学生（<u>学号</u>、姓名、性别、登录密码、院系编号）
- 院系（<u>院系编号</u>、系名、学生人数、教师人数、办公地点）
- 教师（<u>职工号</u>、姓名、性别、年龄、职称、登录密码、院系编号）
- 课程（<u>课程号</u>、课程名称、课程类别、学分、上课时间、上课地点、开课学院、限选人数、职工号）
- 系统管理员（<u>ID 号</u>、姓名、登录密码）
- 选修（<u>学号</u>、<u>课程号</u>、成绩）
- 管理学生（<u>管理员 ID 号</u>、<u>学号</u>、操作时间）
- 管理院系（<u>管理员 ID 号</u>、<u>院系编号</u>、操作时间）

- 管理教师（<u>管理员 ID 号、职工号</u>、操作时间）
- 管理课程（<u>管理员 ID 号、课程号</u>、操作时间）

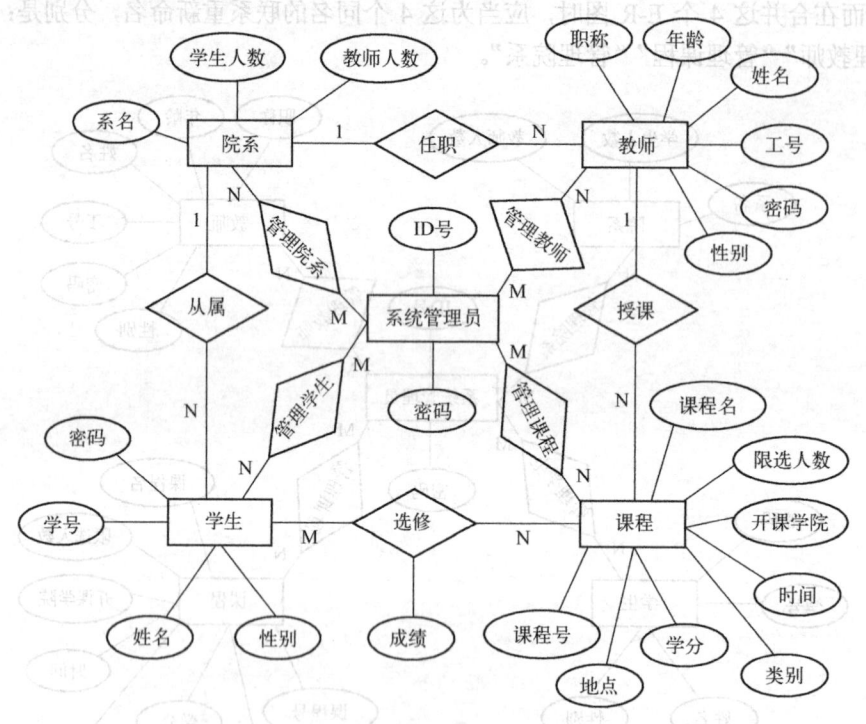

图 7.15　系统的全局 E-R 图

由此可见，上述转换是将全局 E-R 图中的 5 个实体直接转换成了 5 个对应的关系模式，即"学生""院系""教师""课程"和"系统管理员"；而后将全局 E-R 图中 3 个一对多（1:N）联系分别与对应的关系模式进行了合并，即"学生""教师""课程"；最后是将全局 E-R 图中 5 个多对多（M:N）联系分别转换成 5 个独立的关系模式，且各关系的码分别是各自联系两端的实体码的组合。

在将 E-R 图转换为关系模式之后，还需要进一步分析各关系模式是否符合第三范式的要求。如若不符合，则通常需要将这些关系模式分解为符合第三范式要求的关系模式，从而实现数据库的规范化设计。

由此，根据第二章介绍的关系规范化理论，经分析发现：在上述这些关系模式中，"学生""教师""系统管理员""选修""管理学生""管理院系""管理教师""管理课程"等 8 个关系模式既不存在部分函数依赖，也不存在传递函数依赖，满足第三范式要求；而"院系"尽管不存在部分函数依赖，满足第二范式要求，但存在着传递函数依赖，故需要进一步分解，以满足第三范式的要求，其可分解成关系模式"院系编码（<u>院系编号</u>、系名）"和关系模式"院系（<u>院系编号</u>、学生人数、教师人数、办公地点）"；同样，"课程"也是尽管不存在部分函数依赖，满足第二范式要求，但存在着传递函数依赖，需要进一步分解，以满足第三范式的要求，其可分解成关系模式"课程编码（<u>课程号</u>、课程名称）"和关系模式"课程（<u>课程号</u>、课程类别、学分、上课时间、上课地点、开课学院、限选人数、职工号）"。

第三节 系统实现

按照数据库应用软件开发步骤的划分，在完成系统的数据库设计和功能设计之后，就可以采用相应的数据库管理系统和应用软件开发语言，分别实现系统的数据库和业务功能，即数据库实现和系统功能实现。这里，数据库实现是基于 MySQL 数据库来完成，系统的业务功能是采用 PHP 语言来开发（关于使用 PHP 语言开发数据库应用的有关知识，读者可自行参阅本书附录2）。

1. 数据库的实现

首先，通过使用 MySQL 数据库的 CREATE DATABASE 命令，创建本数据库，并命名为 db_xuanke，语句如下：

```
mysql> CREATE DATABASE db_xuanke;
```

然后，根据本应用数据库逻辑结构设计所得出的关系模式，通过使用 MySQL 数据库的 CREATE TABLE 命名，在数据库 db_xuanke 中创建 12 张数据表，并建立各表的主键，从而构成主键索引。这些表的结构定义分别如表 7.2-7.13 所示。

表 7.2 学生信息表 student

编号	字段名称	数据类型	可否为空	说明
1	StuNo	INT(8)	NOT	学号（主码）
2	StuName	VARCHAR(10)	NOT	姓名
3	StuSex	CHAR(1)		性别
4	Pwd	VARCHAR(8)	NOT	登录密码，默认为00000000
5	DeptNo	INT(8)	NOT	所属院系

表 7.3 院系编码表 deptcode

编号	字段名称	数据类型	可否为空	说明
1	DeptNo	INT(8)	NOT	院系编号（主码）
2	DeptName	VARCHAR(10)	NOT	系名

表 7.4 院系表 department

编号	字段名称	数据类型	可否为空	说明
1	DeptNo	INT(8)	NOT	院系编号（主码）
2	Numofstudent	INT(10)		学生人数
3	Numofteather	INT(10)		教师人数
4	DeptAddr	VARCHAR(10)		办公地点

表 7.5 教师表 teacher

编号	字段名称	数据类型	可否为空	说明
1	TeachNo	INT(8)	NOT	职工号（主码）
2	TeachName	VARCHAR(10)	NOT	姓名
3	TeachSex	CHAR(1)		性别
4	TeachAge	INT(4)		年龄
5	TeachTitle	VARCHAR(6)		职称
6	Pwd	VARCHAR(8)	NOT	登录密码，默认为00000000
7	DeptNo	INT(8)	NOT	所属院系

表 7.6 课程编码表 coursecode

编号	字段名称	数据类型	可否为空	说明
1	CourseNo	INT(8)	NOT	课程号（主码）
2	CourseName	VARCHAR(10)	NOT	课程名称

表 7.7 课程表 course

编号	字段名称	数据类型	可否为空	说明
1	CourseNo	INT(8)	NOT	课程号（主码）
2	CourseType	VARCHAR(6)	NOT	课程类别
3	Credit	INT(2)	NOT	学分
4	CourseTime	DATE		上课时间
5	CourseAddr	VARCHAR(10)		上课地点
6	DeptName	VARCHAR(10)	NOT	开课学院
7	Limitofnum	INT(4)	NOT	限选人数
8	TeachNo	INT(8)	NOT	职工号

表 7.8 系统管理员表 administrator

编号	字段名称	数据类型	可否为空	说明
1	AdminNo	INT(8)	NOT	ID号（主码）
2	AdminName	VARCHAR(10)	NOT	姓名
3	Pwd	VARCHAR(8)	NOT	登录密码，默认为00000000

表 7.9 选修表 electing

编号	字段名称	数据类型	可否为空	说明
1	StuNo	INT(8)	NOT	学号（主码）
2	CourseNo	INT(8)	NOT	课程号（主码）
3	Score	INT(4)		成绩

表 7.10 管理学生表 adminstu

编号	字段名称	数据类型	可否为空	说 明
1	AdminNo	INT(8)	NOT	管理员 ID 号（主码）
2	StuNo	INT(8)	NOT	学号（主码）
3	OpTime	DATE		操作时间

表 7.11 管理院系表 admindept

编号	字段名称	数据类型	可否为空	说 明
1	AdminNo	INT(8)	NOT	管理员 ID 号（主码）
2	DeptNo	INT(8)	NOT	院系编号（主码）
3	OpTime	DATE		操作时间

表 7.12 管理教师表 adminteacher

编号	字段名称	数据类型	可否为空	说 明
1	AdminNo	INT(8)	NOT	管理员 ID 号（主码）
2	TeachNo	INT(8)	NOT	职工号（主码）
3	OpTime	DATE		操作时间

表 7.13 管理课程表 admincourse

编号	字段名称	数据类型	可否为空	说 明
1	AdminNo	INT(8)	NOT	管理员 ID 号（主码）
2	CourseNo	INT(8)	NOT	课程号（主码）
3	OpTime	DATE		操作时间

2. 系统功能的实现

完成数据库及其基本数据表的创建之后，就可以根据系统业务功能分析的结果，开展系统功能实现的编码工作了，这其中包括实现必要的数据库行为和应用软件的业务逻辑。

（1）实现数据库行为

实现数据库行为是实现数据库行为设计的结果，主要是通过 SQL 语言完成与本应用功能相关的增、删、改、查等数据库操作，也包括为提高数据库操作效率或保护数据库安全而创建的各种数据库对象，例如子查询、视图、触发器、存储过程或存储函数等。

在本应用软件的开发过程中，这些均可通过本书前述章节介绍的 MySQL 相关命令或语句来实现。这里分别给出几个例子。

i）安全控制。

例如，为新来的教务管理人员金老师（用户名 jin）分配具备管理学生、院系、教师和课程的权限，可在数据库中编写如下 SQL 语句实现：

```
mysql> GRANT SELECT, UPDATE, INSERT, DELTET
    ->    ON db_xuanke.*
    ->    TO 'jin'@'localhost';
```

ii）管理学生。

例如，教务管理人员金老师需要在学生管理功能中添加一名计算机学院的女生黄然同学时，可在数据库中编写如下 SQL 语句实现：

```
mysql> INSERT INTO db_xuanke.student
    -> SET StuNo=20170922, StuName='黄然', StuSex='女',Pwd =DEFAULT, DeptNo=
       SELECT DeptNo FROM db_xuanke.deptcode WHERE DeptName='计算机学院';
```

iii）数据库保护。

例如，当每位教师进行登分操作时，系统需要根据教师所登分数值进行自动验证，判断该分数值是否位于 0~100 分区间，以此保护数据库中数据的正确性，因而可在数据库中编写如下 SQL 语句实现：

```
mysql> CREATE TRIGGER tri_test AFTER INSERT ON db_xuanke.electing
    -> FOR EACH ROW BEGIN
    -> IF NEW.Score<0 and NEW.Score>100 THEN
    -> DELETE FROM db_xuanke.electing WHERE Score=NEW.Score
    -> END IF
    -> END;
```

iv）事务与并发控制。

例如，教务管理人员金老师需要批量录入教师信息时，为防止其他操作对数据的影响，可通过使用事务处理来维护数据库的完整性，因而可在数据库中编写如下 SQL 语句实现：

```
mysql> BEGIN；  #开始事务
    -> INSERT INTO db_xuanke.teacher VALUES(10021, '万明', NULL, NULL, NULL, DEFAULT, 10);
    -> INSERT INTO db_xuanke.teacher VALUES(10073, '黄新', NULL, NULL, NULL, DEFAULT, 10);
    -> INSERT INTO db_xuanke.teacher VALUES(11031, '徐丽', NULL, NULL, NULL, DEFAULT, 11);
    -> COMMIT；#提交事务
```

需要注意的是：在 MySQL 中，只有使用了 InnoDB 引擎的数据库或表才支持事务。

v）数据查询与统计报表。

在数据库应用系统中，数据查询是最常用的功能，其应根据用户提出的查询条件实现相应的查询功能。其中，生成统计报表是很多数据库应用软件所提供的一个功能。例如，在本选课系统中，可以为教务管理人员提供统计每个学生选修课程总学分的报表，因而这个用户需求可以通过使用 SQL 语句定义如下视图来实现：

```
mysql>CREATE VIEW v_score(StuNo, totlescore)
       ->AS
    -> SELECT student.StuNo, SUM(course.Credit)
    -> FROM student JOIN electing ON student.StuNo=electing.StuNo
    -> JOIN course ON course.CourseNo= electing.CourseNo
    -> WHERE electing.Score>=60
    -> GROUP BY student.StuNo;
```

（2）实现应用软件的业务逻辑

这一阶段的开发工作主要是根据系统功能设计的结果，分别逐个实现各个功能模块。其中，各模块与底层数据库的交互操作，是通过应用软件的编程语言（如 PHP）进行封装的。这里，以本系统的登录验证模块为例，简单描述其实现过程。

首先，使用网页设计语言 HTML/CSS 实现如图 7.16 所示的系统登录验证页面。

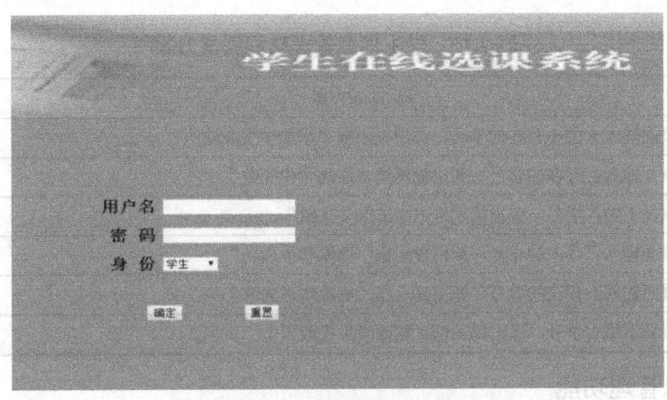

图 7.16 系统登录验证页面

然后，通过使用 PHP 编程语言编写相应的服务器端代码，完成此登录验证页面与后台数据库的交互操作，具体包括建立与 MySQL 数据库服务器的连接，查询数据库表 student、teacher、administrator 中是否存在通过登录验证页面表单采用 POST 方式传递到后台服务器的数据。

最后，后台服务器根据在数据库中进行查询操作的返回结果，向网络页面请求用户做出相应的反馈，即若查询操作返回存在数据的结果集，则用户正常登录系统，否则用户无法登录系统。

第四节　系统测试与维护

完成系统的实现工作之后，在正式交付用户使用之前，需要对所开发的系统进行必要的测试，验证其是否满足用户的功能要求，并根据测试的结果，以及用户的反馈意见，对该系统进行进一步的修改、完善和维护工作。例如，在本系统中，可以分别针对不同的功能模块制定相应的测试方案。

1. 登录验证功能测试

本功能的测试方案可如表 7.14 所示。

表 7.14 登录功能测试方案

编号	测 试 内 容	测试结果
1	选择学生，输入正确的学号和初始密码，进入学生主页	通过
2	选择教师，输入正确的工号和初始密码，进入教师主页	通过
3	选择管理员，输入正确的管理员编号和初始密码，进入管理员后台	通过
4	不输入学号或密码，弹出提示框"错误的用户名和密码，请重新输入"	通过
5	进入学生主页后，显示查询课程、浏览已选课程、查询成绩	通过
6	进入教师主页后，显示我的课程和登分	通过
7	进入管理员主页，显示学生、教师、课程和院系信息管理	通过
8	选择学生，任意输入学号和密码后，单击"重置"，输入框清空	通过

2. 管理员后台主要功能测试

（1）学生信息管理功能

学生信息管理功能的测试方案可如表 7.15 所示。

表 7.15　学生信息管理功能测试方案

编号	测试内容	测试结果
1	添加学生页面输入 8 位不存在的学号，弹出提示框"添加学生成功"	通过
2	添加学生页面输入已存在的学号，弹出提示框"添加学生失败"	通过
3	添加学生页面不输入学号，弹出提示框"添加学生失败"	通过
4	删除学生页面输入已存在的学号，弹出提示框"删除学生成功"	通过
5	删除学生页面输入不存在的学号，弹出提示框"删除学生失败"	通过
6	删除学生页面不输入学号，弹出提示框"删除学生失败"	通过

（2）课程信息管理功能

课程信息管理功能的测试方案可如表 7.16 所示。

表 7.16　课程信息管理功能测试方案

编号	测试内容	测试结果
1	添加课程页面输入 8 位没有的课程编号，弹出提示框"添加课程成功"	通过
2	添加课程页面输入已存在的课程编号，弹出提示框"添加课程失败"	通过
3	添加课程页面不输入课程编号，弹出提示框"添加课程失败"	通过
4	添加课程页面任意输入课程信息，单击"重置"，所有输入框清空	通过
5	单击"修改"进入某课程的修改页面，把某个属性修改后，弹出提示框"修改课程成功"并跳转到课程信息管理页面，这门课程的此属性已变为修改后的值	通过
6	单击"删除"，此课程的所有信息将不会出现在课程信息管理页面中	通过

3. 学生使用模块功能测试

本模块功能的测试方案可如表 7.17 所示。

表 7.17　学生使用模块功能测试方案

编号	测试内容	测试结果
1	选课页面单击"选择该课程"，弹出提示框"选择课程成功"	通过
2	选择与已选课程有时间冲突的课程，此时弹出提示框"您已选择了该时间段的课程，如想继续选择，请先退选冲突课程"	通过
3	已选课程页面任意单击一个课程编码进入退选页面，单击"删除所选课程"按钮，该课程不显示在已选课程页面，而显示在学生主页	通过
4	单击"查询课程"进入课程查询，选择查询条件并输入值，满足条件的课程出现在页面中。如果输入框中为空，将会显示所有课程	通过
5	任意选择一个查询条件并且不输入任何关键字，则显示所有课程	通过
6	单击"查询成绩"进入成绩查询页面，看到所有已选课程的成绩	通过

4. 教师使用模块功能测试

此模块功能的测试方案可如表 7.18 所示。

表 7.18 教师使用模块功能测试方案

编号	测试内容	测试结果
1	单击"我的课程",显示该教师开设的所有课程	通过
2	单击"登分"进入录入成绩页面,对选择某门课程的其中任意几个学生登分。再分别用这几个学生的学号登录系统,单击"查询成绩"进入成绩查询页面,此时成绩显示为教师刚刚录入的成绩	通过

本 章 小 结

本章基于 MySQL 数据库,以一个简化的个性化课程在线选课系统为例,介绍了数据库应用软件的设计与实现过程,具体包括需求分析、系统功能与数据库的设计、系统功能与数据库的实现、测试与维护等阶段。读者可以通过这个示例的实现过程为主线,进一步巩固和理解数据库原理与技术相关的基础知识,比如数据库技术的基本概念、数据库系统的结构、关系数据库设计的理论与方法、SQL 语言的编写与使用等内容。如需深入了解或掌握数据库应用软件的设计与开发,读者可进一步学习软件工程、高级程序设计语言等课程。

思考与练习

一、简答题

1. 请简述数据库应用软件设计与实现的基本步骤。
2. 请简述在数据库应用软件开发过程中系统功能设计与数据库设计的区别与联系。

二、实现题

请以第三章数据库设计中介绍的一个用户管理系统为例,试使用 PHP 语言实现一个基于 MySQL 数据库的用户管理系统。

第八章 数据管理技术的发展

了解数据管理技术的发展过程及方向,有助于对数据库系统原理的学习与掌握。本章从数据库技术发展历程、数据仓库与数据挖掘、大数据管理技术三个方面,简要介绍数据管理技术的新发展。

第一节 数据库技术发展概述

数据库是管理数据的技术,它从 20 世纪 60 年代中期产生到今天,经历了三代演变,造就了 C.W.Bachman、E.F.Codd 和 James Gray 三位图灵奖得主,发展了以数据建模和数据库管理系统核心技术为主,内容丰富、领域宽广的一门学科,带动了一类巨大的软件产业——数据库管理系统(DBMS)产品及其相关工具和解决方案。数据库技术是计算机科学技术中发展最快的领域之一,也是应用最广的技术之一,它已成为计算机信息系统与智能应用系统的核心技术和重要基础。

数据模型是数据库系统的核心和基础。以数据模型的发展为主线,数据库技术可以相应地分为三个发展阶段,即第一代的网状、层次数据库系统,第二代的关系数据库系统,以及新一代的数据库系统。

一、第一代数据库系统

层次数据库系统和网状数据库系统的数据模型虽然分别为层次模型和网状模型,但实质上层次模型是网状模型的特例。它们都是格式化模型,它们从体系结构、数据库语言到数据存储管理均具有共同特征,是第一代数据库系统。

第一代数据库系统有如下两类代表。

ⅰ)1969 年 IBM 公司研制的层次模型数据库管理系统 IMS。

ⅱ)美国数据库系统语言研究会(CODASYL)下属的数据库任务组(DBTG)对数据库方法进行了系统的研究和探讨,于 20 世纪 60 年代末 70 年代初提出了若干报告,称为 DBTG 报告。DBTG 报告确定并建立了数据库系统的许多概念、方法和技术。DBTG 所提议的方法是基于网状结构的,是网状模型数据库系统的典型代表。

这两类数据库系统具有以下几个共同特点。

ⅰ)支持三级模式(外模式、模式、内模式)的体系结构。模式之间具有转换(或称为映射)功能。

ⅱ)用存取路径来表示数据之间的联系。这是数据库系统和文件系统的主要区别之一。数据库不仅存储数据,而且存储数据之间的联系。数据之间的联系在层次和网状数据库系统中都是用存取路径来表示和实现的。

ⅲ)独立的数据定义语言。层次数据库系统和网状数据库系统有独立的数据定义语言,用以描述数据库的三级模式以及相互映像。诸模式一经定义，就很难修改。

ⅳ) 导航的数据操纵语言。层次和网状数据库的数据查询和数据操纵语言是一次一个记录的导航式的过程化语言。这类语言通常嵌入某一种高级语言，例如 COBOL、FORTRAN、C 语言中。

二、第二代数据库系统

支持关系数据模型的关系数据库系统是第二代数据库系统。

1970 年，IBM 公司 San Jose 研究室的研究员 E.F.Codd 在其发表的论文中提出了数据库的关系模型，开创了数据库关系方法和关系数据理论的研究，为关系数据库技术奠定了理论基础。20 世纪 70 年代是关系数据库理论研究和原型开发的时代。经过大量高层次的研究和开发取得了以下主要成果。

ⅰ) 奠定了关系模型的理论基础，给出了人们一致接受的关系模型的规范说明。研究了关系数据库理论，主要包括函数依赖、多值依赖、连接依赖、范式等。根据规范化理论指导数据库设计，将不好的数据库逻辑结构分解。随后又研究了"泛关系"理论，使得用户使用时仍把数据库看成一个整体，而实际存储是按规范化理论分解的关系结构存储。

ⅱ) 研究了关系数据语言，有关系代数、关系演算、SQL 语言及 QBE 等。这些描述性语言一改以往程序设计语言和网状、层次数据库系统中数据库语言的风格，以其易学易懂的优点得到了最终用户的喜爱，为 20 世纪 80 年代数据库语言标准化打下了基础。

ⅲ) 研制了大量的 RDBMS 的原型，攻克了系统实现中查询优化、并发控制、故障恢复等一系列关键技术。不仅大大丰富了 DBMS 实现技术和数据库理论，更重要的是促进了 RDBMS 产品和蓬勃发展和广泛应用。

关系数据库系统从实验室走向了社会，因而在计算机领域，有人把 20 世纪 70 年代称为数据库时代。20 世纪 80 年代几乎所有新开发的 DBMS 均是关系数据库系统。关系数据库是以关系模型为基础的，而关系模型是由数据结构、关系操作和数据完整性三部分组成。关系模型不仅简单、清晰，而且由关系代数作为语言模型，由关系数据理论作为理论基础。

因此，第二代关系数据库系统具有模型简单清晰、理论基础好、数据独立性强、数据库语言非过程化和标准化等特点。

三、新一代数据库系统

第一、二代数据库系统的数据模型虽然描述了现实世界数据的结构和一些重要的相互关系，但是仍不能捕捉和表达数据对象所具有的丰富而重要的语义，因此尚只能属于语法模型。

由于数据库技术在商业领域的巨大成功，使得数据库的应用领域迅速扩展。20 世纪 80 年代，出现了大量的新一代数据库应用。由于网状、层次和关系数据库系统的设计目标源于商业事务处理，它们面对层出不穷的新一代数据库应用显得力不从心。人们开始研究支持新一代数据库应用的数据库技术和方法，试图研制和开发新一代数据库管理系统。

面向对象程序设计方法在计算机的各个领域，包括程序设计语言、人工智能、软件工程、信息系统设计以及计算机硬件设计等都产生了深远的影响。随之，从 20 世纪 80 年代开始，数据库界广泛开展了面向对象数据库系统（OODBS）的研究。从面向对象（OO）模型、面向对象数据库管理系统（OODBMS）实现技术、OODBMS 产品研发和应用等各个层面进行了大量的创新工作。20 世纪 90 年代初，OODBS 获得了大量的研究成果，开发了很多 OODBMS，包括实验系统和产品，OODBS 企图挑战关系数据库系统。但由于面向对象数据模型中许多功能难以实现，面向对象数据库系统过于复杂不易使用，尽管开发出许多面向对象数据库产品，但是成熟度低，最终没有被市场普遍接受。因而，OODBS 未能如人们所期望的那样：替代关系数据库系统，并成为第三代数据库系统的代表。

对于什么是第三代数据库系统，专家们并没有形成一致的认识。主要是因为第三代数据库系统不像第二代数据库系统那样有一个统一的、大家公认的数据模型。但是，围绕什么样的数据库系统可称之为第三代数据库系统，专家们进行了热烈的讨论和研究。1990 年高级 DBMS 功能委员会发表了《第三代数据库系统宣言》的文章（以下简称《宣言》），提出了第三代数据库系统应具有的三个基本特征，《宣言》中称为三条基本原则。这三个基本特征如下。

（1）第三代数据库系统应支持数据管理、对象管理和知识管理

除提供传统的数据管理服务外，第三代数据库系统将支持更加丰富的对象结构和规则，应该集数据管理、对象管理和知识管理为一体。《宣言》认为，无论该数据库系统支持何种复杂的、非传统的数据模型，它应该具有面向对象模型的基本特征。数据模型是划分数据库发展阶段的基本依据。因此，第三代数据库系统应该是以支持面向对象数据模型为主要特征的数据库系统。但是，只支持面向对象模型的系统不能称为第三代数据库系统。第三代数据库系统还应具备其他特征。

（2）第三代数据库系统必须保持或继承第二代数据库系统的技术

第三代数据库系统必须保持第二代数据库系统的非过程化数据存取方式和数据独立性，应继承第二代数据库系统已有的技术。不仅能很好地支持对象管理和规则管理，而且能更好地支持原有的数据管理，支持多数用户需要的即席查询等。

（3）第三代数据库系统必须对其他系统开放

数据库系统的开放性表现在：支持数据库语言标准；在网络上支持标准网络协议；系统具有良好的可移植性、可连接性、可扩展性和互操作性等。

既然对于第三代数据库系统并没有形成一致的认识，因而通常把第二代以后的数据库系统称为新一代数据库系统。新一代数据库系统将是以更加丰富的数据模型和更强大的数据管理功能为特征，从而满足广泛更加复杂的新应用的要求。

新一代数据库技术的研究和发展导致了众多不同于第一、二代数据库的系统诞生，构成了当今数据库系统的大家族。这些新的数据库系统支持不同的数据模型，有扩展关系数据模型的对象关系数据库系统、面向对象模型的对象数据库系统、支持 XML 半结构化模型的 XML 数据库系统等。

另外，数据库技术与其他计算机技术相结合，是数据库技术发展的一个显著特征，随之涌现出各种数据库系统，例如：与分布式处理技术相结合出现的分布式数据库系统；与并行处理技术相结合出现的并行数据库系统；与人工智能技术相结合出现的演绎数据库、知识库和主动数据库系统等；与多媒体技术相结合出现的多媒体数据库系统；与模糊技术相结合出现的模糊数据库系统；与移动通信技术相结合出现的移动数据库系统；与 Web 技术相结合出现的 Web 数据库。

同时，数据库技术被应用到一些特定的领域中，出现了数据仓库、工程数据库、统计数据库、空间数据库、科学数据库等多种数据库，使数据库领域的应用范围不断扩大。这些数

据库系统都明显地带有某一领域应用需求的特征，难以直接使用当前市场上销售的通用的 DBMS 来管理和处理这些领域内的数据对象，因而广大数据库工作者针对各个领域的数据库特征探索和研制了各种特定的数据库系统，取得了丰硕的成果，不仅为这些应用领域建立了可供使用的数据库系统，而且为新一代数据库技术的发展做出了贡献。

第二节 数据仓库与数据挖掘

进入 21 世纪以来，随着数据库、计算机网络和人工智能等技术的广泛应用，诞生了一项新的数据管理技术——数据仓库、联机分析处理和数据挖掘/知识发现技术，它已成为当今信息管理技术的热门研究课题和新的应用领域。数据仓库、联机分析处理和数据挖掘/知识发现等技术彼此间相互关联。

一、从数据库到数据仓库

数据库与数据仓库只有一字之差，似乎是一样的概念，但实际则不然。

计算机系统中存在着两类不同的数据处理工作：一类是操作型处理，也称为联机事务处理（Online Transaction Processing，OLTP），它是针对具体业务在数据库联机的日常操作，通常对少数记录进行查询和修改，用户较为关心操作的响应时间、数据的安全性、完整性和并发支持的用户数等问题，传统的数据库系统作为数据管理的主要手段，主要用于操作型处理；另一类是分析型处理，也称为联机分析处理（Online Analytical Processing，OLAP），一般针对某些主题的历史数据进行分析，支持管理决策，它通常是对海量的历史数据查询和分析，如金融风险预测预警系统、证券股市违规分析系统等，这些系统要访问的数据量非常大，查询和分析的操作十分复杂。事务型处理数据和分析型处理数据的区别可如表 8.1 所示。

表 8.1 事务型处理数据和分析型处理数据的区别

特　性	OLTP	OLAP
特征	操作处理	信息处理
面向	事务	分析
用户	办事员、DBA、数据库专业人员	知识工人（如经理、主管、分析员）
功能	日常操作	长期信息需求，决策支持
DB 设计	基于 E-R，面向应用	星形/雪花，面向主题
数据	当前的；确保最新	历史的；跨时间维护
汇总	原始的，高度详细	汇总的，统一的
视图	详细，一般关系	汇总的，多维的
工作单位	短的、简单事务	复杂查询
存取	读/写	大多为读
关注	数据进入	信息输出
操作	主关键字上索引/散列	大量扫描
访问记录数	数十个	数百万个
用户数	数千	数百
DB 规模	100 MB 到 GB	100 GB 到 TB
优先	高性能，高可用性	高灵活性，端点用户自治
度量	事务吞吐量	查询吞吐量，响应时间

OLTP 和 OLAP 两者之间的差异使得传统的数据库技术不能同时满足两类数据的处理要求，因此在 20 世纪 80 年代数据仓库（Data Warehouse，DW）技术应运而生。数据仓库的建立将操作型处理和分析型处理区分开来。传统的数据库技术为操作型处理服务，数据仓库为分析型处理服务。二者各司其职，泾渭分明。越来越多的组织或企业认识到数据仓库的重要性，逐步在原有数据库基础上建立起自己的数据仓库系统。

1992 年数据仓库概念的创始人 W.H.Inmon 在其《Building the Data Warehouse》一书中定义了数据仓库的概念：数据仓库是面向主题的、集成的、稳定的、随时间变化的数据集合，用以支持管理决策的过程。数据仓库不是可以买到的产品，而是一种面向分析的数据存储方案。对于数据仓库的概念，可以从两个层次进行理解：首先，数据仓库用于支持决策，面向分析型数据处理，不同于提高业务效率的操作型数据库；其次，数据仓库对分布在组织或企业中的多个异构数据源集成，按照决策主题选择数据并以新的数据模型存储。此外，存储在数据仓库中的数据一般不能修改。相应地，数据仓库主要有以下特征。

(1) 面向主题

数据仓库中的数据是按照各种主题来组织的。主题在数据仓库中的物理实现是一系列的相关表，这不同于面向应用环境。例如，保险公司按照应用组织可能是汽车保险、生命保险、伤亡保险，而数据仓库是按照客户、政策、保险金和索赔来组织数据。面向主题的数据组织方式可在较高层次上对分析对象的数据给出完整、一致的描述，能完整、统一地刻画各个分析对象所涉及的各项数据以及数据之间的联系，从而适应组织或企业各个部门的业务活动特点和数据的动态特征，从根本上实现数据与应用的分离。

(2) 集成性

数据仓库中的数据是从原有分散的源数据库中提取出来的，其每一个主题所对应的源数据在原有的数据库中有许多冗余和不一致，且与不同的应用逻辑相关。为了创建一个有效的主题域，必须将这些来自不同数据源的数据集成起来，使之遵循统一的编码规则。

(3) 数据的非易失性

数据的非易失性主要是针对应用而言的。数据仓库的用户对数据的操作大多是数据查询或比较复杂的挖掘，一旦数据进入数据仓库以后，一般情况下都被较长时间的保留。数据仓库中一般有大量的查询操作，但修改和删除操作较少。因此，数据经加工和集成进入数据仓库后是极少更新的，通常只需要定期加载和更新。

(4) 数据的时变性

许多商业分析要求对发展趋势做出预测，对发展趋势的分析需要访问历史数据。因此数据仓库必须不断捕捉 OLTP 数据库中变化的数据，生成数据库的快照，经集成后增加到数据仓库中去；另外数据仓库还需要随时间的变化删去过期的、对分析没有帮助的数据，并且还需要按规定的时间段增加综合数据。

一般地，数据仓库具有三个常用的重要概念，即粒度、分割和维。

(1) 粒度

粒度问题是设计数据仓库的一个最重要方面。粒度是指数据仓库的数据单位中保存数据的细化或综合程度的级别，细化程度越高，粒度级就越小，相反地，细化程度越低，粒度级就越大。数据的粒度一直是一个设计问题。在早期建立的操作型系统中，粒度是用于访问授权的，当详细的数据被更新时，几乎总是把它存储在最低粒度级上。但在数据仓库环境中对粒度不做假设。在数据仓库环境中粒度之所以是主要的设计问题，是因为它深深地影响存储在数据仓库中的数据量的大小，同时影响数据仓库所能回答的查询类型。在数据仓库中的数据量大小与查询的详细程度之间要做出权衡。

(2) 分割

分割是将数据分散到各自的物理单元中，以便能分别处理，以提高数据处理的效率。数据分割后的单元称为切片。数据分割的标准可以根据实际情况来确定，通常可按日期、地理分布、业务范围等进行分割，数据分割后较小单元的数据处理相对独立，使数据更易于重构、索引、恢复和监控，处理起来更快。

(3) 维

维是人们观察数据的特定角度，是考虑问题时的一类属性。此类属性的集合构成一个维度，例如时间维、产品维等。维可以有细节程度的不同描述方面，这些不同描述方面称为维的层次，维层次中维的一个取值称为维的一个成员，不同的多个维成员的组合组成了该维的不同维层次。最常用的维是时间维，时间维的维层次可以有日、周、月、季、年等。数据仓库中的数据按照不同的维组织起来形成了一个多维立方体。维的概念使用户能够从多个角度观察数据仓库中的数据，以便深入了解包含在数据中的信息。

此外，数据仓库有时也称为企业仓库。企业数据仓库可以在大型机、超级计算机服务器或并行结构平台上实现，但建设数据仓库是一项庞大的系统工程，需要广泛业务建模，其工作量大、代价和风险很高。为此，人们提出了数据集市（Data Mart）体系结构的数据仓库概念。数据集市的基本思想是自下而上的数据仓库的开发方法。数据集市结构的数据仓库，又称为主题结构数据仓库，是按照主题进行构思所形成的数据仓库。数据集市结构一般只能对某个主题进行操作，如果用户希望对两个以上的主题进行操作，则必须对这两主题的数据结构都了解，否则无法实现多主题的操作，而多主题的数据仓库结构往往会产生大量的冗余。一般可以将数据集市分为独立的数据集市（Independent Data Mart）和从属的数据集市（Dependent Data Mart）或这两种数据集市的混合。

二、数据挖掘技术

数据挖掘（Data Mining）是从大量的、不完全的、有噪声的、模糊的、随机的实际应用数据中发现并提取隐藏在其中的、人们事先不知道的、但又是潜在有用的信息和知识的一种技术。它又被称为数据库中的知识发现（Knowledge Discovery in DataBase，KDD），其与数据库、数理统计、机器学习、模式识别、模糊数学等诸多技术相关。

在数据库技术中，数据处理基于查询，可以发现有用的信息。然而，这种查询的回答反映直接存储在数据库中的信息，或通过聚合函数可计算的信息，它们并不反映复杂的模式，或隐藏在数据库中的规律。因此，数据处理不是数据挖掘。

在数据仓库技术中，OLAP 是数据汇总/聚集工具，可帮助简化数据分析，而数据挖掘是自动地发现隐藏在大量数据中的隐含模式和有趣知识；OLAP 工具的目标是简化和支持交互式数据分析，而数据挖掘工具的目标是尽可能自动处理。在这种意义下，数据挖掘比传统的联机分析处理前进了一步。

相应地，数据挖掘具备下列几种功能。

(1) 概念描述

通过数据挖掘技术，可以归纳总结出数据的某些特征。

(2) 关联分析

在数据挖掘技术中，基于关联规则的挖掘是应用较广的一种方法。数据关联是数据库中存在的一类重要的可被发现的知识。若两个或多个变量的取值之间存在某种规律性，就称为关联。也就是说，关联规则表示了数据库中一组数据项间的相关性。关联可分为简单关联、时序关联、因果关联。关联分析的目的是找出数据库中隐藏的关联网。有时用户并不知道数据库中数据的关联函数，即使知道也是不确定的。常见的关联分析算法有 Apriori、FP-Growth 等。

(3) 分类与预测

分类就是找出一个类别的概念描述，它代表了这类数据的整体信息，即该类的内涵描述，并用这种描述来构造模型，一般用规则或决策树模式表示。描述可以是显式的，即特征概念描述或清晰的概念描述，也可以说分类是利用训练数据集通过一定的算法而求得分类规则。分类可被用于规则描述和预测。根据不同类对象特征的描述可以得出辅助决策信息。常见的分类模型及算法有决策树模型、神经网络模型、线性回归模型等。

(4) 聚类

聚类是把数据按照相似性归纳成若干类别，同一类中的数据彼此相似，不同类中的数据相异。聚类分析可以建立宏观的概念，发现数据的分布模式，以及可能的数据属性之间的相互关系。聚类的目的是使属于同一类别的对象之间的距离尽可能小，而不同类别的对象间的距离尽可能大。与分类方法不同的是，聚类没有预先的分类特征，而是根据一定的规则将对象归类，对分类后的对象类显式或隐式地描述其共同特征。常用的聚类算法有 K-Means、GMM 等。

(5) 孤立点检测

孤立点是指数据中与整体表现行为不一致的数据集合。这些数据虽然是一些特例，但往往在错误检查和特例分析中是非常有用的。

(6) 趋势和演变分析

通过数据挖掘技术，可以描述行为随着时间变化的对象所遵循的规律或趋势。

在实际使用中，数据挖掘的过程通常由以下六个步骤构成。

i）确定业务对象。将用户需求和目标转换成一种数据挖掘的问题定义，设计出达到目标的一个初步计划。认清数据挖掘的目的是数据挖掘的重要一步，挖掘的最后结果是不可预测的，但要探索的问题应是有预见的，为了数据挖掘而数据挖掘带有盲目性，是不会成功的。

ii）数据的选择。搜索所有与业务对象有关的内部和外部数据信息，并从中选择出适用于数据挖掘应用的数据。数据挖掘的数据主要有两种来源，即数据可以是从数据仓库中来的，也可以是直接从数据库中而来。

iii）数据的预处理。实际应用数据往往是不完全的、有噪声的、模糊的、随机的，因此要根据不同的需求在挖掘之前进行预处理，即将最初的原始数据构造成最终适合建模工具处理的数据集，包括表、记录和属性的选择、数据转换和数据清洗等。其中，从数据仓库中直接得到数据挖掘的数据有许多好处，因为数据仓库的数据已经过了预处理，许多数据不一致的问题都较好地解决了，在数据挖掘时可大大减少清洗数据的工作量。

ⅳ）建模。选择和应用各种建模技术，并对模型参数选择合适的算法进行优化。

ⅴ）模型评估。对模型进行评价，并检查构建模型的每个步骤，确认其是否真正实现了预定的目的。

ⅵ）模型部署。创建完模型并不意味着工作结束，即使创建模型的目的是为了增加用户对数据的了解，所获得的知识也要用一种用户可以使用的方式来组织和表示，通常要将活动模型应用到决策制定的过程中。

第三节　大数据管理技术

随着以社交网络、基于位置的服务为代表的新型信息交流渠道的不断涌现，以及物联网、云计算等技术的蓬勃发展，人类产生的数据量正在以前所未有的速度增加，每天遍布世界的传感器、移动设备、在线交易和社交网络生成上百万兆字节的数据，可以说人们进入了大数据（Big Data）时代。

一、大数据的定义

2008 年 9 月，国际著名学术期刊《Science》发表了一篇名为"Big Data: Science in the Petabyte Era"的文章，由此"大数据"一词开始被广泛传播。这个词表示需要管理的数据规模很大，相对于当前的计算机存储和处理技术水平而言，遇到了技术挑战，需要计算机界研究和发展更加先进的技术，才能有效地存储、管理和处理它们。随之，大数据成为了当今科技界和工业界甚至世界各国政府关注的热点。国际著名学术期刊《Nature》和《Science》等相继出版专刊来专门探讨大数据带来的挑战和机遇。著名管理咨询公司麦肯锡称"数据已经渗透到当今每一个行业和业务智能领域，成为重要的生产因素"。美国政府认为大数据是"未来的新石油"。一个国家拥有数据的规模和运用数据的能力将成为综合国力的重要组成部分，对数据的占有和控制将成为国家间和企业间新的争夺焦点。人们对于大数据的挖掘和运用，预示着新一波生产力增长和科技发展浪潮的到来。

目前大数据尚无统一的定义，通常被认为是数据量很大、数据形式多样化的数据。例如，EMC 公司认为"大"是指大型数据集，一般在 10 TB 规模左右，同时这些数据来自多种数据源，以实时、迭代的方式实现。IBM 则是把大数据概括为 4 个 V，即大量化（Volume）、多样化（Variety）、快速化（Velocity）和真实性（Verity），强调大数据呈现价值稀疏性的特点。维基百科认为，大数据是指利用常用软件工具捕获、管理和处理数据所耗时间超过可忍时间的数据集。

一般意义上，大数据是指无法在可容忍的时间内用现有信息技术和软、硬件工具对其进行感知、获取、管理、处理的服务的数据集合，且其具有如下特征。

ⅰ）数据量巨大，即大量化（Volume）。通过各种设备产生海量数据，数据规模庞大，数据量从 TB 级别，跃升到 PB 级别。IDC 的研究报告称，未来 10 年全球大数据将增加 50 倍，管理数据仓库的服务器数量将增加 10 倍。

ⅱ）数据种类繁多，即多样化（Variety）。大数据种类繁多，在编码方式、数据格式和应用特征等多个方面存在差异性，多信息源并发形成大量的异构数据。相对于以往便于存储和分析的结构化数据，大数据的数据类型不再是单一的文本形式，网络日志、音频、视频、图片、地理位置信息等多类型的数据对数据的存储和处理能力提出了更高的要求。据统计，企业中 80%的数据是非结构化或半结构化的。

iii）处理速度快，即快速化（Velocity）。大数据对实时处理有着较高的要求，在海量数据面前，处理数据的效率就是企业的竞争力。

iv）价值（Value）密度低。价值密度的高低与数据总量的大小成反比。在现实应用中，数据量大的数据并不一定有很大的价值，不能被及时有效处理分析的数据也没有很大的应用价值。大数据的本质并非在于大，而在于其价值含量。

二、大数据管理技术典型代表

可以说，大数据对现有的数据存储、管理、分析、处理和应用等都提出了新的挑战。为应对这些挑战，人们研究和发展了以分布式文件系统、Key/Value 非关系数据模型和 MapReduce 并行编程模型为代表的众多新技术和新系统。

1. 大数据存储

依靠集中式的物理服务器存储规模巨大的数据，无论是从容量、数据传输速度还是稳定性等方面考虑都是不现实的。在通常情况下，大数据的存储可能需要几十台、上百台甚至更多的服务器节点进行分布式存储。一种特殊的文件系统应运而生，即分布式文件系统，用于统一管理这些服务器节点上存储的数据，典型案例是 Hadoop 开源架构下的分布式文件系统（Hadoop Distributed File System，HDFS）。

HDFS 与常规文件系统不同的是，它以大粒度数据块的方式存储文件，从而减少了元数据的数量，这些数据块则通过随机方式选择不同的节点并存储在各个地方。HDFS 的分布存储方式使其具有良好的可扩展性，不仅支持在一个文件系统中存储千万量级的文件，还为上层的大数据处理应用提供了透明的数据访问和存储功能，也就是说应用程序并不会感受到物理上分布存储在不同机器上数据的差异性。除了大规模存储数据和高并发访问能力，HDFS 还具有强大的容错能力，通过多副本数据块的存储方式保障系统从故障中快速恢复。

2. NoSQL 数据管理系统

NoSQL 是以互联网大数据应用为背景发展起来的分布式数据管理系统。NoSQL 有两种解释：一种是 Non-Relational，即非关系数据库；另一种是 Not Only SQL，即数据管理技术不仅仅是 SQL。

NoSQL 系统为了提高存储能力和并发读写能力采用了极其简单的数据模型，支持简单的查询操作，而将复杂操作留给应用层实现。该系统对数据进行划分，对各个数据分区进行备份，以应对结点可能的失败，提高系统可用性；通过大量结点的并行处理获得高性能，采用的是横向扩展的方式。它弥补了传统数据库由于事务等机制而带来的对海量数据高并发请求处理性能上的欠缺，采用一种非关系的方式来解决大数据存储和管理的问题。

NoSQL 系统支持的数据存储模型通常有键值（Key-Value）模型、文档（Document）模型、列（Column）模型和图（Graph）模型等。

（1）键值（Key-Value）存储

Key-Value 存储是 NoSQL 数据库采用最多的数据存储方式，它的数据是以 Key-Value 的形式存储的。Key-Value 数据模型是一个映射，Key 是查找数据地址的唯一关键字，而 Value

是数据实际存储的内容。它采用这个弱关系的数据模型，使用哈希函数实现关键字到值的快速映射，从而提高数据的存储能力和并发读/写能力。虽然它的数据处理速度非常快，适合通过主键进行查询或遍历，但基本上只能通过 Key 的完全一致查询获取数据。常见的键值存储数据库包括 Tokyo Cabinet/Tyrant、Redis 和 Oracle BDB 等。

（2）文档存储

文档存储不需要定义表结构，但可以像定义表结构一样使用。文档存储的存储格式可以多样化，适合存储系统日志等非结构化数据。与 Key-Value 存储不同的是，它可以通过复杂的查询条件来获取数据。虽然它不具备关系数据库所具有的事务处理和 JOIN 的处理能力，但基本上能实现除此之外的其他处理。常见的文档型数据库有 CouchDB、MongoDB 等。

（3）列存储

列存储是以列为单位来存储数据的，擅长以列为单位读入数据，比较适合对某一列进行随机查询处理。采用列存储数据模型让数据库系统具有高扩展性，即使数据增加也不会降低相应的处理速度，因此列存储主要应用于需要处理大量数据的情况。常见的列存储数据库有 Cassandra、HBase 等。

（4）图存储

图存储数据库是基于图理论构建的，使用结点、属性和边的概念。结点代表实体，属性保存与结点相关的信息，而边用来连接结点，表示两者关系。图数据库存储某些数据集非常快，可以把图直接映射到面向对象应用程序中。

3. MapReduce 技术

MapReduce 技术是 Google 公司于 2004 年提出的大规模并行计算解决方案，主要应用于大规模廉价集群上的大数据并行处理。MapReduce 以 Key/Value 的分布式存储系统为基础，通过元数据集中存储、数据以 chunk 为单位分布存储和数据 chunk 冗余复制来保证其高可用性。

MapReduce 是一种并行编程模型。它把计算过程分解为两个阶段，即 Map 阶段和 Reduce 阶段。具体执行过程是：首先，对输入的数据源进行分块，交给多个 Map 任务去执行，Map 任务执行 Map 函数，根据某种规则对数据分类，写入本地硬盘；然后，进入 Reduce 阶段，在该阶段由 Reduce 函数将 Map 阶段具有相同 Key 值的中间结果收集到相同的 Reduce 节点进行合并处理，并将结果写入本地磁盘。程序的最终结果可以通过合并所有 Reduce 任务的输出得到。其中，Map 函数和 Reduce 函数是用户根据应用的具体需求进行编写。

MapReduce 是一种简单易用的软件框架。基于它可以开发出运行在成千上万个结点上，并以容错的方式并行处理海量数据的算法和软件。通常，计算结点和存储结点是同一个节点，即 MapReduce 框架和 Hadoop 分布式文件系统运行于相同的结点集。

本 章 小 结

随着信息的不断增加，计算机技术的不断发展，数据管理技术面临着诸多新的挑战，同时也产生了许多新的技术和新的研究与应用方向。本章首先概述了数据库技术的发展历程，然后介绍了数据仓库和数据挖掘技术的概念、特征和功能等，最后列举了大数据的特征和当前大数据管理技术的典型代表。

思考与练习

简答题

1. 请叙述文章《第三代数据库系统宣言》中指出第三代数据库系统应具有的基本特征。
2. 请描述数据仓库中粒度的概念。
3. 请描述数据挖掘技术的功能。
4. 请列举大数据的基本特征。

附录 A MySQL 的安装与配置

这里以 MySQL 5.5 版本为例,介绍其在 Windows 操作系统下的安装和配置过程,具体步骤描述如下。

1)下载 Windows 版的 MySQL 5.5 在本地计算机之后,双击安装文件直接进入安装向导,如图 A.1 所示。

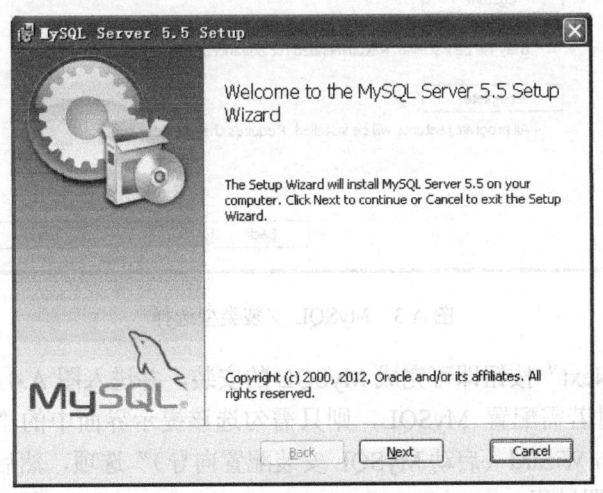

图 A.1 MySQL 安装向导界面

2)单击"Next"按钮进入图 A.2 所示的 MySQL 许可证协议界面,这里需要勾选"I accept the terms in the License Agreement"选项。

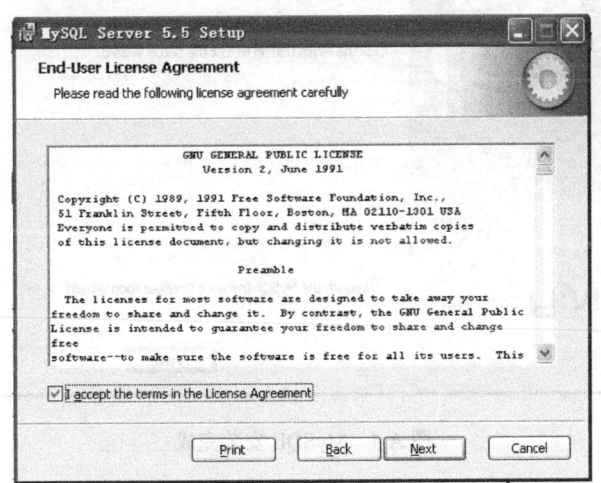

图 A.2 MySQL 许可证协议界面

3）单击"Next"按钮进入图 A.3 所示的 MySQL 安装类型选择界面，这里有 Typical（典型安装）、Custom（定制安装）和 Complete（完全安装）三种安装方式可供选择，对于大多数用户，选择 Typical 即可。

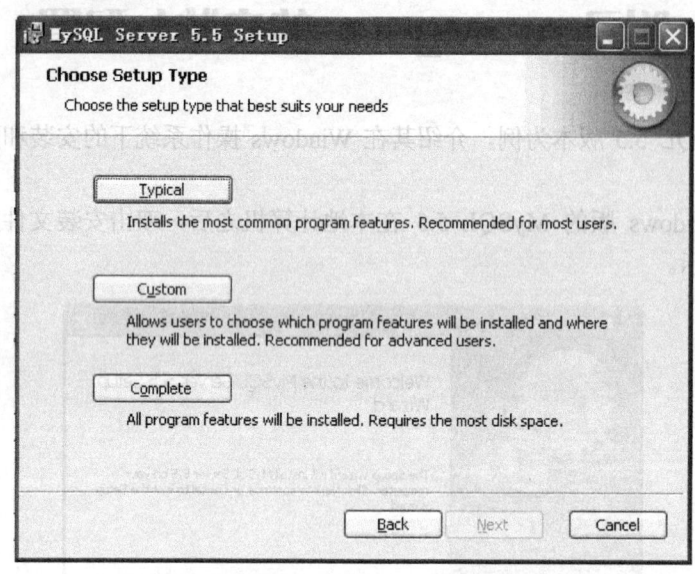

图 A.3　MySQL 安装类型选择

4）接着单击"Next"按钮即可完成 MySQL 的安装，并进入图 A.4 所示的 MySQL 安装完成提示界面，此时若需配置 MySQL，则只需勾选该提示界面中的"Launch the MySQL Instance Configuration Wizard（启动 MySQL 安装配置向导）"选项，然后单击"Finish"按钮即进入 MySQL 的配置过程。

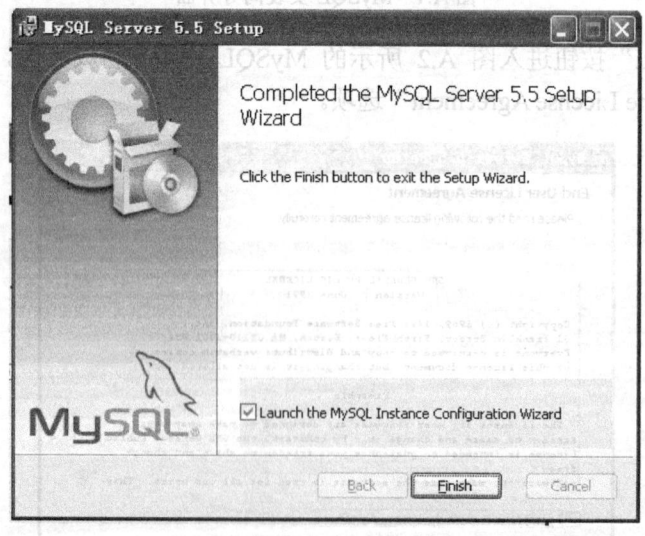

图 A.4　MySQL 安装完成

5）如图 A.5 所示，在 MySQL 的配置向导中有两种配置类型供选择，即：Detailed

Configuration(详细配置)和 Standard Configuration(标准配置),标准配置选项适合希望快速启动 MySQL 而不必考虑服务器配置的新用户,而详细配置选项适合要求更加细粒度控制服务器配置的高级用户,这里选择"Detailed Configuration"。

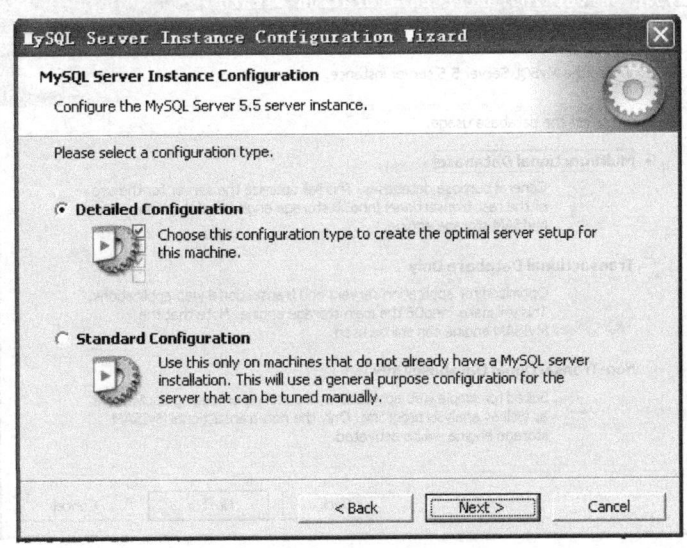

图 A.5　MySQL 配置类型选择

6)接着单击"Next"按钮进入图 A.6 所示的 MySQL 服务器类型选择界面,该界面中有 Developer Machine(开发者机器)、Server Machine(服务器)和 Dedicated MySQL Server Machine (专用 MySQL 服务器)三个选项可选择配置,这里可选择"Developer Machine"选项。

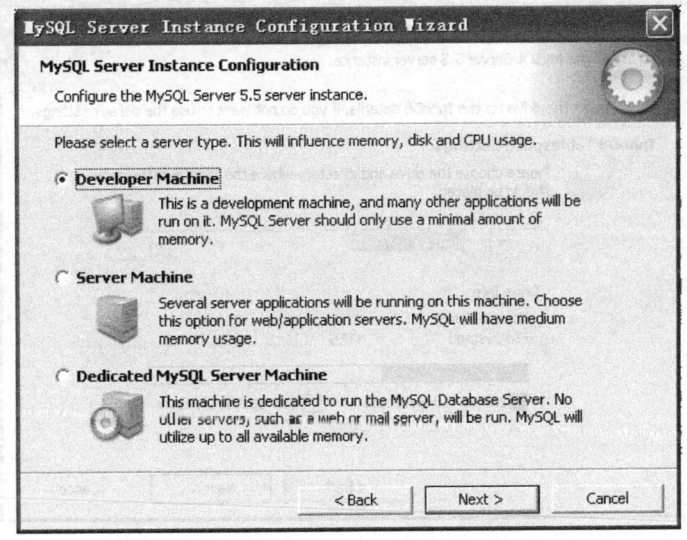

图 A.6　MySQL 服务器类型选择

7)单击"Next"按钮后进入图 A.7 所示的 MySQL 数据库使用情况对话框,其中有三个选项:Multifunctional Database(多功能数据库)、Transactional Database Only(只是事务处理数据库）和 Non-Transactional Database Only（只是非事务处理数据库），由于多功能数据库对 InnoDB 和 MyISAM 表都适用，这里则选择"Multifunctional Database"。

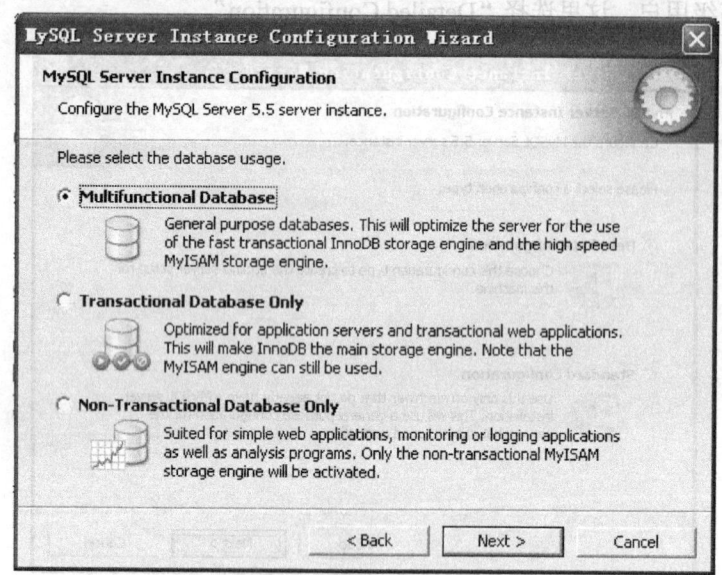

图 A.7 MySQL 数据库使用情况对话框

8）然后单击"Next"按钮后进入图 A.8 所示的 InnoDB 表空间对话框，在此可以修改 InnoDB 表空间文件的位置，这里可不做修改，直接进入下一步。

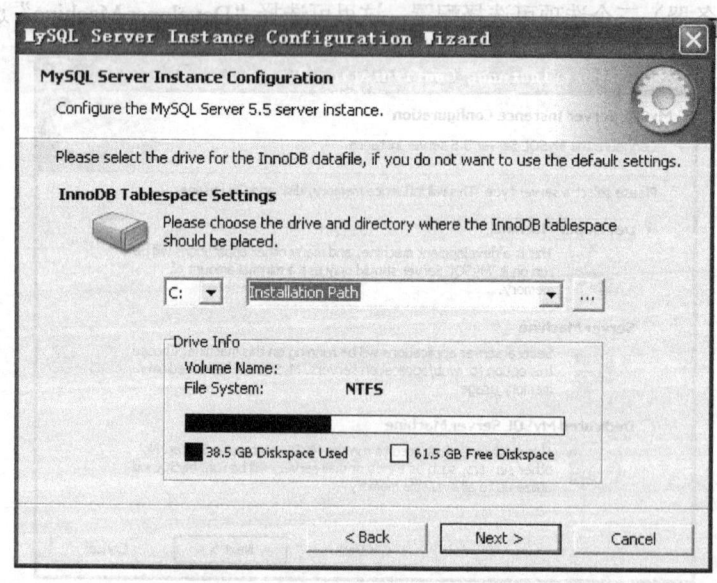

图 A.8 InnoDB 表空间对话框

9）接下来进入图 A.9 所示的 MySQL 并发连接选择对话框界面，其中有三个选项，分别为 Decision Support（决策支持）(DSS)/OLAP：如果服务器不需要大量的并行连接可以选择该选项；Online Transaction Processing（联机事务处理）(OLTP)：如果服务器需要大量的并行连接则选择该选项;Manual Setting(人工设置):选择该选项可以手动设置服务器并行连接的最大数目。这里选择"Decision Support(DSS)/ OLAP"。

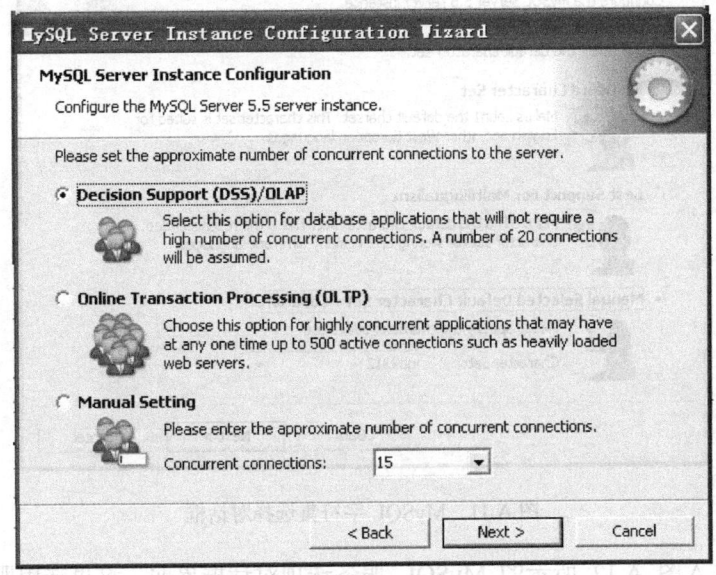

图 A.9　MySQL 并发连接选择对话框

10)单击"Next"按钮后进入图 A.10 所示的 MySQL 联网选项对话框界面,这里选择默认选项,即启用 TCP/IP 网络,默认端口为 3306。

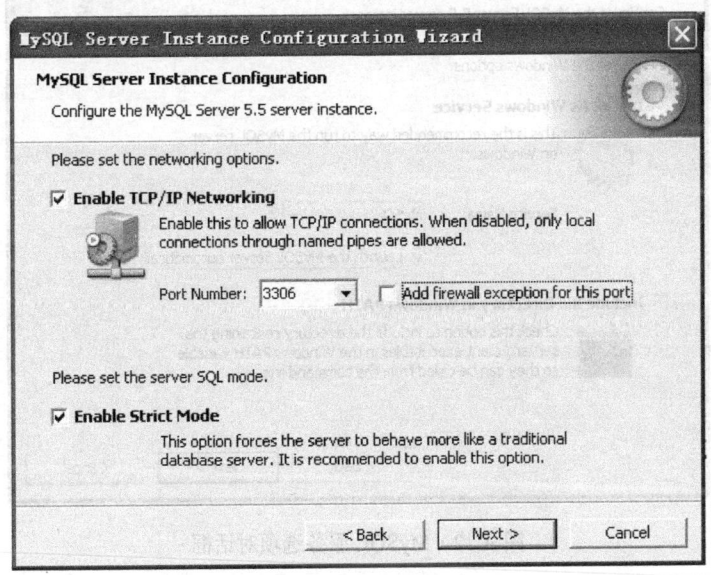

图 A.10　MySQL 联网选项对话框

11)单击"Next"按钮后进入图 A.11 所示的 MySQL 字符集选择对话框界面,其中有三个选项,为能支持中文,这里选择"Manual Selected Default Character Set/Collation"选项,并在"Character Set"选择框中选定为 gb2312。

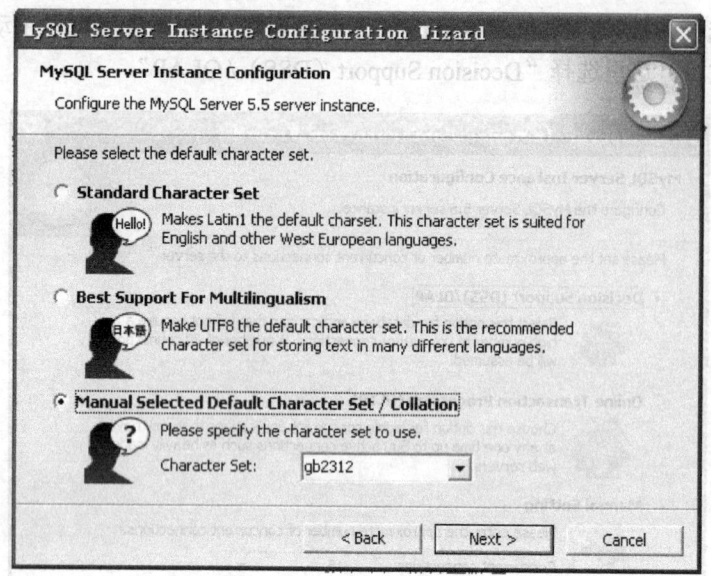

图 A.11　MySQL 字符集选择对话框

12）接着进入图 A.12 所示的 MySQL 服务选项对话框界面，这里选用服务名的默认值 MySQL。

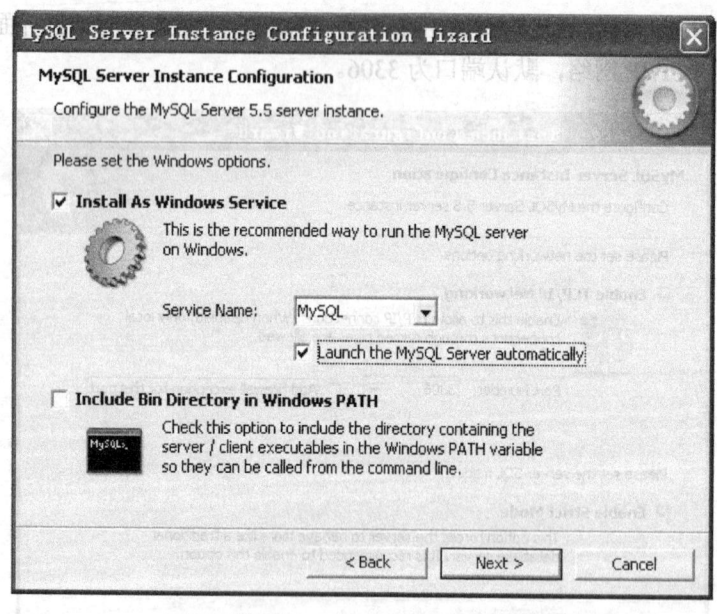

图 A.12　MySQL 服务选项对话框

13）单击"Next"按钮后进入图 A.13 所示 MySQL 安全选项对话框界面，在密码输入框中输入需要设定的 root 用户密码，若希望通过网络以 root 登录，则可勾选 "Enable root access from remote machines（允许从远程登录连接 root）"选项，若希望创建一个匿名用户账户，则勾选"Create An Anonymous Account（创建匿名账户）"选项，出于安全因素考虑，这里不建议勾选此项。

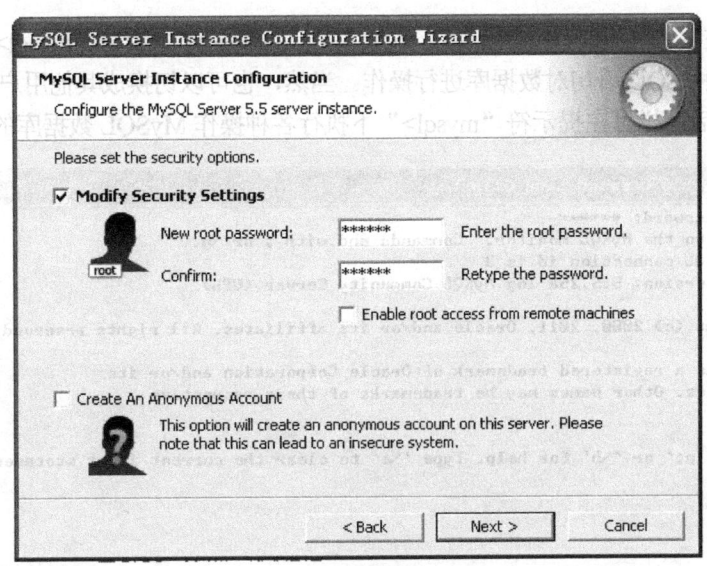

图 A.13　MySQL 安全选项对话框

14）完成上述步骤后，单击"Next"按钮进入图 A.14 所示的 MySQL 配置向导执行界面，这里单击"Execute"按钮，即可开始 MySQL 配置向导的执行操作，直至整个配置过程的结束。

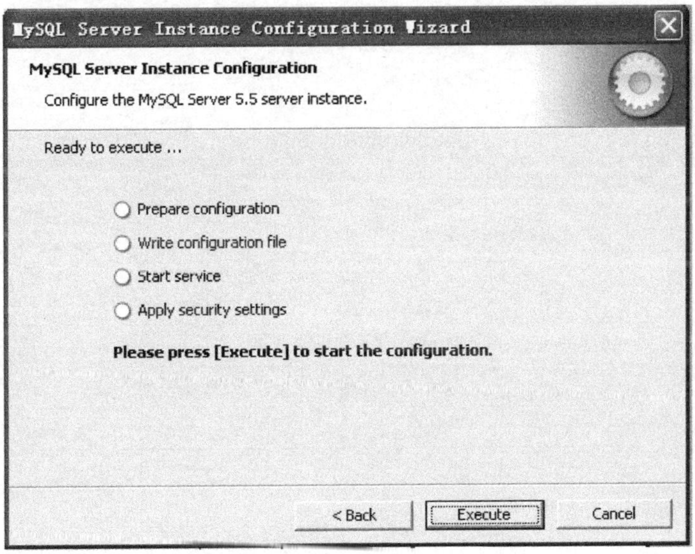

图 A.14　MySQL 配置向导的执行

正确完成 MySQL 的安装与配置之后，MySQL 命令行客户端则被自动地配置到计算机上，它以 C/S 工作模式连接和管理 MySQL 数据库服务器。在装载有 MySQL 数据库服务器的计算机上，可以通过"Windows 开始菜单"→"所有程序"→"MySQL"→"MySQL Server 5.5"→"MySQL 5.5 Command Line Client"，进入到 MySQL 命令行客户端。然后，在这个命令行客户端窗口输入管理员口令，就能以 root 用户身份登录到 MySQL 服务器了。

登录成功后，在客户端窗口中会出现图 A.15 所示的命令行提示符"mysql>"。在该提示符下，可以输入各种 SQL 语句对数据库进行操作。当然，也可以切换成其他用户登录 MySQL 数据库服务器，然后同样可在提示符"mysql>"下执行各种操作 MySQL 数据库的 SQL 语句。

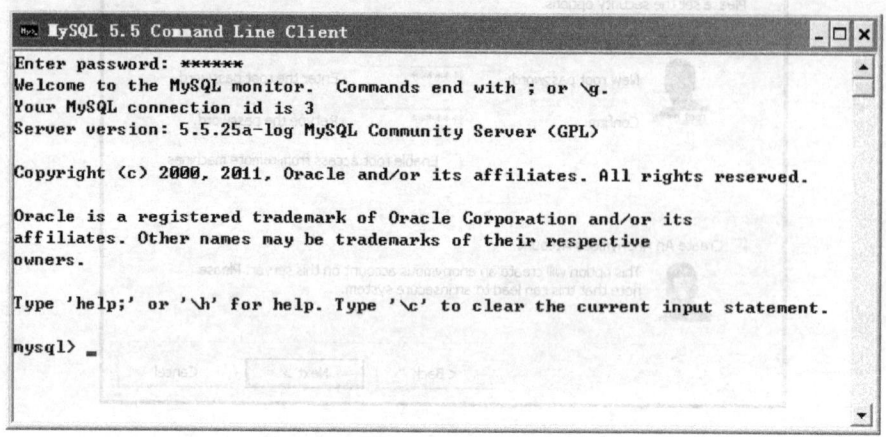

图 A.15　MySQL 命令行客户端

附录 B 基于 PHP 语言的 MySQL 数据库应用

MySQL 作为一类开源、免费的关系数据库管理系统，目前已被广泛应用于互联网中各种中、小型网站或信息管理系统的开发。这里，主要是简要介绍 PHP 语言的特点、工作原理，以及使用 PHP 操作 MySQL 数据库的基本步骤，从而帮助读者了解使用诸如 PHP 等应用软件编程语言开发数据库应用的基本方法和过程。

1. PHP 语言简介

PHP 是 Hypertext Preprocessor（超文本预处理器）的递归缩写，目前使用相当广泛，它是一种在服务器端执行的嵌入 HTML 文档的脚本语言，语言风格类似于 C 语言，其独特的语法混合了 C、Java、Perl 以及 PHP 自创新的语法。PHP 作为一种服务器端的脚本/编程语言，凭借其简单、面向对象、解释型、高性能、独立于框架、动态、可移植等特点，成为了当前世界上最流行的构建 B/S 模式 Web 应用程序的编程语言之一。

PHP 功能强大，能实现所有的 CGI 的功能，并可提供比一般 CGI 更快的执行速度，它的多平台特性使其能无缝地运行在 Windows 和 Linux 平台上，另外更为突出的是它提供了与诸多数据库连接的相关函数或类库，具有对数据库强大的操作能力以及操作的简便性，使其可以方便快捷地操作几乎所有流行的数据库，其中 PHP 搭配 MySQL 数据库是目前 Web 应用开发的最佳组合之一。这个组合的流行不仅仅是因为 PHP 和 MySQL 都可以免费获取，更多的是因为 PHP 对 MySQL 数据库的完美支持。当然，除了使用 PHP 内置的连接函数之外，还可以自行编写函数来间接操作数据库，这种机制也给程序员带来了很大的灵活性。

2. PHP 的工作原理

PHP 是一种基于服务器运行的脚本程序语言，实现数据库和网页之间的数据交互。通常，一个完整的 PHP 系统由以下几个部分构成。

（1）操作系统

网站运行服务器所使用的操作系统。PHP 不要求操作系统的特定性，其跨平台的特性允许 PHP 运行在任何操作系统上，例如 Windows、Linux 等。

（2）服务器

搭建 PHP 运行环境时所选择的服务器。PHP 支持多种服务器软件，包括 Apache、IIS 等。

（3）PHP 包

实现对 PHP 文件的解析和编译。

（4）数据库系统

实现系统中数据的存储。PHP 支持多种数据库系统，包括 MySQL、SQL Server、Oracle 和 DB2 等。

（5）浏览器

浏览网页。由于 PHP 在发送到浏览器的时候已经被解析器编译成其他的代码，所以 PHP 对浏览器没有任何限制。

其中，解析PHP的工作原理如下。

ⅰ）PHP的代码传递给PHP包，请求PHP包进行解析并编译。

ⅱ）服务器根据PHP代码的请求读取数据库。

ⅲ）服务器与PHP包共同根据数据库中的数据或其他运行变量，将PHP代码解析成普通的HTML代码。

ⅳ）解析后的代码发送给浏览器，浏览器对代码进行分析获取可视化内容。

ⅴ）用户通过访问浏览器浏览网站内容。

PHP程序是在Web服务器端运行的，且最终会以HTML文档的格式输出到浏览器。从语法上看，PHP语言是借鉴C语言的语法特征，由C语言改进而来的。在PHP程序的编写过程中，可以混合编写PHP代码和HTML代码，即不仅可以将PHP代码的脚本通过标签"<?php"和"?>"嵌入到HTML文件中，还可以把HTML文件的标签嵌入到PHP的脚本里。

3. PHP操作MySQL数据库的基本步骤

针对不同的应用，PHP内置了许多函数。其中，为了在PHP程序中实现对MySQL数据库的各种操作，可以使用其内置的mysql函数库。

通过使用内置函数库mysql，PHP程序可以很好地与MySQL数据库进行交互。PHP操作MySQL数据库的基本步骤如下。

ⅰ）首先建立与MySQL数据库服务器的连接。

ⅱ）然后选择要对其进行操作的数据库。

ⅲ）再执行相应的数据库操作，包括对数据的添加、删除、修改和查询等。

ⅳ）最后关闭与MySQL数据库服务器的连接。

以上各步骤，均是通过PHP内置函数库mysql中相应的函数来实现的。下面简要介绍每个步骤的实现过程与方法。

（1）建立与MySQL数据库服务器的连接

在PHP中，可以使用函数mysql_connect()和函数mysql_pconnect()，来建立与MySQL数据库服务器的连接。其中，函数mysql_connect()用于建立非持久连接，而函数mysql_pconnect()用于建立持久连接。

下面首先给出一个使用函数mysql_connect()建立非持久连接的例子，在PHP程序中，通常是将mysql_connect()函数返回的连接标识号保存在某个变量中，以备PHP程序使用。

例1 编写一个数据库服务器的连接示例程序connect.php，要求以超级用户root及其密码123456连接本地主机中的MySQL数据库服务器，并使用变量$con保存连接的结果。其过程如下。

首先，在文本编辑器（例如，记事本）中输入如下PHP程序，并命名为connect.php（注意，PHP程序是被包含在标记符"<?php"与"?>"之间的代码段，同时PHP程序中的变量名是以"$"开头）

```
<?php
    $con=mysql_connect("localhost:3306","root","123456");
    if (!$con)
    {
        echo "连接失败！<br>";
```

```
            echo "错误编号: ".mysql_errno()."<br>";
            echo "错误信息: ".mysql_error()."<br>";
            die();    //终止程序运行
        }
        echo "连接成功! <br>";
    ?>
```

然后，将程序 connect.php 部署在已开启的 WAMP 平台环境中，并在浏览器地址栏输入 http://localhost/connect.php 即可查看程序执行结果：若连接成功，则显示"连接成功!"的信息；若连接失败，则显示相应的错误信息，同时会终止程序的运行。

建立连接是执行其他 MySQL 数据库操作的前提条件，因此在执行函数 mysql_connect() 之后，应当立即进行相应的判断，以确定数据库连接是否已被成功建立。在 PHP 中，一切非 0 值会被认为是逻辑值 TRUE，而数值 0 则被当作逻辑值 FALSE。函数 mysql_connect()执行成功后，所返回的连接标识号实质上是一个非 0 值，即被当作逻辑值 TRUE 来处理。因而，若要判断是否已成功建立与 MySQL 数据库服务器的连接，只需判断函数 mysql_connect()的返回值即可。

接下来再给出一个使用函数 mysql_pconnect()建立持久连接的例子。

例 2 编写一个数据库服务器的持久连接示例程序 pconnect.php，要求使用函数 mysql_pconnect()，并以超级用户 root 及其密码 123456 连接本地主机中的 MySQL 数据库服务器。其过程如下。

首先，在文本编辑器（例如，记事本）中输入如下 PHP 程序，并命名为 pconnect.php：

```
<?php
    /*定义三个变量，分别存储服务器名、用户名和密码，以备后续程序引用*/
    $server="localhost:3306";
    $user="root";
    $pwd="123456";
    $con=mysql_pconnect($server,$user,$pwd);
    if (!$con)
    {
        dic("连接失败! ".mysql_error());   //终止程序运行，并返回错误信息。
    }
    echo "MySQL 服务器: $server<br>用户名: $user<br>";
    echo "使用函数 mysql_pconnect()永久连接数据库。<br>";
?>
```

然后，将程序 pconnect.php 部署在已开启的 WAMP 平台环境中，并在浏览器地址栏输入 http://localhost/pconnect.php 即可查看程序执行结果。

（2）选择数据库

一个 MySQL 数据库服务器通常会包含许多数据库，因而在执行具体的 MySQL 数据库操作之前，应当首先选定相应的数据库作为当前工作数据库。在 PHP 中，可以使用函数 mysql_select_db()，来选定某个 MySQL 数据库。这里给出一个例子。

例 3 编写一个选择数据库的 PHP 示例程序 selectdb.php，要求选定数据库 db_xuanke

作为当前工作数据库。其过程如下。

首先，在文本编辑器（例如，记事本）中输入如下 PHP 程序，并命名为 selectdb.php：

```php
<?php
$con=mysql_connect("localhost:3306","root","123456");
if (mysql_errno())
{
    echo "数据库服务器连接失败！<br>";
    die();   //终止程序运行
}
mysql_select_db("db_xuanke",$con);
if (mysql_errno())
{
    echo "数据库选择失败！<br>";
    die();   //终止程序运行
}
echo "数据库选择成功！<br>";
?>
```

然后，将程序 selectdb.php 部署在已开启的 WAMP 平台环境中，并在浏览器地址栏输入 http://localhost/selectdb.php 即可查看程序执行结果。若数据库选择成功，则会显示"数据库选择成功！"的信息。

(3) 操作数据库中的数据

选定某个数据库作为当前工作数据库之后，就可以对该数据库执行各种具体的数据库操作，例如数据的添加、删除、修改和查询以及表的创建与删除等。对数据库的各种操作，都是通过提交并执行相应的 SQL 语句来实现的。

在 PHP 中，可以将 MySQL 中用于插入数据的 INSERT 语句、用于更新数据的 UPDATE 语句、用于删除数据的 DELETE 语句、用于数据检索的 SELECT 语句，置于函数 mysql_query()中，实现向选定的数据库表进行添加、修改、删除或查询数据的操作。此外，当使用函数 mysql_query()成功执行数据的查询操作之后，该函数返回值不再是一个逻辑值 TRUE，而是一个资源句柄型的结果标识符。该结果标识符也称为结果集，代表了相应查询语句的查询结果。每个结果集都有一个记录指针，所指向的记录即为当前记录。在初始状态下，结果集的当前记录就是第一条记录。为了灵活地处理结果集中的相关记录，PHP 提供了一系列的处理函数，包括结果集中记录的读取、指针的定位以及记录集的释放等。这里给出一个使用常用函数 mysql_fetch_array()读取结果集中的记录的例子。

例 4 编写一个检索数据的 PHP 示例程序 select.php，要求在数据库 db_xuanke 的表 teacher 中查询职工号为 10021 的教师姓名。其过程如下。

首先，在文本编辑器（例如，记事本）中输入如下 PHP 程序，并命名为 select.php：

```php
<?php
$con=mysql_connect("localhost:3306","root","123456")
    or die("数据库服务器连接失败！<br>");
mysql_select_db("db_xuanke",$con) or die( "数据库选择失败！<br>");
```

```php
    mysql_query("set names 'gbk'");    //设置中文字符集
    $sql="SELECT TeachName FROM teacher";
    $sql=$sql." WHERE TeachNo=10021";
    $result=mysql_query($sql,$con);
    if ($result)
    {
      echo "查询成功！<br>";
      $array=mysql_fetch_array($result,MYSQL_NUM);
      if ($array)
      {
        echo "所要查询教师的姓名是：".$array[0];
      }
    }
    else
        echo "查询失败！<br>";
?>
```

然后，将程序 select.php 部署在已开启的 WAMP 平台环境中，并在浏览器地址栏输入 http://localhost/select.php 即可查看程序执行结果。

（4）关闭与数据库服务器的连接

对 MySQL 数据库的操作执行完毕后，应当及时关闭与 MySQL 数据库服务器的连接，以释放其所占用的系统资源。在 PHP 中，可以使用函数 mysql_close()来关闭由函数 mysql_connect()所建立的与 MySQL 数据库服务器的非持久连接。这里给出一个例子。

例 5 编写一个关闭与 MySQL 数据库服务器连接的 PHP 示例程序 close.php。其过程如下。

首先，在文本编辑器（例如，记事本）中输入如下 PHP 程序，并命名为 close.php：

```php
<?php
    $con=mysql_connect("localhost:3306","root","123456")
        or die("数据库服务器连接失败！<br>");
    echo "已成功建立与 MySQL 服务器的连接！<br>";
    mysql_select_db("db_xuanke",$con) or die("数据库选择失败！<br>");
    echo "已成功选择数据库 db_xuanke！<br>";
    mysql_close($con) or die("关闭与 MySQL 数据库服务器的连接失败！<br>");
    echo "已成功关闭与 MySQL 数据库服务器的连接！<br>";
?>
```

然后，将程序 close.php 部署在已开启的 WAMP 平台环境中，并在浏览器地址栏输入 http://localhost/close.php 即可查看程序执行结果。

需要指出的是，函数 mysql_close()仅关闭指定的连接标识号所关联的 MySQL 服务器的非持久连接，而不会关闭由函数 mysql_pconnect()建立的持久连接。另外，由于已打开的非持久连接会在 PHP 程序脚本执行完毕后自动关闭，因而在 PHP 程序中，通常无须使用函数 mysql_close()。

参考文献

[1] 王珊，萨师煊. 数据库系统概论[M]. 5版. 北京：高等教育出版社，2014.

[2] 杨冬青，邵佩英，王文杰. 全国计算机等级考试四级教程——数据库原理[M]. 北京：高等教育出版社，2016.

[3] 张友生. 软件体系结构[M]. 2版. 北京：清华大学出版社，2006.

[4] 黄靖，袁玫，覃爱明，桂浩. 全国计算机等级考试二级教程——MySQL 数据库程序设计[M]. 北京：高等教育出版社，2016.

[5] 徐辉. PHP Web 程序设计教程与实验[M]. 北京：清华大学出版社，2008.

[6] 李昭原. 数据库技术新进展[M]. 2版. 北京：清华大学出版社，2007.

后　　记

经全国高等教育自学考试指导委员会同意，由电子电工与信息类专业委员会负责计算机信息管理专业教材的审定工作。

本教材由武汉理工大学黄靖副教授担任主编。具体编写分工如下：第一、二、三、四、六章由黄靖编写，第七章由黄亮编写，第八章由文元桥编写，第五章及附录由万萌编写。全书由黄靖统稿。

电子电工与信息类专业委员会在北京组织了本教材的审稿工作。参与本教材审稿的有华中科技大学卢炎生教授、北京工商大学张迎新教授，谨向他们表示诚挚的谢意。

电子电工与信息类专业委员会最后审定通过了本教材。

全国高等教育自学考试指导委员会
电子电工与信息类专业委员会
2018 年 1 月